中华人民共和国史研究文库

中国当代史若干问题探究

姬文波 著

当代中国出版社
Contemporary China Publishing House
2020年・北京

图书在版编目(CIP)数据

中国当代史若干问题探究 / 姬文波著 . -- 北京：当代中国出版社，2020.9

ISBN 978-7-5154-1064-7

Ⅰ . ①中… Ⅱ . ①姬… Ⅲ . ①中国历史—现代史—研究 Ⅳ . ① K270.7

中国版本图书馆 CIP 数据核字（2020）第 178015 号

出 版 人　曹宏举
责任编辑　隋　丹　葛灿红
责任校对　康　莹
印刷监制　刘艳平
封面设计　胡椒书衣
出版发行　当代中国出版社
地　　址　北京市地安门西大街旌勇里 8 号
网　　址　http://www.ddzg.net　邮箱：ddzgcbs@sina.com
邮政编码　100009
编 辑 部　（010）66572264　66572154　66572132　66572180
市 场 部　（010）66572281　66572161　66572157　83221785
印　　刷　北京润田金辉印刷有限公司
开　　本　720 毫米 × 1020 毫米　1/16
印　　张　16.25 印张　2 插页　242 千字
版　　次　2020 年 9 月第 1 版
印　　次　2020 年 9 月第 1 次印刷
定　　价　52.00 元

《中华人民共和国史研究文库》

总　序

历史研究是一切社会科学的基础，重视历史、研究历史、借鉴历史是中华民族 5000 多年文明史的优秀文化传统。中国共产党继承了这一优秀文化传统，积极倡导学习历史、研究历史，尤其是学习中共党史、中华人民共和国史（或简称“新中国史”）、改革开放史和社会主义发展史。习近平总书记指出：“重视历史、研究历史、借鉴历史，可以给人类带来很多了解昨天、把握今天、开创明天的智慧。”

党的历史、新中国的历史，是中国共产党为中国人民谋幸福、为中华民族谋复兴的奋斗史，是我们党、国家和民族的宝贵精神财富。中华人民共和国的成立，开启了中华民族发展进步的历史新纪元。从那时起，即有学者开始对中华人民共和国史进行研究。1956 年 6 月，黄炎培在一届全国人大三次会议上提出，应“及时收集和保存建国史料”，并“加以整理”。

党的十一届三中全会后，伴随党的思想路线的重新确立和对中华人民共和国正反两方面历史经验的深刻总结，新中国史研究逐渐引起党和国家以及学术界的高度关注。经过多年的艰辛探索与开拓创新，新中国史研究取得了众多学术成果，成为中国历史研究中一个最年轻的学科。

党的十八大以来，以习近平同志为核心的党中央高度重视历史，特别是党史和新中国史。习近平总书记强调："历史是最好的教科书。学习党史、国史，是坚持和发展中国特色社会主义、把党和国家各项事业继续推向前进的必修课。这门功课不仅必修，而且必须修好。"在开展"不忘初心、牢记使命"的主题教育中，党中央专门印发通知，要求各地区各部门各单位把学习党史、新中国史作为主题教育重要内容，不断增强守初心、担使命的思想自觉和行动自觉。

当代中国研究所于 1990 年 6 月 28 日经中共中央批准成立，研究和编纂中华人民共和国史，收集和编辑国史资料，出版国史研究著作，是当代所的主要职责，也是当代所人的崇高使命。当代中国研究所成立 30 年来，撰写并经中央审定出版了《中华人民共和国史稿》序卷和一至四卷，目前正在撰写五至七卷；编纂出版了每卷 100 万字的《中华人民共和国史编年》，该书为集资料性、研究性和学术性为一体的大型编年史书。在此期间，当代中国研究所和其主管的当代中国出版社，还参与组织编辑出版了 152 卷、210 册、总计 1 亿字的大型史料性丛书——《当代中国》丛书；与中国大百科全书出版社合作编写了《中华人民共和国国史百科全书》。为迎接新中国成立 70 周年，受中央委托，当代中国研究所组织编写出版了《新中国 70 年》《中华人民共和国简史（1949—2019）》《新中国社会主义发展道路 70 年》等新中国史基本著作和六卷本《中华人民共和国史研究丛书》。此外，为了普及国史知识和消除历史虚无主义的影响，还编写出版了大众读物《中华人民共和国史小丛书》，并计划到2022年出版80种，向党的二十大献礼。上述图书均在国内外产生了重要影响，树立了新中国史研究的学术标杆，成为全国干部群众学习新中国史的基础性教材。

今天，我们已经进入中国特色社会主义新时代，正在向着社会主义现代化强国迈进，并日益走近世界舞台的中心，为整个人类社会做出越来越大的贡献。新中国的发展不是一帆风顺的，在探索建设社会主义的过程中，中国共产党遇到许多困难，也遭遇不少挫折。一些别有用心的人抓住新中国史上的曲折失误不放并夸大渲染，使一些领域成为历史虚无主义的重灾区。当代中国正经历着我国历史上最为广泛、深刻而急剧的社会变革，也正进行着人类历史上最为宏大而独特的实践创新。习近平总书记指出："当代中国是历史中国的延续和发展。新时代坚持和发展中国特色社会主义，更加需要系统研究中国历史和文化，更加需要深刻把握人类发展历史规律，在对历史的深入思考中汲取智慧、走向未来。"

历经30年不懈努力，当代中国研究所已经成为以马克思主义为指导、具有一流学术水平、汇聚一流科研人才的国史研究基地。30年来，当代所人始终以为国家写史、为人民立传为己任，牢记党和人民重托，真实记录中国共产党带领全国人民进行社会主义革命、建设和改革的光辉历程，全面反映中华民族从站起来、富起来到强起来的历史性进步，科学总结新中国每个历史阶段各方面建设的经验教训。

今年是当代中国研究所的"而立之年"，为进一步落实中央赋予当代中国研究所"存史、资政、育人、护国"的神圣职责，当代中国研究所决定设立《中华人民共和国史研究文库》（以下简称《文库》），为当代中国研究所以及国内外从事新中国史研究的专家学者提供一个发表学术成果的平台。入选本《文库》的标准为：以毛泽东思想、邓小平理论、“三个代表”重要思想、科学发展观和习近平新时代中国特色社会主义思想为指导，坚持辩证唯物主义和历史唯物主义的立场、观点、方法，坚持实事求是、论从史出的原则，书写和记录中国共产党领导中国人民进行社会主义和新中国建设与发展的理论创新和伟大实践，总结历史经验。《文库》的目标是打造一个能够充分展示中华人民共和国史研究成果，发挥经世致用、资政育人功能的高端权威学术平台。

“装点此关山，今朝更好看。”伴随着新中国前进的步伐，中华人民共和国史研究空间广阔，任重道远。我们希望中华人民共和国史研究工作者继承优良传统，以高度的历史自觉和历史意识、宽广的历史视野和唯物史观、强烈的文化自信和历史担当，总结历史经验，揭示历史规律，把握历史趋势，服务当代，垂鉴后世，承先启后，继往开来。当代中国研究所作为党中央赋予职能、中国社会科学院直接领导的专门研究中华人民共和国史的科研机构，有责任努力构建中华人民共和国史的学科体系、学术体系、话语体系，打造史学研究的中国学派。这一目标的实现，不仅有赖于所内全体人员的不懈奋斗，也需要所外各个方面的支持和参与。本《文库》就是这样一个服务于上述目标的开放的、持久的学术成果基地，我们期待所内外的学者写出无愧于时代和人民的历史著作并列入本《文库》，在存史、资政、育人、护国工作中做出更大贡献。

姜　辉

2020 年 5 月 22 日

目　录

当代国防

前 言

作为中国当代史的重要组成部分，中国当代国防史或中华人民共和国国防史可定义为：中华人民共和国为履行国家的防务职能，捍卫国家主权和领土完整，抵御外来武装侵略和颠覆，维护国家安全、统一和发展而进行的军事以及与军事有关的政治、经济、科技、教育、文化、外交等方面的建设和斗争的历史。加强和深化中国当代国防史研究，对推进国防和军队的现代化建设，维护国家安全和发展利益，进一步完善中国当代史学学科体系建设，具有重要意义。

本书论述的专题主要集中在以下几个方面：

20 世纪五六十年代中国国防科技工业领导管理体制的形成和发展。新中国成立以来，国防科技工业的领导管理体制经过了较为频繁的调整。新中国成立初期，主要由二机部为主领导了中国国防工业的大规模建设。20 世纪 50 年代中后期，为了发展国防科研事业，先后在航空工业委员会和国防部国防科学技术委员会（简称“国防科委”）直接领导下，迅速组建了国防研究院所，军队系统的国防科研队伍不断壮大。国防工办成立后，力图实现对国防科技工业的统一领导，并在 1964 年实行了“部院合并”，以国务院国防工办为龙头的、统一的国防科技工业领导体制初步形成。梳理历次领导体制变革的历史过程，有助于深入分析和研究中国国防科技工业管理模式的现状和成因，总结领导管理体制的特点，剖析这一管理体制的不足和存在的问题，从而给出进一步改革调整的建议及对策。长期以来，学界对中国国防科技工业领导管理体制的研究主要集中在理论探索和现实对策方面，对其发展演变的历史进程较少有系统深入的研究。笔者将散见于文献著述、回忆传记等中的相关资料加以收集整理，对中国国防科技工业领导管理体制的发展演变与调整改革的历史进程做一些探索性的研究。

20 世纪 60 年代国防科技工业系统关于“部院合并”问题的探讨。1960 年底，为加速国防科技事业的发展，经中央批准，国防科委集中组建了国防部第六、第七、第十研究院。国防工业部门则陆续分建出航空、兵器、舰艇、电子工业部。科研试制与工业生产的矛盾不断出现。1962 年，国防工业部门的领导提出了“院部合并”的建议，由此在国防科技工业系统内部引发了长时间的讨论与争议。“院部合并”成为一个周期性反复的问题，对中国国防科技工业管理体制和发展变化产生了深远影响。对这个问题，学术界少有涉及，仅在若干回忆性著作和文章中有所提及，缺乏较为综合深入的探讨。拙文综合已有文献，结合回忆史料，尝试对此问题进行一些探索性的研究。

中国国防科技工业领导管理体制的调整与改革。20 世纪 60 年代中期以后，随着国防科技工业的发展壮大，以及国内政治环境和社会经济情况的变化，国防科技工业领导体制进行了多次调整，但在不少方面还沿袭着苏联的模式，与改革开放新时期和社会主义市场经济的发展不相适应。自中共十一届三中全会以后，随着改革开放不断推进和深化，国防科技工业积极进行多方面的改革和探索。中共中央、国务院、中央军委对国防科技工业的领导体制进行了较大调整，以适应形势发展的需要。梳理国防科技工业领导管理体制变革的历史过程，分析和研究中国国防科技工业管理模式的现状和成因，对于推动国防科技工业体制机制和政策制度改革，加快国防科技工业军民融合发展，具有一定的现实意义。

20世纪五六十年代解放军驻厂军事代表制度的建立与发展。驻厂军事代表制度（简称“军事代表制度”）是由军队向武器装备承制单位派出现场代表，对装备合同履行情况实施监督，对交付的装备进行检验和验收的制度。新中国成立后，为监督工厂履行订货合同和进行产品的检验验收，军队向军工企业派驻检验代表。1953年9月，全军检验代表会议召开，决定将驻厂检验代表改为军事代表（简称“军代表”），并制定了《区域军事代表暂行条例》及《驻厂军代表暂行工作条例》，初步建立了军代表制度。随着国防科技工业的发展，军事代表的职责范围不断扩大，军代表队伍迅速壮大，军代表与工厂的矛盾开始出现。为改进军事代表工作，彭德怀代表中央军委提出了军事代表工作三项原则和十条措施。经过多年实践经验总结，1964年10月正式颁布了《中国人民解放军驻厂军事代表工作条例》，解决了驻厂军事代表工作中具体政策和工作方法等方面的问题，推动了驻厂军事代表工作的开展。在五六十年代，军事代表制度几经调整，争议不断。目前学术界关于驻厂军事代表的著述文章，多集中在现实问题的研究上面，对于我国军事代表制度建立和发展的历史则研究较少。拙文以散见于各类文献著述及回忆文章中的相关史料为依据，对于五六十年代中国驻厂军事代表制度的建立和调整、发展的历史过程，做一些梳理和回顾，以期为军事代表制度的改革提供一定的参考与借鉴。

20世纪六七十年代中国国防工业布局的调整与完善。从60年代中期开始，按照中央“立足于打仗，抢时间，改变布局，加快三线建设，首先是国防建设”的指示，国防工业按照规模小、专业化和协作的原则，全面展开了三线战略后方的建设。到70年代末，通过大规模的后方基地建设，改善了国防科技工业的战略布局，建成了一批大型的生产、科研战略后方基地，研制、生产出一批部队急需的武器装备，对加强战备、巩固国防和发展内地山区的经济、科技、文化等方面都具有重要的意义。

中国航空工业代表团对西欧的首次出访及技术引进。为改变航空工业的落后面貌，中央提出要利用有利的国际环境，抓紧引进先进技术。为了实地了解西欧航空工业的具体情况，相机选择有用的产品、实验设备和技术，争取尽快引进，三机部党组决定组团到西方先进工业国家考察。1978年11月2日至12月23日，三机部部长吕东及三位副部长率领25人的中国航空工业代表团出访联邦德国、法国、英国，这是新中国航空工业创建以来到西方发达国家考察的第一个高级别代表团。代表团考察了三国主要的航空科研机构和飞机、发动机制造公司。这次考察，对航空工业制定20世纪80年代的发展规划、加强科研设计工作、更加坚定地实行对外开放，产生了积极而深远的影响。与西欧三国的合作大大提升了中国航空工业相关领域的技术水平，为中航工业后来的迅速发展奠定了一定基础。以此为开端，中国航空工业开始广泛与世界各国接触，对外合作打开了局面。

20世纪50年代围绕兵役制度的探索与争议。新中国成立后，为适应军队建设的需要，国家及时提出实行义务兵役制。它的主要特征是实行定期征集、定期退役，使现役部队得到充足的兵员补充，同时有计划地积蓄雄厚的训练有素的后备兵员。1955年7月，《中华人民共和国兵役法》颁布实施，这是新中国的第一部兵役法，它标志着长期实行的志愿兵役制度的结束，这是国家军事制度的一项重大改革。虽然义务兵役制是一种比较先进的合理的兵役制度，但在实践过程中由于缺乏经验等原因，还是出现了这样那样的问题。新中国成立初期，围绕预备役制度、民兵工作以及是否恢复志愿兵制等问题，经过了较长时间的探索、实践和争论，义务兵役制得到修正和改进，符合中国实际的兵役制度逐步确立，并不断发展完善。

毛泽东与广西剿匪工作。1950年11月起，考虑到广西在战略全局中的极端重要性，毛泽东连续发出一系列指示，对广西的剿匪工作成绩和领导方法提出严厉批评，要求限期完成剿匪任务、抽调部队支援广东，应对国民党军队可能的登陆。毛泽东提出清匪反霸政策方针：清匪必须与反霸、减租、退押或土改相结合，必须杀掉匪首、惯匪与恶霸，并必须由党委统一领导，全力以赴，发动群众，根绝匪祸。为了改变领导方法，改进作风，毛泽东派叶剑英、陶铸去广西帮助工作。不久，陶铸代理省委书记。广西省委、军区认真贯彻了毛泽东的指示精神，纠正了错误，取得了巨大的成绩，胜利完成了剿匪任务。《建国以来毛泽东文稿》中收录了大量有关文献。近些年，一些人在“全面、客观、实事求是的核对”的名义下，对这段历史进行片面、错误的解读，甚至歪曲篡改史实，流毒甚广。笔者结合历史资料，完整解读这些指示，还原历史事实，澄清了一些误解和错误。

毛泽东与新中国国防现代化建设的起步。1950—1954年初是新中国国防与军队现代化建设的起步与准备阶段，在这一重要历史阶段，毛泽东亲自领导人民解放军实行精简整编，统一军队编制，初步完成了由单一陆军向诸兵种联合军队的过渡；他亲自制定了以文化教育为主的训练方针，普及教育和院校高层次教育相结合，采取多种措施提高我军文化素质；他重视苏联顾问的作用，提倡虚心向苏军学习，迅速提高我军指战员的现代化军事科学水平。这些战略措施取得了快速而重大的成效，为人民解放军全面展开军队的正规化、现代化建设提供了必要条件。这期间，在毛泽东领导下，中央决定系统地、大规模地更换现代化陆军武器装备，并积极引进技术，发展自己的兵器工业；重点发展空军和航空工业；适时地、有步骤地发展人民海军。经过一系列的努力，人民解放军在现代化、正规化建设方面取得了极大的进步，为后来军队现代化建设的跨越式发展奠定了坚实的基础。

20世纪90年代世界新军事变革背景下的中国军队建设。90年代，中央军委深刻洞察和把握国内外形势的重大变化和世界新军事变革的发展趋势，确定了新时期军事战略方针，制定了国防和军队现代化建设“三步走”发展战略，提出积极推进中国特色军事变革，努力实现建设信息化军队、打赢信息化战争的战略目标，从而把我军现代化建设带入了一个新的发展阶段。为适应世界军事发展的大趋势和我国实施科教兴国战略的新形势，中央军委提出科技强军战略，强调依靠科技进步提高军队建设质量，实现了我军建设指导方针的一个历史性转变。实施了以裁减员额50万为主要任务的体制编制调整改革。军事训练贯彻科技强军战略，全军广泛深入地开展了科技练兵活动，增大训练的科技含量，推动军事训练向更高层次发展，使部队应付高技术战争的能力有了显著提高。我军现代化进入了一个新的发展阶段。

本书力图将散见于文献著述、回忆传记等中的相关资料加以收集整理，对中国军队现代化建设和国防科技工业发展的历史进程做一些探索性的研究，期望对于总结分析国防现代化进程中的经验教训有所裨益。

国防科技工业

20世纪五六十年代中国国防科技工业领导管理体制的形成和发展

中华人民共和国成立后，随着国防科技工业的发展壮大以及国内政治环境和社会经济情况的变化，国防科技工业领导管理体制经过了较为频繁的调整。梳理历次领导体制变革的历史过程，有助于深入分析和研究中国国防科技工业管理模式的现状和成因，总结领导管理体制的特点，剖析这一管理体制的不足和存在的问题，从而提出进一步改革调整的建议及对策。长期以来，学界对中国国防科技工业领导管理体制的研究主要集中在理论探索和现实对策方面，对其发展演变的历史进程较少有系统深入的研究。笔者将散见于文献著述、回忆录、传记中的相关资料加以收集整理，力图对20世纪五六十年代中国国防科技工业领导管理体制的发展演变与调整改革的历史进程做一些探索性的研究。

一、中国国防工业的创建

在解放战争后期，中共中央做出了调整军事工业的战略决策：兵器工业要从战时工业向国防工业转变。在组织上从军事系统划归政府系统，纳入国民经济体系；在领导体制上，则以大区为主，按行业归类，并开始从山区乡村向城镇转移，从分散向集中调整。[①]1949年前后，国防工业

① 《当代中国的兵器工业》，当代中国出版社1993年版，第24—25页。

的领导体制仍沿用解放战争后期的建制，由各大行政区人民政府或军政委员会领导，重工业部负责业务归口管理。1950年5月，重工业部成立兵工办公室，副部长刘鼎兼主任。[①]兵工办公室是兵器工业的归口管理机构，对全国兵器工业的调整、生产计划、产品规格和财务结算实施统一归口管理。1950年上半年，中央人民政府政务院（以下简称“政务院”）批准在重工业部设立航空工业筹备组、电信工业局等机构，负责组织生产并积极准备军工企业的调整工作。

船舶工业承担着为海军装备建设和国家航运事业服务的重要任务。新中国成立初期，船舶工业没有全国统一的管理机构，各地船厂多由人民解放军军事管制委员会先行接管，嗣后由各地按系统分别管理。经过考察，刘鼎认为有在重工业部下设立船舶工业局的必要。由于船舶工业大部分力量集中在上海市，刘鼎与华东工业部副部长程望磋商后，征得华东局的同意，并报中央财政经济委员会（以下简称“中财委”）批准，于1950年10月在上海市成立了船舶工业局，隶属重工业部。[②]12月29日，政务院任命程望为局长。[③]船舶工业局的成立，标志着中国船舶工业有了全国统一的领导机构。

抗美援朝战争爆发后，兵器工业进入紧急战备生产。为了加强对兵工生产和建设的领导机构，1951年1月，中共中央批准成立中央军委兵工委员会[④]，周恩来兼任主任，聂荣臻、李富春为副主任。空军司令员刘亚楼、海军司令员萧劲光、军委装甲兵司令员许光达、军委炮兵司令员陈锡联、军委总后勤部部长杨立三、重工业部代部长何长工等九人为委员，雷英夫为秘书长。中央军委兵工委员会的成立，改变了此前兵器工业由各大行政区分散管理的状况。[⑤]1951年4月，政务院第八十次会议决定在重工业部下成立兵工总局（其前身为兵工办公室），统一管理全国兵器工业，并受中央军委兵工委员会领导，刘鼎兼任局长。中央军委兵工

---

① 吴殿尧：《刘鼎传》，中央文献出版社2012年版，第398—399页。

② 吴殿尧：《刘鼎传》，中央文献出版社2012年版，第419页。

③《当代中国的船舶工业》，当代中国出版社1992年版，第747页。

④ 1954年9月，中央军委兵工委员会撤销。

⑤ 吴殿尧：《刘鼎传》，中央文献出版社2012年版，第405页。

委员会负责确定兵工建设的方针与原则，兵工总局则负责组织军队武器装备的生产。中央军委兵工委员会和兵工总局的成立，加强了对军工生产的集中统一领导，为建立统一的国防工业管理体制积累了经验。[①]

为加强对航空工业建设的领导，1951 年 4 月 17 日，中央人民政府革命军事委员会和政务院颁发了《关于航空工业建设的决定》，宣布成立航空工业管理委员会，聂荣臻为主任，李富春为副主任，刘亚楼、何长工、段子俊、马文等为委员。决定指出：航空工业在目前阶段必须实行统一管理和经营的原则。只有在航空工业发展到能够制造飞机而且需要将工业生产力量集中用到飞机生产时，才应把修理任务与制造装配任务分开进行管理和经营。为此，决定空军司令部下辖的工厂，除四个氧气厂外其余全部移交给重工业部航空工业局接收。[②]4 月 18 日，中共中央向各中央局、分局、军区并财委发出通知，决定成立重工业部航空工业局，统一负责所有飞机的修理工作，段子俊任局长。4 月 29 日，周恩来签发中央人民政府文件，正式批准航空工业局在沈阳成立。7 月，政务院任命重工业部代部长何长工兼航空工业局局长，负责航空工业局的组建工作。[③]

1952 年 8 月，中央人民政府第十七次会议通过了《关于调整中央人民政府机构的决定》，决定成立第二机械工业部（以下简称“二机部”），任命赵尔陆为部长，张霖之、万毅、刘鼎为副部长，统一管理国防工业。同时决定撤销大行政区的兵工管理机构，实行部—管理局—企业的三级管理体制，从分区管理改为中央集中领导、统一管理。[④]二机部初建时下辖三个局，二局主管枪炮弹药生产，局长由刘鼎兼任，后由张连奎接任；四局主管航空工业，局长由赵尔陆兼任；六局主管坦克装甲车辆工业，局长为刘雪初。[⑤]船舶工业局则划归第一机械工业部（以下简称“一

① 《中国人民解放军》（上），当代中国出版社 1994 年版，第 505 页。

② 孟广荣、孙广运：《新中国航空事业史稿》，航空工业部档案馆 1982 年印，第 12—13 页。

③ 《当代中国的航空工业》，中国社会科学出版社 1988 年版，第 665 页。

④ 《当代中国的兵器工业》，当代中国出版社 1993 年版，第 37 页。

⑤ 《万毅将军回忆录》，中共党史出版社 1998 年版，第 242 页；《当代中国的兵器工业》，当代中国出版社 1993 年版，第 37 页。

机部”）领导，改名为船舶工业管理局。[①]9 月 1 日，赵尔陆就二机部初建等情况向中央呈送报告。报告说：“原隶属重工业部的航空、兵工、坦克三个工业局的领导机构与所辖工厂已正式拨交二机部领导。目前工作重心拟定为建立、健全与调整机构，调配干部，充实工厂，熟悉情况，并为迎接新的生产建设任务准备条件。”毛泽东批示：此件已阅，很好。[②]

此时，军委通信部代管的电信工业局也面临归属问题。军委通信部部长王诤与副部长刘寅商议后认为，电信工业归属到二机部才有可能被列入重点建设的行业。于是，他们积极争取把电信工业局纳入国防工业的建制序列。就在此时，主持政务院财政经济委员会日常工作的副主任薄一波打电话到通信部询问此事。财政经济委员会重工业处发出书面通知，拟将电信工业局所辖的五个企业划归一机部电器工业局接管。刘寅立即发电报向正在出国访问的王诤请示，王诤回电同意电信工业局归属二机部领导。随即他们派人找二机部部长赵尔陆洽谈。赵尔陆提出两点要求：第一，请军委通信部派一位懂行的人来当局长，最好是由王诤任二机部副部长兼电信工业局局长；第二，目前没有一分钱投资，连一平方米房子也没有。[③]王诤回国后与赵尔陆商量达成了一致意见。1952 年 11 月 20 日，刘寅起草了《关于电信工业统一领导隶属确定问题》的报告，上报聂荣臻转呈周恩来。1953 年 4 月，经政务院财政经济委员会批准，电信工业局改属二机部建制，改称二机部第十局，刘寅任局长。[④]

1953 年 9 月，二机部调整兵器工业管理机构，二局分为三个管理局：一局主管枪炮和枪弹行业；二局主管炮弹、火工品行业；三局主管火炸药行业。同时撤销西南分局、东北办事处和山西办事处。[⑤]至此，国防工业实现了集中统一管理，并开始具体组织国防工业的大规模建设工作。

---

① 船舶工业管理局于 1954 年 4 月由上海迁往北京，陈扬任局长。参见《当代中国的船舶工业》，当代中国出版社 1992 年版，第 750 页。

② 《建国以来毛泽东文稿》第 3 册，中央文献出版社 1989 年版，第 529 页。

③ 《中共党史人物传》第 88 卷，中共党史出版社 2016 年版，第 328 页。

④ 鲁之玉、于致田等：《王诤传》，电子工业出版社 1998 年版，第 239 页。

⑤ 1956 年 1 月 31 日，二机部二局和三局合并为二局，主管炮弹、火化工行业。参见《当代中国的兵器工业》，当代中国出版社 1993 年版，第 578、580 页。

二、为贯彻中央提出的“军民结合”指示精神，二机部与一机部合并

1956 年，我国绝大部分地区基本完成了对生产资料私有制的社会主义改造，探索一条适合中国国情的建设社会主义道路的任务摆到党的面前。4 月 21 日，毛泽东等中央领导听取李富春关于第二个五年计划的汇报。在讨论关于战时和平时工业生产的互相转化问题时，毛泽东说：“学两套本事，在军事工业中练习生产民用产品的本事，在民用工业中练习生产军事产品的本事。这个办法是好的，必须如此做。”①25 日，毛泽东在中共中央政治局扩大会议上发表了《论十大关系》的讲话，其中把经济建设和国防建设的关系作为主要问题进行了论述。他提出要把军政费用降到一个适当的比例，增加经济建设费用。② 为了贯彻毛泽东的指示，朱德于 1956 年 8 月撰写了《我对主席指示的十大关系的体会和想到的一些意见》报送中央，该《意见》认为：“经济建设和国防建设不是平行的，而是相互适应的。民用工业和国防工业应该结合起来，使二者能够在平时为经济建设服务，在战时迅速地转向为战争服务……因此，可以考虑，把第一、二机械工业部合并起来，共同规划一个统一的、对平时生产和战时动员两不误的长远计划，以适应当前经济建设和国防建设的需要。”③9 月 4 日，朱德在中央军委第八十四次扩大会议上就军工厂的建设问题谈了自己的意见。他说：“建设军事工厂是必要的……同时，军事工厂在平时也可以生产民用产品……所以，要考虑将第一机械工业部和第二机械工业部合并起来的问题，要多生产几种产品，如可以制造机器、大铸件、手表等，使工厂有收益，不能搁起来。”④

中共八大之后，中央决定每一个中央委员要联系一个部和一个省，

① 《毛泽东年谱（1949—1976）》第 2 卷，中央文献出版社 2013 年版，第 564 页。

② 《建国以来毛泽东文稿》第 6 册，中央文献出版社 1992 年版，第 86 页。

③ 朱德：《我对主席指示的十大关系的体会和想到的一些意见（一九五六年八月）》，《党的文献》2007 年第 3 期。

④ 《朱德年谱（新编本）（1886—1976）》（下），中央文献出版社 2006 年版，第 1558 页。

朱德负责联系一机部和四川省。[①]经过调研，朱德更加主张将一机部和二机部合并，搞军民结合。1957年1月2日，朱德指示工作人员转告主持中央军委日常工作的彭德怀："军队的干部要大力支持国家的经济建设。战争时期，要全国总动员支持战争；和平时期，要动员全国支持经济建设，原军工厂要转为和平生产。第一机械工业部和第二机械工业部要共同拟定出和平时期和战争时期的协作生产的计划。如果把第二机械工业部的第二个五年计划投资转为民用生产，对国民经济的发展将是最有利的。"[②]1月5日，朱德和国务院副总理兼国家经济委员会主任薄一波讨论了军工生产转为和平生产的问题。朱德说："我看短期内，世界大战打不起来，因此，相当数量的军工厂可以改为民用工厂，军队也可以大大裁减。军工厂不改为和平生产是要犯错误的。第一机械工业部和第二机械工业部应合并。"[③]3月，朱德对重庆市的工厂企业进行了视察，认为重庆市各军工厂的生产任务不足，人员、设备浪费很大，需要很好地解决，否则，将给国家造成严重损失。3月19日，朱德向中共中央报告在重庆市的视察情况："军工厂转民用生产或军工厂生产与民用生产相结合的问题，是迟早非解决不可的，要转还是早转好，早转少损失些，越转得晚，损失越大。应充分发挥和利用军工设备等的有利条件，为国家生产建设服务。"[④]8月14日，朱德在和李先念讨论机构改革问题时再次明确表示：一机部、二机部和电机工业部三个部应该合并起来，重新给他们分配任务。[⑤]

为落实中共中央提出的国防工业要"平战结合，军民结合""学会两套本领"[⑥]的方针，1958年2月，一届全国人大五次会议决定，一机部、二机部和电机制造工业部合并组成新的一机部，赵尔陆任部长。新的一机部按专业组成生产管理局，原二机部主管兵器工业的一局、二局和六

---

① 《朱德年谱（新编本）（1886—1976）》（下），中央文献出版社2006年版，第1563页。
② 《朱德年谱（新编本）（1886—1976）》（下），中央文献出版社2006年版，第1575页。
③ 《朱德年谱（新编本）（1886—1976）》（下），中央文献出版社2006年版，第1576页。
④ 《朱德年谱（新编本）（1886—1976）》（下），中央文献出版社2006年版，第1594页。
⑤ 《朱德年谱（新编本）（1886—1976）》（下），中央文献出版社2006年版，第1621页。
⑥ 《当代中国的兵器工业》，当代中国出版社1993年版，第54页。

局合并，组成第五生产管理局。坦克局先与机车车辆局合并，组成七局，后又从七局分出，合并到五局。[①]航空工业局由原二机部四局改为一机部四局。[②]船舶工业管理局改名为第九工业管理局。[③]同时，大部分国防工业企业的领导权下放到所在省，实行中央主管，工业部与地方双重领导，以地方为主。

三、配套的国防科研体系初步建立

20 世纪 50 年代中期，中国的国防工业、基础工业和科学技术都有了较快的发展，在尖端技术领域会集了一批高水平的专家，并开展了一些科研工作，有了一定的基础。同时，苏联政府也表示愿意在原子能及导弹技术方面给予中国援助。1955 年 1 月 15 日，中共中央书记处扩大会议做出发展原子能事业的决定。1956 年 2 月，受周恩来委托，钱学森起草了《建立我国国防航空工业的意见书》，提出了我国火箭和导弹事业的组织方案、发展计划以及具体措施。2 月 22 日，周恩来将意见书送毛泽东审阅。[④]

1956 年 3 月 14 日，周恩来主持中央军委会议，决定成立航空工业委员会（以下简称“航委”）直属国防部，负责导弹研究机构的组建，组织导弹研究与试制工作，通盘协调导弹与航空工业的研制、生产的方针、方向等问题。周恩来提议聂荣臻任航委主任。黄克诚、赵尔陆任副主任。5 月 10 日，聂荣臻向国务院、中央军委提交了《建立我国导弹研究工作的初步意见》的报告。报告建议：“在航委下设立导弹管理局，统一领导导弹的研究与生产工作，由钟夫翔任局长，钱学森任总工程师。”“建立导弹研究院，钱学森兼任院长。”“建立自动控制研究所、无线电定位研究所，加速建立无线电组件研究所。”[⑤]同年 7 月，聂荣臻在同赵尔陆、安

---

① 《当代中国的兵器工业》，当代中国出版社 1993 年版，第 55、581 页。

② 《当代中国的航空工业》，中国社会科学出版社 1988 年版，第 673 页。

③ 《当代中国的船舶工业》，当代中国出版社 1992 年版，第 754 页。

④ 张现民主编：《钱学森年谱》（上），中央文献出版社 2015 年版，第 126 页。

⑤ 《聂荣臻年谱》上卷，人民出版社 1999 年版，第 577 页。

东等商谈导弹研究院的组建问题时提出：在一段时间内，导弹管理局、导弹研究院要由军队管起来。由二机部和总参通信兵部代管的与导弹研制有关的几个研究所，行政、组织等方面由二机部、总参通信兵部分别管理。航委与二机部在国家财政上分列两个户头，导弹研究需要的人、财、物由航委导弹管理局统一做出计划向国家申请后，再分配到导弹研究院和二机部、总参通信兵部代管的各研究机构。这些建议后报经周恩来批准。[①]

为保密和便于对外联络，航委所属导弹管理局、导弹研究院分别改称国防部第五局、国防部第五研究院。1956年10月8日，经中央军委批准，国防部第五研究院正式成立。当时的组织形式是：航委领导五局，五局领导五院。五局是管理机关，而五院却没有办事机构。经过再三考虑，钟夫翔认为应该将五局同五院合并，精干机构，提高效率。钟夫翔致信聂荣臻，建议撤销五局，将五局的职能部门合并到五院。1957年2月14日，钟夫翔在会议上就这一问题做了说明。聂荣臻表示同意钟夫翔的意见。[②]3月1日，国防部第五局正式撤销，并入国防部第五研究院。

1957年10月15日，《中华人民共和国政府和苏维埃社会主义共和国联盟政府关于生产新式武器和军事技术装备以及在中国建立综合性原子能工业的协定》（以下简称“国防新技术协定”）签署，苏联政府答应在建立综合性的原子工业、生产与研究原子武器、火箭武器等方面对中国政府进行技术援助。为适应“国防新技术协定”签订后产生的新情况和新任务，周恩来建议在国防部下设立一个委员会，统一管理原子能工业和导弹的研究制造等工作。在落实“国防新技术协定”的过程中，苏联提出，不能由总参装备计划部接受苏方提供的导弹物资，中国应仿照苏联的做法，在国防部下设第五部（苏联这方面的工作由其国防部第五部负责），负责领导各型导弹武器的仿制工作。[③]经过慎重考虑，中央军委决定在国防部设第五部，负责领导全军特种武器装备的科学技术研究和特

① 《聂荣臻年谱》上卷，人民出版社1999年版，第584页。
② 《聂荣臻年谱》上卷，人民出版社1999年版，第603—604页。
③ 《万毅将军回忆录》，中共党史出版社1998年版，第248页。

种部队的组建及其装备计划等工作。[①]1958年5月19日，国防部第五部成立，总参装备计划部部长万毅兼任部长。[②]

1958年9月，聂荣臻代中央军委起草了给周恩来并毛泽东、中共中央的报告，建议把航委的工作范围加以扩大，改为国防部国防科学技术委员会（以下简称“国防科委”），统一领导核武器、导弹武器和常规武器装备的科学研究工作。10月16日，中共中央批转了中央军委的报告，同意成立国防科委。[③]聂荣臻任国防科委主任，陈赓任副主任。国防科委的成立标志着在中共中央、国务院、中央军委领导下，有了统一管理国防科技发展工作的机构，加强了对国防科技工作的集中统一领导，有利于国防科技重大决策和一系列方针、政策的贯彻执行，从而加速了国防科技事业的发展。

国防科委成立后，鉴于国防部第五部和国防科委在全军特种武器（导弹和原子弹）管理工作上存在机构重叠、职责不清等问题，1959年2月，万毅在向聂荣臻汇报工作时建议撤销国防部第五部，由国防科委统一管理特种武器的研制。聂荣臻表示同意。[④]4月，中央军委决定并报请中共中央批准，国防部第五部合并到国防科委，调万毅任国防科委副主任。同时，总参谋部装备计划部负责常规武器的科研处也合并到国防科委。[⑤]

为加强对常规武器科研工作的组织领导，在聂荣臻、陈赓等的建议下，1960年12月，中央军委向中共中央呈送了关于以三机部、一机部和海军、空军、通信兵部的有关研究机构为基础，组建航空、舰艇、无线电电子学三个研究院的报告，得到中央的批准。从1962年1月起，上述三个研究院隶属国防部建制，正式列入军队编制，番号分别为国防部第六、第七、第十研究院，业务工作由国防科委统一领导。唐延杰、刘华清、孙俊人分别任第六、第七、第十研究院院长。到20世纪60年代初，

---

① 《当代中国的国防科技事业》（上），当代中国出版社1992年版，第34页。

② 《当代中国的国防科技事业》（下），当代中国出版社1992年版，第509页。

③ 《中共中央文件选集（1949年10月—1966年5月）》第29册，人民出版社2013年版，第167页。

④ 《聂荣臻年谱》下卷，人民出版社1999年版，第664页。

⑤ 《当代中国的国防科技事业》（上），当代中国出版社1992年版，第34页。

国防科委领导下的科研队伍已拥有 38 个单位，约 8 万人，初步建立了比较配套的国防科研体系。①

四、逐渐理顺国防工业领导体制

20 世纪 60 年代初，中国国防科技工业已初具规模。随着国防工业规模不断扩大、工业部门类别复杂齐全，国防科技工业的领导管理体制也必须做出相应的调整和改变。同时，国防工业生产受“大跃进”的影响，产品质量严重下降，国防工业的整顿和领导管理体制的调整势在必行。

1959 年 9 月，中共中央组成新的军事委员会。中央军委副主席贺龙分管国防工业，聂荣臻分管尖端技术、新武器的研制工作。新的中央军委就国防工业的管理体制问题进行了研究，初步形成三个方案：第一，国防工业部门属于国务院建制，由国务院领导，重大事项由国务院、中央军委研究确定，军队与国防工业部门之间主要是订货、试验、鉴定、验收的关系；第二，国防工业受国务院、中央军委双重领导，以中央军委为主，国防工业部门归军队管理；第三，国防工业受国务院、中央军委双重领导，国务院为主，军委直接管理。贺龙倾向于第三个方案，并报告了周恩来。②

1959 年 10 月 30 日，国防科委副主任陈赓向中央军委提交了《关于导弹研究生产情况和对军工生产管理体制的意见》，汇报了导弹研究、生产的情况，对军工生产管理体制提出了意见。陈赓认为，一机部本身任务很重，既要生产民用产品，又要生产军工产品；既有常规，又有尖端，头绪很多，势难兼顾。他建议军委考虑恢复过去的办法，以导弹技术为中心，包括全部军工生产，组建一个国防工业部，建制属国务院，日常业务归军委领导。③

11 月 2 日，聂荣臻审阅陈赓的报告后批示同意，并将报告转交总参

---

① 《当代中国的国防科技事业》(上)，当代中国出版社 1992 年版，第 38 页。

② 方强：《为国防而战》，海潮出版社 1991 年版，第 93—94 页。

③ 《陈赓军事文选》，解放军出版社 2007 年版，第 775 页。

谋长罗瑞卿。[①]7日，贺龙主持中央军委常委第四次会议，听取一机部部长赵尔陆关于国防工业现状的汇报。[②]在讨论国防工业体制问题时，聂荣臻说，为加强对国防工业的领导，建议成立国防工业委员会。会议采纳了这一建议。[③]9日，聂荣臻代中央军委起草给毛泽东、中共中央的报告。报告提出，为了充分满足国民经济高速发展的需要，又要尽可能照顾国防工业的发展和统一规划，"建议在军委领导下，成立国防工业委员会，吸收计委、经委、建委负责同志参加，并在这个委员会下边，成立一个小的办事机构，处理日常工作"。中央如同意这一建议，"我们提议调方强同志任第一机械工业部副部长兼国防工业委员会秘书长"。[④]

11月29日，方强向贺龙提交了书面报告。报告提出："为了贯彻军委在国防工业上的工作方针，办公室的组织既要精干，又要有足够的力量开展各方面的工作，建议办公室由6个小组组成。"报告还对办公室的任务做了初步考虑，即"负责组织国防工业基本建设布局、生产安排等方面的规划协作，调整平衡，检查督促，沟通国防工业内外关系，提出问题，交贺总和国防工业委员会讨论解决"。[⑤]聂荣臻建议，国防工业委员会办事机构设置的各组应按军种、兵种性质设立七个组：组织动员组、空军组、海军组、通信组、装甲坦克及工程组、火炮牵引车辆步兵武器组、秘书组。办事机构的人员要起三方面的作用：对委员会起专家参谋作用；对工厂企业起督促检查作用；对各军种、兵种起联络通气作用。[⑥]

1960年1月5日，中共中央批准成立中央军委国防工业委员会（以下简称"国防工委"）。贺龙为主任，贺龙、聂荣臻、李富春、薄一波、罗瑞卿、萧劲光、刘亚楼、赵尔陆、张爱萍、宋任穷、王鹤寿、彭涛、柴树藩、方强为委员，方强兼任秘书长。1月6日，贺龙主持召开国防工委全体委员会议，宣布国防工委是在党中央、国务院、中央军委领导

① 《聂荣臻年谱》下卷，人民出版社1999年版，第691页。
② 《贺龙年谱》，人民出版社1996年版，第648页。
③ 《聂荣臻年谱》下卷，人民出版社1999年版，第691页。
④ 《聂荣臻年谱》下卷，人民出版社1999年版，第691—692页。
⑤ 方强：《为国防而战》，海潮出版社1991年版，第94页。
⑥ 《聂荣臻年谱》下卷，人民出版社1999年版，第699页。

下，负责研究、规划的委员会，是协商办事的组织，不是一级行政机构，不代替国家各级行政机关行使职权。[①]

鉴于一机部统管国防工业存在着许多难以克服的问题，1960 年 6 月 23 日和 26 日，聂荣臻两次召集会议，讨论国防工业体制调整问题。聂荣臻在会上提出："当前国防工业的问题很多，近两年来，导弹、飞机等没有拿出什么东西来。一机部对军工生产照顾不过来。我曾向林、贺两位副主席谈了，把造船、无线电、导弹的生产从一机部分出来，单独成立几个工业部。分出来后的工业部不要大，但要管细些。把研究、设计、试制三者结合起来，把研究设计、生产试制和使用三者结合起来。分出的几个工业部，要置于国防部的领导之下。"[②]6 月 29 日，聂荣臻约请罗瑞卿、陈赓、杨成武、萧华、张爱萍、宋任穷、安东等座谈国防工业体制问题。聂荣臻指出："我一直主张科研、生产、使用三者要结合起来。为加强对国防工业的领导和管理，建议把国防工业常规武器部分组成航空、电子、兵器、舰船四个工业部，由中央军委统一领导研究和生产，对国务院负责。"7 月 2 日，第十七次中央军委常委会议讨论了国防工业分部和国防工业的领导体制问题。[③]在中央军委提议下，1960 年 9 月，中共中央决定国防工业仍从第一机械工业部分出，成立第三机械工业部（以下简称"三机部"），任命张连奎为部长。

1960 年 10 月，中央军委举行扩大会议。贺龙提出，为了适应未来战争的需要，我们必须抢时间突破尖端，这是我国国防工业最急迫的任务。他建议：全军办国防工业，把国防工业部门的力量和军队的力量汇合起来，拧成一股绳。[④]1961 年 1 月，中共中央决定三机部并入国防工委，对外称三机部，贺龙任第一书记，孙志远任部长。[⑤]同月，中共中央决定："国防工业一律由国防工委直接领导。过去下放的国防工业企业一律收

---

① 方强：《为国防而战》，海潮出版社 1991 年版，第 96—97 页。

② 《聂荣臻年谱》下卷，人民出版社 1999 年版，第 723 页。

③ 《聂荣臻年谱》下卷，人民出版社 1999 年版，第 724—726 页。

④ 《贺龙年谱》，人民出版社 1996 年版，第 668—669 页。

⑤ 《当代中国的兵器工业》，当代中国出版社 1993 年版，第 584 页。

回。”[①] 国防工委党组于4月向中央呈送了《关于建议收回26个下放的国防企业和4个汽车厂的报告》，获得批准。[②]

1961年初，中共中央政治局常委会议决定，按国防工业和国防科技两个口子，安排一切国防工业生产与基建和一切国防科学尖端的研究试制（包括新型材料）计划。为落实这个决定，国家计委副主任范慕韩建议在军委成立一个办公室，并采取综合平衡管理的措施。1月20日，聂荣臻审阅范慕韩的报告后批示：“军委不宜组织专管两个口计划综合平衡的办公室。否则，增加不必要的层次，对工作不利，由计委直接领导和管理，可能更好些。”[③] 在国防科研和试制、生产过程中，由于科研和生产分属不同的部门管理，国防工业部门和国防科研院所之间难以避免地产生各种矛盾。为了进一步加强对国防工业的集中统一领导，协调国防工业各部门、国防工业与其他有关工业部门、使用部门之间的关系，组织好相互间的协作，中央军委常委会议几次讨论国防工业的领导体制问题，认为应该有一个统一管理各个国防工业部门工作的机构。[④]1961年夏季，中央军委北戴河会议再次讨论了国防科技工业管理体制问题，但众说纷纭。会议间隙，三机部一位司长向部长孙志远建议，在国务院建立一个管理国防工业的机构，孙志远认为此方案可行，随即报告了周恩来。[⑤] 周恩来与贺龙、聂荣臻、罗瑞卿、孙志远等商定成立一个国防工业办公室，作为国务院的一个口（国防工业口），在党内向中央书记处和军委负责。1961年11月8日，中共中央批准了周恩来就成立国防工业办公室给中共中央和毛泽东的报告。12月20日，国务院国防工业办公室（以下简称“国防工办”）成立，直接归口管理二机部、三机部和国防科委所属单位的工作。国防工办作为国防工委、国防科委两委的第一线办事机构，负责组织两委的日常工作。罗瑞卿任国防工办主任，赵尔陆任常务副主

---

① 《中共中央文件选集（1949年10月—1966年5月）》第36册，人民出版社2013年版，第98页。

② 《当代中国的兵器工业》，当代中国出版社1993年版，第584页。

③ 《聂荣臻年谱》下卷，人民出版社1999年版，第760页。

④ 《当代中国的国防科技事业》（上），当代中国出版社1992年版，第46—47页。

⑤ 《中共党史人物传》第65卷，中央文献出版社1997年版，第171页。

任，孙志远、方强、刘杰等任副主任。[①]

国防工办成立后，各省、市、自治区也于20世纪60年代中期相继成立了一些管理国防工业的机构，这样就形成了从中央到地方国防工业的管理系统。[②]国防工办的成立基本理顺了国防工业的领导体制。

五、建立统一的国防科技工业领导体制

由于体制和工作分工的原因，国防工办与国防科委既紧密联系，又有诸多矛盾。关于国防科委与国防工办的关系问题，聂荣臻提出："国防科学研究工作，由国防科委统管（包括科研计划、条件、基建等）；军内的科研工作，由国防科委统管；属于军外的科研项目下达，由国家科委安排，国防科委检查督促；属于基建投资、试制生产（包括科研项目、设备的试制）由国防工办协调安排；二机部的工作，科研由国防科委管，基建、投资、试制生产由国防工办管。"[③]

对此，三机部部长孙志远有不同意见。1962年7月，孙志远向中央书记处和中央军委提交了《关于调整国防工业研究、设计体制的意见》。该《意见》认为，在国防科委系统中成立研究院，把技术人员集中到研究院所，脱离了生产，影响了工厂的产品生产，是工厂出现问题的主要原因，并提出了实施"部院合并"的新体制方案。[④]7月11日，孙志远在向周恩来、邓小平等中央领导汇报工作时提出，现在看尖端武器搞上去不是那么容易，实际上把搞常规武器的技术力量抽走了，并进一步提出了科研技术力量如何使用的问题。聂荣臻不同意孙志远的这个看法，他表示："并没有抽调搞常规武器的力量去搞尖端。由三机部交给国防科委的研究所，工程技术人员共5700人原封未动，还是搞常规。相反，还给它补充了力量。"聂荣臻强调："正因为技术力量薄弱，所以要集中。没有航空研究院，不可能出自己设计的飞机。如果将航空研究院放在三机部，就只能为生产

① 《周恩来军事文选》第4卷，人民出版社1997年版，第422—423页。

② 《当代中国的国防科技事业》（上），当代中国出版社1992年版，第47页。

③ 《聂荣臻年谱》下卷，人民出版社1999年版，第866页。

④ 《回忆与思考——刘鸿志回忆录》，航空工业出版社2010年版，第222页。

服务，顾不上新飞机的设计。”[①]8月2日，孙志远在汇报工作时再次谈到科研与生产还是应该搞在一起，他建议“三机部四局与国防部六院可合在一起单独成立一个单位”。聂荣臻表示：“无线电可以这样，其他是否这样，要考虑。由于我们国家技术力量太薄弱，为了集中力量，早日研制出东西来，当前是如何把这几个研究院建起来，打好基础。工厂要有一定的技术力量和研究机构，应该满足，这是一个方面。另一个方面，一定要把几个研究院建设起来。研究院应该承担工厂提出的任务，这是毫无问题的。但有两条：一是人力、物力一定要集中，只能搞一套；一是生产要过关，要解决生产中的问题。有矛盾就要解决，其目的是使几个研究院真正成为国家的力量，决不能各搞一套。三机部管生产已够很忙了，要研究的问题也很多，如果我们分工好，不仅没有矛盾，相反会大大促进。研究与生产部门间的关系问题，只要把计划、协调搞好，就不存在问题。”[②]8月3日，聂荣臻在同赵尔陆谈话时指出：“我们国家只有这样一些研究力量，决不能分成几套。研究力量必须集中，这一点不能动摇。工厂本身需要工艺等设计部门。研究机构设计好一个型号后，要拿到工厂试制，工厂提出的问题，研制机构当然要承担。研究机构要满足生产上的需要。”[③]

三机部作为统管国防工业的部门，管理航空、电子、兵器、舰船四大专业，业务繁杂，矛盾众多，各军兵种都对一个口子，各有要求，顾此失彼，已经不适应科研生产的发展。经过反复酝酿，三机部部长孙志远提出了按专业分部，实行计划单列的建议。[④]为了贯彻中央军委“努力发展电子技术”的方针，加速军事无线电工业的发展，1962年12月，罗瑞卿根据中共中央书记处的意见，向周恩来、邓小平提交了《关于成立无线电工业部及有关问题的报告》。经中共中央批准，把原来由三机部主管的无线电工业分出来，于1963年2月成立第四机械工业部，王诤任部长。[⑤]1963年9月2日，中共中央决定撤销国防工委，其任务合并到国防

① 《聂荣臻年谱》下卷，人民出版社1999年版，第841页。

② 《聂荣臻年谱》下卷，人民出版社1999年版，第843页。

③ 《聂荣臻年谱》下卷，人民出版社1999年版，第843页。

④ 周日新等编：《航空人物志》，航空工业出版社2003年版，第189页。

⑤ 《当代中国的国防科技事业》（上），当代中国出版社1992年版，第49页。

工办。9 月 17 日，中央决定成立第五机械工业部（主管兵器工业）和第六机械工业部（主管船舶工业），邱创成、方强分别任部长。新的三机部主管航空工业，孙志远任部长。[①]

此时，国防部第五研究院原有的组织结构和管理体制经过几年实践，暴露出不少矛盾和问题，在各类型号全面发展的新形势下显得更加突出。根据型号任务发展的需要，国防部第五研究院酝酿使各分院逐步向型号设计院的方向发展，在国防部第五研究院原一、二、三、四分院的基础上，分别组建了按型号类别划分的四个研究院。这些研究院的成立解决了型号的技术抓总和研究设计问题，但国防部第五研究院原来就存在的试制生产能力不足的矛盾并未解决。因此，增强国防部第五研究院的试制生产力量，建立比较完整配套的导弹、火箭工业体系，实现由研究院向工业部的过渡势在必行。[②]1964 年 8 月，罗瑞卿在国防工业会议上提议将国防部第五研究院与相关试制工厂合并，成立机械工业部。9 月，周恩来主持召开中央专委第九次会议，同意罗瑞卿的建议，决定以国防部第五研究院为基础成立导弹工业部。[③]

几个新的国防工业部成立后，有关部门即提出国防科委下属的三个研究院应分别同航空、造船、电子工业部合并。[④]三机部下属的 303 研究所副所长刘毅就科研要与生产结合、为工厂服务的问题给孙志远部长写了一份报告，引起孙志远的高度重视。孙志远认为："科研和生产结合的不好，影响着航空事业的发展（军队抓科研，地方抓生产，形成两张皮），深感这是一个必须解决的问题。"[⑤]经过部党组讨论，三机部上报了"部院合并"的报告，[⑥]得到周恩来、邓小平、贺龙等的支持。[⑦]而聂荣臻、刘华清等国防科委领导对"部院合并"问题表达了不同意见。

---

① 《当代中国的国防科技事业》（下），当代中国出版社 1992 年版，第 515 页。

② 《当代中国的航天事业》，中国社会科学出版社 1986 年版，第 35 页。

③ 《聂荣臻年谱》下卷，人民出版社 1999 年版，第 945 页。

④ 聂力：《山高水长——回忆父亲聂荣臻》，上海文艺出版社 2006 年版，第 268 页。

⑤ 《怀念孙志远同志》，航空工业部 1986 年编印，第 156、214 页。

⑥ 叶介甫：《孙志远在困难时期主持航空工业》，《中华魂》2015 年第 4 期。

⑦ 《怀念孙志远同志》，航空工业部 1986 年编印，第 214 页。

1965 年 2 月，中共中央发出《关于国防部第六、七、十研究院与生产部门合并的决定》。中央决定："国防部第六、七、十研究院分别与第三、第六、第四机械工业部合并，各研究院改属各部领导。"[①] 同时，在国防部第五研究院的基础上成立了第七机械工业部。至此，以国防工办为龙头的统一的国防科技工业领导体制初步形成。

六、结语

中国在建设和发展国防科技工业的过程中，从国情和国防科技的特点出发，形成了由中共中央、国务院、中央军委集中统一领导、统筹规划的领导管理体制。对国防科技工作的集中统一领导，有利于国防科技重大决策和一系列方针、政策的贯彻执行。在不同时期，国防科技工业领导管理体制虽频繁地进行了调整和改组，但基本适应了当时的政治环境和计划经济体制，满足了武器装备生产和发展的需要。

（一）国防科技工业迅速发展壮大是国防科技工业领导管理体制变动频繁的主要原因

新中国成立初期，面对帝国主义的经济封锁、军事包围和战争威胁，尽快建设国防工业，生产出精良的武器装备人民解放军是一项十分紧迫而又艰巨的任务。新中国的国防工业基础薄弱，到 1949 年底，计有军工企业 76 个，各种设备 3 万台（件），职工 10 万余人。其中兵工厂 45 个，航空中心修理厂 6 个，无线电器材厂 17 个，船舶修造厂 8 个。[②] 当时国防工业规模较小，专业部门也不太多，相应的领导管理机构也比较简单。经过十年大规模建设，到 1959 年底，中国国防工业已拥有大中型企业 100 多个，独立的科研设计机构 20 多个，职工 70 多万人。兵器工业拥有 53 个直属大中型企业；航空工业拥有 29 个直属大型企业；船舶工业建成了舰船、动力、水中兵器及导航仪表等大型直属企业 13 个；无线电

① 《聂荣臻年谱》下卷，人民出版社 1999 年版，第 957—958 页。

② 《当代中国的国防科技事业》（上），当代中国出版社 1992 年版，第 6 页。

工业拥有直属企业39个。[①]到20世纪60年代中期，中国已逐步建设了兵器工业、航空工业、造船工业、军事电子工业以及包括导弹核武器和航天技术的国防尖端工业；先后组建了导弹、核武器、飞机、舰艇、军用无线电、兵器等研究院，初步建立了比较配套的国防科技工业体系。随着国防科技工业迅速发展壮大，国防科技工业各部门之间的分工协作日益复杂，新的矛盾和问题不断出现，为适应国防科技工业"量"和"质"上的快速变化，国防科技工业领导管理体制必然要不断调整和变动。

（二）集中统一的领导管理体制符合国防科研工作和军事科技装备工作的规律

任何一个大国对军事技术装备的领导都是高度集中统一的。国防科学技术研究和现代武器装备研制是复杂的系统工程，综合性强，协作面广，涉及科研、生产以及使用各部门，必须依靠国家的力量，发挥社会主义的优越性，组织全国大协作和集智攻关才能完成。中国在建设和发展国防科技事业的过程中，逐渐形成了由中共中央、国务院、中央军委集中统一领导，科研、生产、使用相结合，统筹规划的领导管理体制；根据国防科技发展必须遵循的客观规律，建立了大规模国防科技研制工作组织管理的具体形式。这对于加强科学管理，克服分散、重复现象，提高科技投资的综合效益，加速国防科技的发展起了良好的作用。[②]这种体制有利于动员各方面的力量联合攻关，使我国迅速地突破和掌握了原子弹、氢弹、导弹和人造卫星等国防尖端技术，在较短时间里建成了具有相当规模、门类齐全、独立完整的国防工业体系，为以后的发展打下了比较坚实的物质、技术基础。

（三）重大的体制变动必须正确处理科研与生产、尖端武器与常规武器的关系

从1955年开始，中国国防尖端技术坚持自力更生的方针，虽然当

---

① 《当代中国的国防科技事业》（上），当代中国出版社1992年版，第16—18页。

② 《聂荣臻科技文选》，国防工业出版社1999年版，第686—687页。

时国家的科技和经济基础还很薄弱，建设任务很重，但中央仍然明确提出“两弹为主，导弹第一”的发展国防尖端技术的方针。实践证明，这是十分必要和完全正确的。1965 年以前，国防科研统一由国防科委集中领导，主力攻关和大力协同的做法符合现代专业化、大协作的管理原则，适合对国防大型科技、生产工程的组织管理，也是社会主义制度集中力量办大事优越性的体现。为解决科研和生产以及尖端武器研制与常规武器发展之间的矛盾，中央决定对国防科技工业领导体制做出重大调整，实行“部院合并，厂所结合”，后来几经反复，这对整个国防科研事业的发展和新型武器装备的研制带来很大影响。实践证明，在当时的社会经济条件下，“为密切科研与生产的关系，从体制上说应该根据具体情况做具体分析，不可一概而论，不可采取千篇一律的办法，要么都合过去，要么都统统集中起来”。“科研机构还是要集中力量形成拳头……在工业生产和科学研究工作的组织体制上，应根据实际情况做一些调整。”①

［原载《当代中国史研究》2018 年第 2 期］

① 《刘华清军事文选》上卷，解放军出版社 2008 年版，第 91、93 页。

20世纪60年代国防科技工业系统关于“部院合并”问题的探讨

为加强对国防科学技术研究工作的组织领导，1958年10月，中共中央批准成立了国防部国防科学技术委员会（以下简称“国防科委”），负责加强对军内外有关国防科学技术研究工作的组织领导、规划协调、监督检查，主任为聂荣臻。20世纪60年代初，国防科委组建、发展了一批国防研究院所，国防工业部门陆续建立了第三机械工业部（主管航空工业，以下简称“三机部”）、第四机械工业部（主管电子工业，以下简称“四机部”）、第五机械工业部（主管兵器工业，以下简称“五机部”）和第六机械工业部（主管船舶工业，以下简称“六机部”），科研试制与生产的矛盾不断出现。国防工业部门的一些领导提出改变管理体制，将工业部与相关国防研究院合并的建议，即所谓的“部院合并”，由此在国防科技工业系统内引发了关于这个问题较长时间的讨论。经过酝酿与研究，中央决定国防部第六、第七、第十研究院分别划归三机部、六机部、四机部领导。但“部院合并”的争议并未停息，在之后较长时间成为一个周期性反复的问题，对中国国防科技工业管理体制的发展变化产生了深远影响。对这个问题，学术界少有涉及，仅在若干回忆性著作和文章中有所提及，缺乏较为深入的探讨。而“阴谋论”“大科研主义”“科研人员留恋待遇，不愿脱军装”等错误认识却长期流传。本文综合已有文献，结合回忆史料，尝试对此问题进行一些探索性的研究。

一、“部院合并”问题的由来

新中国成立后的十多年里，国家投入数十亿元建设了 100 多个大中型国防工业项目，至 20 世纪 60 年代前期，中国国防工业已初具规模。在此期间，为了适应武器装备发展的需要，国防工业部门先后组建了一些国防科研机构。中国人民解放军各军兵种也相继成立了一些研究机构，对常规武器装备的研制起到一定的积极作用，但从总体来看，这些科研机构研制力量分散、重复，专业门类不全，不能形成集中的攻坚力量。

1959 年 10 月，国防科委副主任陈赓提出：“在常规武器的发展上，以仿制为主的阶段已成过去，今后应着重设计和生产适合我国我军情况的新装备。但由于现行体制一机部任务很重，再加上有些认识问题尚未统一，试制新产品的工作开展得并不很好。”[①] 他认为，常规武器规划的指标和措施远远达不到要求，首先是队伍问题，现有的技术力量太分散，研究仪器设备也非常缺乏。对这个问题，陈赓同许多同志进行了讨论研究，大家的认识基本一致。因此，陈赓建议按照国防部第五研究院、第九研究院的做法，组建常规武器研究院。像当年组织军队那样组织研究队伍，不但把科技人员组织起来，还要充实必要的仪器设备。他主张，和平时期可以少建些生产厂，少生产些武器装备，少养些兵，多腾出钱来建设研究机构。他这个“三少一多”的思想得到聂荣臻的赞同。[②]1959 年 10 月 30 日，陈赓向中央军委递交了《关于导弹研究生产情况和对军工生产管理体制的意见》。[③]

1959 年 12 月，国防科委在国防部第五研究院建设经验的基础上，提出了建议组建无线电电子学研究院、航空研究院和海军舰艇研究院的报告。12 月 11 日，聂荣臻审阅了国防科委的报告草稿后批示：“此事牵动面较大，问题也很复杂，请将报告草稿先送一机部赵尔陆部长阅并提出

---

① 《陈赓军事文选》，解放军出版社 2007 年版，第 777 页。

② 《百年追思——陈赓大将诞辰 100 周年纪念文集》上册，解放军出版社 2003 年版，第 247 页。

③ 《陈赓军事文选》，解放军出版社 2007 年版，第 775 页。

意见。”12 日，赵尔陆看了报告草稿后表示：“我完全同意。这样做，其结果肯定是多快好省的。”29 日，国防科委把这个报告正式报送中央军委。[①]30 日，中央军委常委第九次会议讨论了国防科委的报告，聂荣臻建议军委予以批准。贺龙、罗荣桓、徐向前、叶剑英、罗瑞卿都表示同意国防科委的报告。会议决定同意国防科委的建议，“为了加速建设国防科学技术各方面的研究、设计体系，除积极建设第五研究院、原子研究院和准备组建空气动力研究院外，再组建：无线电电子学研究院、航空研究院和海军舰艇研究院等三个研究院”。[②]

1960 年 1 月 5 日，中央军委就组建三个研究院问题向中央递交了报告，但因一机部党组有不同意见而拖了下来。9 月，中共中央决定将国防工业从一机部分出，成立三机部。陈赓同各方面领导交换意见，并两次向邓小平总书记汇报。[③]在中央书记处的协调下，三机部党组同意了军委组建三个研究院的建议。10 月，中央军委责成副总参谋长兼国防科委副主任张爱萍负责邀请总参谋部、总政治部、国防科委、空军、海军、通信兵部、三机部等有关部门负责人，共同研究筹建研究院的有关问题。随后，空军、海军、通信兵部分别组成了筹备小组，负责建院的筹备工作，并提出了具体的建院方案。[④]12 月 9 日，聂荣臻代中央军委再次起草了关于成立三个研究院问题的报告，14 日，中央军委将这个报告报送邓小平并中共中央。20 日，邓小平批示：“这个问题搁了很久了，应迅速解决。故拟予同意。”[⑤]

12 月 27 日，中央军委发出了《关于组建航空、舰艇、军事无线电电子学等三个研究院的通知》。[⑥]该《通知》指出：上述三个研究院从 1961 年 1 月正式列入军队编制，番号分别为国防部第六、第七、第十研究院，业务工作由国防科委统一领导。三个研究院的主要任务是负责军用飞机、

---

① 《聂荣臻年谱》下卷，人民出版社 1999 年版，第 700 页。

② 《聂荣臻年谱》下卷，人民出版社 1999 年版，第 703 页。

③ 《百年追思——陈赓大将诞辰 100 周年纪念文集》上册，解放军出版社 2003 年版，第 247 页。

④ 《聂荣臻军事文选》，解放军出版社 1992 年版，第 504—505 页。

⑤ 《聂荣臻年谱》下卷，人民出版社 1999 年版，第 749—750 页。

⑥ 《聂荣臻年谱》下卷，人民出版社 1999 年版，第 753 页。

舰艇、军事电子装备的研制，并解决仿制、引进中的技术问题。1961年6月，三个研究院基本组建完成。至此，中国的国防科研工作在国防科委的统一组织领导下，已拥有38个单位、约8万人的规模，形成了一支尖端和常规武器装备的研制队伍，初步建立了一个比较配套的国防科技体系。[①]广大科研人员拥护中央组建三个研究院的决策，认为国防科研事业可以因此向前大大迈进一步，因为“部队需要什么，自己最了解，经过慎重的研究然后自己设计出来，工业部门只需按军队的需要，保质保量的生产就行了”。[②]

国防部各研究院成立以后，“新装备的研究、设计主要是在专门的研究设计单位承担的；材料问题，有其他工业部门承担的，也有国防研究单位和国防工厂承担的；工艺问题，主要是工厂为主，也有研究部门帮助解决的；至于试制和组织生产，主要是依靠工厂”[③]。在当时的计划经济条件下，科研院所与生产部门的组织协作关系非常复杂，科研部门与生产部门之间不断出现一些矛盾和问题。在管理体制上，国防科研院所由国防科委负责，国防工业部门由国防工业委员会领导，这在一定程度上加剧了科研与生产之间的矛盾。

为解决新出现的问题，中央军委常委会议曾几次讨论国防工业的领导体制问题。1961年夏季，中央军委北戴河会议再次讨论了改革国防工业管理体制的问题。三机部一位司长向部长孙志远建议，在国务院建立一个管国防工业的机构，监督国家有关国防工业的生产、供应和组织协调。孙志远认为此方案可行，便立即向周恩来报告。周恩来采纳了此建议。随后，周恩来与贺龙、聂荣臻、罗瑞卿、孙志远等商量后，向中央建议成立一个国防工业办公室，作为国务院的一个口（国防工业口），在党内向中央书记处和军委负责，直接管理国防工业各部和国防科学技术委员会所属范围的工作。主持军委工作的领导也赞同此建议。1961年11月8日，中共中央批准了周恩来就成立国防工业办公室给中共中央和毛泽东的报告。12月18日，中央军委决定国防工业办公室列入军队编

① 《当代中国的国防科技事业》（上），当代中国出版社1992年版，第38页。

② 《周恩来军事文选》第4卷，人民出版社1997年版，第422—423页。

③ 《聂荣臻军事文选》，解放军出版社1992年版，第504—505页。

制。[①] 国防工业办公室（以下简称“国防工办”）成立后，直接管理第二机械工业部（主管核工业，以下简称“二机部”）、三机部和国防科委所属范围的工作。其具体任务是：对常规武器、国防尖端、科学研究、干部培养以及生产、建设等工作进行统筹规划，全面安排，组织执行和督促检查。国防工办主任为罗瑞卿。[②]

国防工办的成立，有利于加强和改善国防工业各部门与国防科研院所及其他有关部门之间的协作及关系协调，但科研部门与生产部门的矛盾和问题并未能从根本上得到解决。

二、1962 年“部院合并”的建议被搁置

几个国防研究院组建不久，有关科研与生产关系的矛盾便开始出现。

1962 年 3 月，孙志远在国防工业系统内部发表了《研究设计脱离生产是不是分散主义》一文，对集中组建国防研究院提出公开质疑。罗瑞卿表示，条件不具备为什么要成立几个研究院？交给工业部门，困难大家分担点，问题不就解决了吗？7 月，三机部正式向中央书记处和中央军委提出了《关于调整国防工业研究、设计体制的意见》。该《意见》认为，在国防科委系统中成立研究院，把技术人员集中到研究院所，脱离了生产，影响了工厂的产品生产，是工厂出现问题的主要原因。《意见》从国防工业研究、生产与使用三者的关系，中国国防工业研究设计工作发展的历史过程以及将科研设计机构移交国防科委后出现的矛盾三个方面，详细阐述了必须实行科研部门与生产部门结合的理由。三机部明确提出：“研究设计与试制生产是现代工业统一的有机整体，在具体工作中每日每时都需要密切配合，协调一致……考虑到这种情况，我们认为需要对现在国防工业的技术力量加以调整，将研究设计部门从体制上实行由工业部门集中统一领导是完全必要的。”[③]7 月，在中央书记处和军委听取国防工业汇报时，孙志远正式提出了三机部全部收回 19 个研究所，实

① 《周恩来军事文选》第 4 卷，人民出版社 1997 年版，第 422—423 页。

② 《中共中央文件选集》第 38 册，人民出版社 2013 年版，第 286 页。

③ 刘鸿志：《回忆与思考——刘鸿志回忆录》，航空工业出版社 2010 年版，第 222 页。

行生产、科研结合的建议。[①]

1962年，在邓小平主持的一次研究导弹工作的会议上，军委副主席贺龙对国防部第五研究院的工作进行了批评：一是五院搞垄断，二是五院的科研试制搞乱了一些国防工厂的正常生产工作。对此，五院院长王秉璋在邓小平主持的书记处会议上进行了汇报说明，列出了五院在与全国各地的协作单位和试制工厂的情况，以事实说明各协作单位、工厂的人力和设备只占这些单位人力、设备总数的1%—1.5%，没有影响这些单位的正常生产。贺龙表示，自己以前不了解情况，批评错了，同意五院的意见。[②]邓小平专门把张爱萍[③]找去，询问这方面的情况，并叮嘱他说：“这个问题要组织好，不能让两位老帅[④]打了架。”张爱萍研究后认为，应该把国防科委下属的几个研究院交给工业部，需要研制什么，由总参提出计划，报请军委批准，再交给研究院研制；研制出来后，要不要投入生产及生产多少，再由总参根据部队需要等实际情况，部署任务给工业部门生产。这个机构可由总参装备部和总后军械部负责分配的部门抽调人员组成。周恩来同意这个建议，认为非常有道理。贺龙对此方案也很赞成，于是张爱萍专门写了报告呈送军委。[⑤]

1962年11月6日—19日，罗瑞卿主持召开国防工业办公室扩大会议，讨论代中央军委起草的关于国防工业建设问题的报告。会议期间，有关部门开会研究了国防工业生产与科研之间的关系，就三机部提出的“部院合并”问题进行了讨论。王秉璋主张应加强科研机构的建设，因为只有建立起比较健全的研究设计机构和生产机构，才能独立自主研制出新武器。[⑥]

---

① 孟广荣、孙广运：《新中国航空事业史稿》，航空工业部档案馆1982年版，第350页。

② 白洁：《从国防部五院到七机部——王秉璋将军谈中国航天事业》，《党史博览》2005年第3期。

③ 时任解放军总参谋部副总参谋长、国防科学技术委员会副主任、国务院国防工业办公室副主任。

④ 指贺龙和聂荣臻。

⑤ 东方鹤：《张爱萍传》下卷，人民出版社2000年版，第791—792页。

⑥ 白洁：《从国防部五院到七机部——王秉璋将军谈中国航天事业》，《党史博览》2005年第3期。

11 月 23 日，在国防工办会议上又对“部院合并”问题做了研究讨论。会上，王秉璋进一步表明了五院的态度：第一，研究设计和生产是导弹工业一个整体的两个方面，必须紧密结合，这是肯定的。研究设计机构合并到工业部门之内，在密切研究设计与生产的联系方面可能带来一些方便，但是还应看到各研究设计机构间的联系和协作这一方面。而且这一方面的协作较之前者更广泛得多，复杂得多。第二，当前生产部门和研究设计单位，都有大量急需解决的问题，还没有解决或者还没有解决好。在这种情况下，把两个具有不同特征的单位合并成一个单位，工作内容成倍增加，可能产生照顾不周的情况，放松了研究设计或放松了成批生产的领导和工作，都会对国防工业带来相当大的损失。王秉璋不主张“部院合并”，认为最低限度看两三年再说，暂不合并。①

对此，大部分研究院领导也不赞同改变国防科研体制、取消国防科学研究院。

国防部第七研究院院长刘华清专门就这个问题写了报告，提出：“当前对常规和尖端的安排原则，以及生产与科研的分工原则，有些同志有不同的理解。有的同志提出，科研主要应为当前产品生产服务，认为科研部门和生产部门是在做同一件事。我们认为这种看法是片面的。因为从基本任务来看，科研部门和生产部门不能不有所分工、有所侧重。”一些同志过分强调生产对科研工作的依赖性，“认为生产离开科研寸步难行，因此主张现阶段的科研工作（包括搞尖端产品）必须由工业部门主导。这些意见只从科研工作必须与当前生产密切联系这一方面出发，从而忽略了国防科研工作还应为今后生产开辟前进道路和为部队提供最优良装备的任务”。刘华清认为，“目前在体制问题上的不同意见，实质是工业生产和科研两个相对独立，但又互相依存、互相渗透的体系应怎样协调工作的问题。由于科研和生产有密切的联系，因此在基层组织上也不可避免要出现互相渗透交错的情况……我国成立几个国防科学研究院以后，目前需要建立必要的工作制度，以解决与工业部门的关系问题。这些制

---

① 白洁：《从国防部五院到七机部——王秉璋将军谈中国航天事业》，《党史博览》2005 年第 3 期。

度条例现在正在制定，不少已经制定出来。按照这些条例执行是可以逐步建立起有次序的工作程序的，而不是像有些同志所想象的那样，一定要取消国防科学研究院才能解决问题”[①]。

1962年11月30日，聂荣臻在听取罗瑞卿汇报国防工办扩大会议的情况时明确表示不赞成“部院合并”。他说：“科学研究必须独立发展，几个研究院不能与生产部门合到一起，否则，科学发展就会受到影响。至于个别单位，可以考虑调整。”聂荣臻担心好不容易集中起来的国防科研队伍又被分散了，使刚刚开展起来的科研工作被影响和削弱。12月1日，罗瑞卿表示同意这一看法，他说：“六院与七院要像十院一样，由国防科委统一管，国防科委一定要搞好自己的工作，搞好与各方面的关系。”[②]

主持军委工作的领导也不赞同“部院合并”。中央军委开会研究了这个问题，决定不改变现有各研究院的领导关系。

1962年12月5日，邓小平主持召开中共中央书记处会议，听取了罗瑞卿关于国防工业问题的汇报。[③]会议决定：“国防科技研究机构和国防生产部门的关系，可维持现状不变，今后主要是从加强它们的协作中，使它们的关系协调起来；成立第四机械工业部（无线电工业部）。”[④]

12月初，聂荣臻提出了加强国防科委与国防工办的分工协作，改进科研院所与生产部门关系的总体思路：“国防科委是负责国防科研的业务部门，科研项目根据总参谋部提出的战术技术要求确定，然后提出科研计划报军委批准后组织实施。国防工业办公室负责基建投资的平衡安排，组织科研、生产的协调及技术力量的调度。国防科委应将工作范围、任务、职责予以明确”，特别是哪些工作“经过口子[⑤]，哪些不经过口子”，要“明确关系，以便于此工作”。[⑥]

12月19日，罗瑞卿在国防工业办公会议上提出：“在国防科学研究

---

① 《刘华清军事文选》上卷，解放军出版社2008年版，第66、72—74、76—77页。

② 《聂荣臻年谱》下卷，人民出版社1999年版，第869页。

③ 《邓小平年谱（1904—1974）》（下），中央文献出版社2009年版，第1736页。

④ 《周恩来年谱（1949—1976）》中卷，中央文献出版社1997年版，第517页。

⑤ 口子，即国防公办，是国务院的国防公务口。

⑥ 《聂荣臻年谱》下卷，人民出版社1999年版，第869页。

机构和国防生产部门维持现状不变的情况下，各委、部要协调的事情，还是先送到口子（指国防工办这个口子）上来，先通过口子上处理，不要事无巨细都直接捅到两位帅那里去。……国防科研的业务工作还是要由科委机关负责，口子不管，也管不了……口子对基本建设、生产、科研试制，以及整个计划的调整、平衡要管，对科研为生产服务的事情也要管……如果发生矛盾，口子上有决定之权。又如，科研部门需要生产部门搞试验件、专用设备等，可以直接商量解决的，不必捅到口子上来，如果解决不了，口子就要统一指挥，统一调度……否则不好办事。”[①]

为了统一安排国防研究工作，1963 年底，国防工办“建议二、三、四、五、六机部所属工厂及研究设计单位的研究任务由国防科委统一归口，统筹规划，全面安排”。各研究院的领导关系，罗瑞卿表示“仍按 1962 年 11 月三座门会议的决定不变”。[②]

三、中央决定国防科技工业进行“部院合并”

为了适应国防建设和国民经济建设的需要，1963 年 2 月，“中共中央、国务院决定把电子工业从第三机械工业部分出来，成立第四机械工业部，即无线电工业部”[③]。同年 9 月，“中共中央决定撤销国防工委，其任务合并到国防工办”；成立五机部和六机部；三机部主管航空工业。[④]9 月底，在毛泽东提议下，中央决定由贺龙接替林彪主持军委日常工作。[⑤]贺龙强调要加强常规武器的生产，科研要为生产服务。国防工业内部对于国防科委集中组建和领导国防研究院一直存在着不同意见，新的国防工业部门组建后，“部院合并”问题被再次提出。

孙志远认为，目前的管理体制使得产品的试制和批量生产之间的衔接不顺，甚至在管理层面互相掣肘，致使科研成果的转化以及产品产业

① 《罗瑞卿传》，当代中国出版社 2007 年版，第 243 页。

② 《聂荣臻科技文选》，国防工业出版社 1999 年版，第 510 页。

③ 《当代中国的电子工业》，中国社会科学出版社 1987 年版，第 48 页。

④ 《当代中国的国防科技事业》（下），当代中国出版社 1992 年版，第 515 页。

⑤ 《毛泽东年谱（1949—1976）》第 5 卷，中央文献出版社 2013 年版，第 266 页。

化过程较长，应实行科研与生产相结合，改变管理体制。他与三机部副部长、主管新技术的刘秉彦再次讨论这一问题，认为：“精通科学技术的专家必须同工业实践相结合，在实践中发展。”为了适应这一要求，研究设计所、研究设计院只能属于工业部门，不能是别的样式。[①]1964年11月，孙志远代表三机部再次提出“部院合并、厂所结合”的建议。四机部部长王诤也提出了国防工业部门与国防科研机构合并的建议。[②]二机部副部长刘西尧强调科研工作要结合生产，支持“部院合并”。

主持国防科委常务工作的副主任张爱萍也主张改变现有体制。张爱萍根据自己近几年的工作实践，认为“搞研究设计，没有工厂，没有生产，就没有所为”。搞试制工厂这样干不行，因为“试制工厂和生产工厂差不多，仅规模不同罢了”，“当前国家的经济状况是不允许的”。“工厂不愿承担试制任务是错误的，研究部门另搞一个中间工厂也是错误的，延长了生产周期。”关于科研与生产的关系，张爱萍认为工厂生产是居主导地位的，一切工作应服从于为部队生产军备这个任务。[③]他看到几份来自研究部门和工业部的报告，反映科研与生产之间的矛盾，于是建议快刀斩乱麻：“把国防科委的四个研究院同对口工业部合并，使之既担负研制任务，又担负生产任务。”他把这一建议报告了周恩来及有关领导，周恩来表示赞成。[④]在一次研究科研与生产结合问题的会上，国防科委领导坚持科研必须形成拳头，意即独立建院，归军队领导。周恩来当即表示不同意见。他说，对此不能强调过了头，生产实践是人类的基本活动。他主张把研究所交给工厂。[⑤]周恩来强调，“部院合并”的目的是让科研、生产、使用三结合，理论联系实际。[⑥]

作为国防工业部门的直接领导，罗瑞卿一直强调科研为生产服务。他认为，由于帝国主义战争威胁，时间紧迫，研究设计要同国家工业水

---

① 《中共党史人物传·政治经济建设卷》（上），中共党史出版社2010年版，第482页。

② 鲁之玉等：《王诤传》，电子工业出版社1998年版，第252页。

③ 《张爱萍军事文选》，长征出版社1994年版，第289—290页。

④ 东方鹤：《张爱萍传》下卷，人民出版社2000年版，第792页。

⑤ 《不尽的思念》，中央文献出版社1987年版，第215页。

⑥ 《不尽的思念》，中央文献出版社1987年版，第347页。

平、生产工艺水平、原材料水平结合，这样能够很快生产出武器装备，能够争取时间。[①]1963年10月，罗瑞卿同国防科委几位领导座谈时提出："六、七院还是交出去，由工业部领导好，其他暂时不变。十院因涉及面很广，交不交四机部，应再很好研究一下。"[②]1964年8月，罗瑞卿在国防工业工作会议上提议将国防部第五研究院与相关试制工厂合并，组成第七机械工业部。他说："现在看来，导弹的研究、设计、试制、生产，要有一个抓总的部门。维持现状，肯定要多花钱，时间还要推迟。据国防部第五研究院的负责同志讲，导弹的科研与生产结合起来，统一规划，统一建设，统一管理，在三线以型号为纲，按地区配套，科研、生产部门不各搞一套，'三五'期间可大大节省投资，试制周期可以缩短两年。如果这个意见站得住脚，为什么不走这条路？"[③]9月，在国防工办召开的国防工业会议上，与会代表再次就科研与生产的关系问题展开了讨论。罗瑞卿在总结讲话中就科研与生产的关系问题表示："科研与生产结合起来，统一规划，统一建设，统一管理，既可节省投资，又可缩短试制周期"，"应当说，这件事情到了解决的时候了，因为时机成熟了，不能再拖了"。[④]

在"部院合并"酝酿过程中，聂荣臻多次提出了自己的看法和意见，一是当时国防工业部门生产的武器装备性能都比较落后，我们要迎头赶上，必须适当集中科研力量，在仿制消化技术的基础上，自行研制所需要的武器装备。二是飞机、舰艇、重要电子整机都是一个庞大的系统工程，绝不是哪一个研究院能完全独立完成的，由国防科委统管，有利于早出成果。三是工业部门忙于完成生产任务，实践证明，容易忽视或削弱对新型武器装备的研制。四是三个研究院的领导班子都是军队干部配备组成的，从上到下都强烈希望留在国防科委系统内。[⑤]针对科研单位脱离生产、脱离实际的说法，聂荣臻认为应具体分析，国防研究院的科研

---

① 《罗瑞卿军事文选》，当代中国出版社2006年版，第705、710页。

② 《聂荣臻年谱》下卷，人民出版社1999年版，第909页。

③ 《罗瑞卿传》，当代中国出版社2007年版，第250页。

④ 孟广荣、孙广运：《新中国航空事业史稿》，航空工业部档案馆1982年版，第350页。

⑤ 聂力：《山高水长——回忆父亲聂荣臻》，上海文艺出版社2006年版，第269页。

任务和成果，绝大多数都是为工业、农业、国防服务的。例如新型金属材料，“3 年来共研究试制成功 208 个品种、10700 多项，有 6800 项已供应使用”。“新型石油产品，3 年来共研制了 109 个品种，已投产的 92 个，其中有研究机构单独完成的 52 个……其余是由研究机构和工厂合作，消化了国外技术资料搞出来的。这不能说科研脱离生产。与之相反，许多科研成果在生产中安排不上，是当前一个突出问题”，应该经过调查研究，加以改革。关于科研人员到第一线的问题，聂荣臻表示“应该提倡，过去也是提倡的”，但“要区别不同情况”。实验工作也是科学研究的第一线，许多工作确实要在实验室或中间试验车间进行，有一些意见认为大部分研究所搬到工厂去、归工厂领导就结合实际了，这是把问题简单化了。聂荣臻提出：“今后几年正是继续攻坚和收获成果的时候。对研究机构领导体制的变动，要慎重研究才能决定，而且不要变动过于频繁。”①由于种种原因，聂荣臻的意见“没有得到应有的重视”。②

国防部第七研究院的领导认为不宜对现有体制进行改变，院长刘华清等领导用集体的或个别的、会议上或会议外、书面的或口头的多种形式，多次向有关领导机关反映不同意的意见并陈述理由。在 9 月 11 日国防工办召开的会议上，刘华清讲述了七院不宜合并的理由。③他说，目前造不出船来，我们认为有三个原因：工业基础薄弱，设备配套跟不上；专业化生产未贯彻，协作网没有建立起来；技术管理上有缺点。当前生产与科研中存在的问题，不能简单认为是科研协作配合的问题，主要还是属于一般工作中的矛盾，而不是组织体制上的问题。“在技术力量生长起来、工业基础加强、分工问题明确、协作问题搞好后，是可以解决的。目前，即使从组织体制上将七院划归工业部门，也不能解决当前存在的问题。”④9 月 18 日，在国防科委召开的各研究院领导干部会议上，刘华清又谈了他对“部院合并”的不同看法。他说：“部院合并问题，组织上如决定了，我们坚决服从。几种方案各有利弊。七院和六机部的矛盾在什

① 《聂荣臻科技文选》，国防工业出版社 1999 年版，第 531—533 页。

② 聂力：《山高水长——回忆父亲聂荣臻》，上海文艺出版社 2006 年版，第 269 页。

③ 《刘华清回忆录》，解放军出版社 2004 年版，第 302 页。

④ 《刘华清军事文选》上卷，解放军出版社 2008 年版，第 81—91 页。

么地方？如果不搞清楚，即使将七院合过去，矛盾也不能解决。七院主要是搞研究设计的，而六机部目前任务是搞仿制……目前还考虑不到研究设计，连改进都很少考虑，更不要说基本理论工作了。目前一些人说，有些东西挡住了生产，其实影响生产的并不是科研问题。科研影响生产究竟表现在哪里，应很好研究一下，不能说集中就集中，说分散就分散。”“科研上不去并不是因为脱离了生产，七院有些项目目前就放在工厂里也一样上不去。因为不是有了加工力量就能上，还需有一套科研设备，而工厂搞的试验设备有工厂用途……它是为生产的，科研单位要去挤用……靠排队的办法根本满足不了科研工作的需要……插进去安排必然打乱它的生产流水线。合起来就能搞好科研？我看不那么简单。”“研究院合到工业部门，研究、试制、生产合过去了，由工业部门抓总，但两头两尾他们抓不了，因为头尾都在军队。六机部搞工业生产，那么多任务，没有多少精力搞科研，很可能影响科研发展。七院目前刚开始搞，还未形成拳头，有大量弱门、缺门，空白很多，正是加强建设的时候，现在将七院合过去，只会削弱，很值得考虑。”他建议，如允许的话，应“进行详细调查分析，待情况弄清和全面权衡利弊后再作决策为宜”。[①] 但七院的意见并未引起广泛关注。

国防部第六研究院常务副院长曹丹辉给中央领导写信，力陈利弊并提出自己的建议。在信中，他一方面为“党苦心经营，花了几年心血才组建起来的科研队伍，被一下子拆散了”而痛心，另一方面希望引起对科研队伍的重视，加强科研设计与试制力量。他说：“几个研究院（五、六、七、十院）不仅不应拆散，而且必须力求设法加强……形成强大的拳头……去打几个硬仗、歼灭战，才谈得上十年赶上、二十年接近世界先进水平。”[②]

国防工业和国防科研两大系统在“部院合并”问题上的认识并不统一，长期争论不休，影响了工作，聂荣臻对此极为担忧。他表示：“科研和生产的关系，认识很难取得一致。为了避免工作中的扯皮，现在可以

---

① 《刘华清军事文选》上卷，解放军出版社 2008 年版，第 95—96 页。

② 《追寻先辈的足迹》第 1 集，中共党史出版社 2012 年版，第 231—232 页。

考虑把六院、七院交给工业部领导……但是，我对这种做法是怀疑的，我担心将来会不会走弯路。”[①]1964 年 9 月 16 日—17 日，周恩来主持召开中央专委第九次会议，决定以国防部第五研究院为基础成立导弹工业部。[②]

1964 年 10 月，罗瑞卿就国防工业部与对口的研究院合并的问题给周恩来、邓小平写了信。[③]在邓小平主持下，中央书记处召开会议讨论“部院合并”问题。周恩来、贺龙、聂荣臻、罗瑞卿、薄一波以及刘亚楼、王诤、王秉璋、赵尔陆、谷牧等领导参加了会议。经过数天讨论，大多数与会领导都同意“部院合并”。

10 月中旬，聂荣臻向国防科委的领导传达了中央的决定：“中央决定国防科委管的几个研究院要分别与三、四、六机部合并，方向是合下来有好处。合并以后有了矛盾由工业部统一调整。我们在移交时态度要积极，注意几个研究院的摊子不要散了。”[④]随后，几个国防研究院先后召开了院党委扩大会议，为实行“部院合并”进行思想上和组织上的准备。

11 月 21 日，国防科委召开国防部第五、第六、第七、第十研究院干部参加的“部院合并”动员大会，张爱萍做动员报告。他说：“中央这次决定合并，我的理解就是如何使研究、设计与生产结合得更紧密，配合得更好”，“这样工作就会快……我觉得党中央最近决定合并，在目前时机、目前情况下是适当的。将来怎样？起码在我们看得见的时候（即对今后发展情况一般可以估计到的方面）也是适当的。这就是过去一段的实践加上当前的情况证明，合并的决定是正确的”。张爱萍强调：“将来还会出现这样或那样的问题，但那是工作中的问题，不是合并的问题……究竟将来怎样做，可以研究讨论，提出意见。但有两个原则，一是合并是党中央决定的。没有什么可发表议论的。个人有意见可以保留，但必须执行。二是合并后如何有利于工作，怎样把科研、设计、生产结合得更好，促进其发展，更快地拿到有用的武器。我们这次合并不是走

① 《聂荣臻年谱》下卷，人民出版社 1999 年版，第 902 页。

② 《聂荣臻年谱》下卷，人民出版社 1999 年版，第 945 页。

③ 《当代中国的国防科技事业》(上)，当代中国出版社 1992 年版，第 50 页。

④ 《聂荣臻年谱》下卷，人民出版社 1999 年版，第 947 页。

回老路上去，不是老样子，是有新发展的。”①

12 月 21 日，国防工办提交了关于“部院合并”问题的报告。报告提出：“根据周总理关于国防部第六、七、十研究院与生产部门合并，以进一步密切科研与生产关系的指示，各部和研究院分别召开党委（党组）会议和部院党委联席会议，研究了合并方案和准备工作。确定在年底以前把部院的机构合并起来，从 1965 年 1 月 1 日起，各研究院正式由各部领导。”26 日，周恩来批准了该报告。②

1965 年 2 月 21 日，中共中央发出《关于国防部第六、七、十研究院与生产部门合并的决定》。该《决定》指出：为了适应国防工业进一步发展的需要，科研、设计、生产应该紧密结合，实行统一领导，统筹规划，以便更好地集中力量，更快地掌握尖端技术，加强常规生产。为此，中央决定：“国防部第六、七、十研究院分别与第三、第六、第四机械工业部合并，各研究院改属各部领导。”中央认为，这样做对生产有利，也对科研有利；对仿制有利，也对自行设计有利；对当前有利，也对长远有利。③

四、思考与结论

1965 年 6 月，“部院合并”工作基本完成。国防部所属的三个研究院、约十万人全部就地整建制集体转业，划归各工业部领导。贺龙认为，应进一步从组织体制上解决工厂、科研机构、学校三结合和研究、生产、使用三结合问题。他在听到部分科技人员反映希望把研究所合到厂里的意见后，积极赞同实施“厂所合并”。贺龙在同孙志远等交换意见后，就科研机构和生产单位合并问题给罗瑞卿写信，建议：“国防工业各部党委认真研究讨论一下，把能够合并、要求合并的厂、所合一批试试。这个方向我认为是不会错的，而且从当前技术发展需要看，这个问题越早解

① 《张爱萍军事文选》，长征出版社 1994 年版，第 290—291 页。

② 《聂荣臻年谱》下卷，人民出版社 1999 年版，第 952 页。

③ 《聂荣臻年谱》下卷，人民出版社 1999 年版，第 957—958 页。

决越有利。”后来，中共中央采纳了贺龙的这个建议。[①]国防工办随即做出了“厂所合并”的决定。按照六机部提出的实施方案，各院要把大部分的技术力量整合到工厂和其他单位。鉴于“厂所合并”中存在不少问题，1966 年 2 月 11 日，聂荣臻给周恩来、林彪写信，建议暂停“厂所合并”。18 日，周恩来阅后批示：“请（赵）尔陆同志告各部，暂停厂、所合并，并将各部主张合并的理由和程序见告，以便处理。”[②]但“厂所合并”的势头未能得到控制。

国防研究院和国防科委的大多数干部群众对“部院合并”有不同意见，认为有关领导只听了国防工办与生产部门的一面之词。“文化大革命”开始后，广大科技工作者就“部院合并”的体制问题纷纷向上级表明了看法，一度成为争论的焦点。[③]1967 年 3 月，聂荣臻向中央递交了《关于军事接管和调整改组国防科研机构的请示报告》。该《报告》提出：“现在各国防工业部的研究院，和中国科学院承担国防科研任务的各研究所，大多瘫痪，研究工作停顿，三线建设问题也很多。这种状况十分不利，必须迅速改变。建议将二机部九院、三机部六院、五机部机械研究院、四机部十院、六机部七院、中国科学院新技术局所属各单位，由国防科委军事接管……迅速恢复科研和生产工作。”3 月 20 日，毛泽东批示：“退总理照办。”[④]毛泽东很关心国防科研体制的调整改组工作，几次向聂荣臻询问这方面的进展情况。[⑤]为了集中力量，形成发展国防科技的拳头，聂荣臻主张按照科研生产联合体的模式对国防科研体制进行调整改组，由国防科委副主任刘华清组成工作班子，与各有关方面反复酝酿研究，提出了将中央批准接管的国防科研单位调整改组为 18 个研究院的方案，经中央军委和国务院业务小组先后审议同意后，聂荣臻于 1967 年 9 月 20 日将《关于国防科研体制调整改组方案的报告》报送毛泽东并中

① 《贺龙传》，当代中国出版社 1993 年版，第 569—570 页。
② 《聂荣臻年谱》下卷，人民出版社 1999 年版，第 1012 页。
③ 《回忆与思考——刘鸿志回忆录》，航空工业出版社 2010 年版，第 223 页。
④ 《聂荣臻年谱》下卷，人民出版社 1999 年版，第 1056—1057 页。
⑤ 《聂荣臻科技文选》，国防工业出版社 1999 年版，第 620 页。

共中央。[①] 10月25日，毛泽东批示："很好，照办。"[②]

遵照毛泽东的指示精神，国防科技工业对"部院合并"体制做了调整。从1968年1月1日起，二机部九院、三机部六院、四机部十院、五机部机械院、六机部七院列入军队系统，划归国防科委领导。一批承担国防科研任务的工厂也转交给国防科委领导。[③] 此后，国防科技工业领导体制在动乱中又历经多次变动。在周恩来亲自过问下，1974年，国务院、中央军委决定，国防科技工业再次实行"部院合并"。根据"部院结合，厂所挂钩"的原则，先后将核武器、航天技术、航空、舰艇、军事通信、电子设备、电子元器件、兵器等研究院分别划归对口的国防工业部建制领导。

"部院合并"几经反复，影响深远。在有关"部院合并"的是是非非问题上，反映了以国防科委为代表的各研究院和以国防工办为代表的各军工机械部之间的观点对立。"部院合并"问题争论的实质是在当时我国工业科学技术基础薄弱、人力物力有限的情况下，如何处理科研与生产的关系和如何配置科技资源的问题，[④] 并非出于一己之私、本位主义的意气之争，一些长期流传的错误说法是不符合历史事实的。

通过以上对"部院合并"历史过程的梳理，笔者有以下几点思考。

（一）关于"部院合并"的原因和背景

1959年9月新中央军委成立后，对战略形势和战争的估计是：受目前政治形势、技术形势的影响，在短时间内战争打不起来。[⑤] 同年10月，中央军委在向中共中央的报告中提出，国防工业应以抓尖端技术为主，目前主要是导弹问题，同时也要注意核弹头问题。[⑥] 中央军委决定，常规武器的生产，除了适当满足目前部队装备的需要和极小量储备外，今后

---

① 《聂荣臻年谱》下卷，人民出版社1999年版，第1081页。
② 《毛泽东年谱（1949—1976）》第6卷，中央文献出版社2013年版，第136页。
③ 《刘华清年谱（1916—2011）》上卷，解放军出版社2016年版，第189页。
④ 聂力：《山高水长——回忆父亲聂荣臻》，上海文艺出版社2006年版，第271页。
⑤ 《叶剑英年谱（1897—1986）》（下），中央文献出版社2007年版，第873页。
⑥ 《当代中国的国防科技事业》（上），当代中国出版社1992年版，第44页。

主要应着重于研究和改进。1960 年 2 月，中央军委进一步明确指出，在今后若干年内，常规武器的生产，除供应负有作战任务部队的战斗需要、学校和部队的训练需要以及小量的储备以外，不应大量生产；新型号的常规武器制成后，除供应科学试验和指定的学校、部队作训练之用外，不要大量生产，一般部队也不要改装。[①] 中央军委明确了发展国防尖端技术的方针是“两弹为主，导弹第一”，并要求军队装备建设的各项工作都要根据这个方针，突出重点，合理安排，集中人力、物力、财力，保证“两弹”研制的需要，以最大的努力在最短的时间内突破国防尖端技术。[②] 总参谋长罗瑞卿强调：“发展国防尖端技术，建立特种技术部队，应当成为全军重点中的重点，应当从各方面优先保证它的需要。”[③]1962 年，东南沿海局势紧张，中央提出要“备战整军”。国防工业从一般性战备整顿转入临战生产，虽然开足马力生产，但与备战的需求仍有差距。[④] 中央对国防工业的生产状况感到担忧，周恩来明确表示：“这几年搞尖端，注意多了一些，常规武器减弱了，影响了库存”，“军工，首先要着重生产……常规是尖端的基础……首先要把常规搞得像个样子嘛”。[⑤] 邓小平多次提出，武器“库存底子太薄”。[⑥] 彭真批评说：前几年国防工业没有抓紧，蒋介石准备窜扰大陆，国防问题就暴露出来了。[⑦] 毛泽东指出，“我赞成中央政治局确定的方针，要利用这个机会，把军工搞起来”，并提议建立武器弹药的战略储备。[⑧] 但毛泽东同时指示：“对尖端武器的研究试制工作，仍应抓紧进行，不能放松或下马。”[⑨] 在军委主要领导反对下，“部院合并”的提议暂时搁置。1962 年底，罗瑞卿表示，现在情况有所变化，目前

① 吴家华主编：《聂荣臻的军事思想与实践研究》，国防工业出版社 2009 年版，第 369—370 页。

② 《当代中国的国防科技事业》（上），当代中国出版社 1992 年版，第 44 页。

③ 《罗瑞卿军事文选》，当代中国出版社 2006 年版，第 593—594 页。

④ 《当代中国的兵器工业》，当代中国出版社 1993 年版，第 60—61 页。

⑤ 《周恩来军事文选》第 4 卷，人民出版社 1997 年版，第 429—431 页。

⑥ 《罗瑞卿军事文选》，当代中国出版社 2006 年版，第 612 页。

⑦ 《彭真年谱（1960—1978）》第 4 卷，中央文献出版社 2012 年版，第 288 页。

⑧ 《当代中国的兵器工业》，当代中国出版社 1993 年版，第 584 页。

⑨ 《杨成武年谱（1914—2004）》，解放军出版社 2014 年版，第 365 页。

的主要工作“一要备战，二要援外”，“必须立足于大战”，“在今后十年内……努力增加品种、数量，满足军队装备和援外的需要，完成三百万人打一年的储备任务”。[①]1964年以后，国际安全形势发生了变化。“北部湾事件”后，美国在越南的战争规模迅速扩大，毛泽东敏锐地指出，“要打仗了”。[②]此后，毛泽东多次强调“要准备打仗”。1965年4月，中共中央发出《关于加强备战工作的指示》。[③]常规武器的生产更加受到重视。9月，中央提出，要“立足于战争，从准备大打、早打出发，积极备战”。[④]从以上可以看出，中央对安全形势判断上的变化和对国防工业发展方针的调整是“部院合并”的重要背景。从“大搞尖端科研，重中之重”到“研究设计不能脱离生产，要为生产开路，同时不放松尖端”，国防工业领导态度上的变化推动了“部院合并”。

（二）关于在科研与生产关系上的认识差异问题

在“部院合并”争论过程中，有两种主导性的看法：一种是强调科研对当前生产的依附性，认为当前生产体系还没有建立起来，生产技术还没有完全过关，就不应该开展尖端产品的研究工作；另一种则过分强调生产对科研工作的依赖性，认为生产离开科研寸步难行，因此主张现阶段的科研工作（包括搞尖端产品）必须由工业部门主导。聂荣臻认为，这两种说法都有一定道理，但又都是问题的一个方面。“科学技术和工业生产建设，是互相联系的，互为因果；有互相制约的一面，但更重要的是有互相促进的一面”，“生产推动科学的前进，而科学成果在生产中的应用又促进生产的发展……反复循环、相互提高”。他强调，“从国防工业来看……最突出的是科学技术问题了。科学技术问题的解决，是我们国防工业自力更生的关键，这些问题不解决，我们就不能前进”[⑤]。因此，聂荣臻主张在当时的国防科研体制下，集中科研力量形成拳头，科研工

① 《罗瑞卿军事文选》，当代中国出版社2006年版，第627—628页。

② 《毛泽东年谱（1949—1976）》第5卷，中央文献出版社2013年版，第382页。

③ 《建国以来重要文献选编》第20册，中央文献出版社1998年版，第141页。

④ 《建国以来重要文献选编》第20册，中央文献出版社1998年版，第360页。

⑤ 《聂荣臻军事文选》，解放军出版社1992年版，第501、499页。

作适度先行。同时，充分发挥社会主义制度的优越性，发扬协作配合的精神，逐步总结经验，搞出切实可行的办法，以加速从研究设计到生产的进度。时任解放军炮兵副司令员兼炮兵科学研究院院长的孔从洲认为，1964 年的“部院合并”体制，将科研和生产结为一体，体现了科研为生产服务的指导思想。这个体制的优点在于，有利于提高生产水平，满足数量要求，同时对于研制与现生产产品技术性能差别不大的改进型产品也是比较合适的。但是，科研过分依附于生产，强调新产品的性能适应于现有生产手段，对技术上的重大突破起到阻碍作用。国防科研也很难及时地反映作战需求的发展。[①] 由于时代的局限，科研先行的思想在当时没有得到广泛重视和认同。

（三）关于通过“部院合并、厂所结合”发挥科研和生产相结合优越性的问题

有一些积极主张“部院合并、厂所合并”的国防工业部领导始终不理解：理论上，“部院结合、厂所挂钩”有利于产品的统一规划发展，一代接替一代，技术力量可合理使用；生产和科研在二机部、七机部从来都是紧密结合的，而在三机部、四机部、五机部、六机部实行科研和生产的结合，“部院结合、厂所挂钩”为何成为一个周期性反复的问题。[②] 这是因为，二机部、七机部的情况与其他国防工业部不一样，这两个部具有其特殊性，是在科研院所基础上组建的，基本上是“科研部”。二机部、七机部的工厂实际上是试制厂，研究院所和生产工厂整合起来后仍然是以科研为主。而其他工业部则不一样，它们的主要任务和方向是搞常规武器的批量生产，对科研工作重视不够，投入不足，发展没有后劲。正如聂荣臻所分析的：“部院合并”后，国防工业部领导的精力都集中去搞生产任务，没有人花精力抓研究工作和学校工作。在资本主义国家，由于市场竞争，逼着企业必须采用先进技术。而“我们在工业管理上许多问题严重得很。任务压的很重，成本、效益等问题考虑得不多，因而，

---

① 《孔从洲回忆录》，解放军出版社 2006 年版，第 512—513 页。

② 鲁之玉等：《王诤传》，电子工业出版社 1998 年版，第 372—374 页。

容易安于现状，偏重搞现成产品，这是客观现象。在我们这样的国家，如何把科学技术推向前进，使我们的工业部门乐于搞创新的东西……是个需要解决的问题”[①]。著名发动机专家吴大观从计划体制下的工厂的任务、性质和特点方面，对“厂所结合”体制做了分析和反思。[②]四机部部长王诤在给中央的报告中认为，由于受到当时政治环境的影响，“加之领导不力，在思想认识、组织建设和科研发展方面，工作做得不深不细”，“部院结合”未能发挥科研、生产结合的优越性，这是应该检讨的，但科研与生产相结合的方针应坚定不移。从体制来说，国防科研和工业生产、尖端和常规装备实行自上而下的结合可能更好一些。[③]

刘华清在回顾这一段历史时认为，当时实施“部院合并”的时机还不够成熟。“用现在的眼光看，如果当时研究院能稳定几年，有些院不实行‘厂所合并’，而发展成科研—生产联合体，会更有后劲，更有竞争力，更有利于赶超世界先进水平，增强我国海防乃至国防实力，同时牵动国民经济的持续发展。”[④]实践证明，科研先行、科研和生产相结合的方针是正确的。20 世纪 80 年代以后，在邓小平等中央领导的大力支持下，以建立军民结合的专业总公司为目标，国防工业部门领导管理体制改革加速推进。1999 年 7 月，为建立适应社会主义市场经济发展要求的政企分开、产研结合、供需分离、精干高效的管理体制，中国国防科技工业在原国防工业部门的基础上新组建了十大国防科技工业集团公司。新组建的国防科技工业集团主动顺应市场经济规律的要求，积极探索科研与生产相结合的途径和方式，努力建立以企业为主体、市场为导向、产学研相结合的技术创新体系，老一辈国防科技工业领导者的梦想得以实现。

[原载《当代中国史研究》2017 年第 2 期]

---

① 《聂荣臻年谱》下卷，人民出版社 1999 年版，第 908 页。

② 吴大观：《我的中国心》，航空工业出版社 2009 年版，第 76—82 页。

③ 鲁之玉等：《王诤传》，电子工业出版社 1998 年版，第 373—374 页。

④ 《刘华清回忆录》，解放军出版社 2004 年版，第 306 页。

中国国防科技工业领导管理体制的调整与改革（1966—1986）

20 世纪 60 年代中期，我国在建设和发展国防科技工业的过程中，从国情和国防科技的特点出发，初步形成了以国务院国防工办为龙头的、统一的国防科技工业领导体制。在这个体制下，国防科技工业由党中央、国务院、中央军委集中统一领导，以科研、生产、使用相结合，统筹规划为基本原则。这种体制，有利于动员全国各方面的力量大力协同，联合攻关，使我国迅速地突破和掌握了原子弹、氢弹、导弹和人造卫星等国防尖端技术，在较短时间里建成了具有相当规模、门类齐全、独立完整的国防工业体系，为以后的发展打下了比较坚实的物质技术基础。梳理和明晰国防科技工业领导管理体制变革的历史过程，对于分析和研究中国国防科技工业管理模式的现状和成因，推动国防科技工业体制机制改革，从而加快国防科技工业军民融合发展，具有一定的现实意义。

一、在特殊时期对国防科技工业实施军管

“文化大革命”开始后，国防工业的生产、科研、教育和基本建设均受到很大冲击，出现了停顿或半停顿状态，造成许多“重灾区”“重灾户”。为了迅速扭转这种混乱局面，聂荣臻向周恩来请示后，于 1967 年 3 月向中共中央写了《关于军事接管和调整改组国防科研机构的请示报

告》，该《报告》提出：现在各个国防工业部的研究院和中国科学院承担国防科研任务的各个研究所，大多瘫痪，研究工作停顿，三线建设问题也很多。这种状况十分不利，必须迅速改变。《报告》建议，将二机部的核武器研究院、三机部的飞机研究院、四机部的电子设备研究院、五机部的兵器研究院、六机部的舰船研究院、七机部的各研究院和为国防科研任务服务的中国科学院新技术局的各研究所，由国防科委组织进行军事接管并调整改组，以迅速恢复科研和生产工作。周恩来同意这个《报告》，并提出了对六个国防工业部实行军管的建议。3 月 20 日，毛泽东批示：照办。①

中共中央、国务院、中央军委随即发布了对各国防工业部实行军管的决定。不久，又决定组成国防工业军管小组，在国务院、中央军委领导下，对国防工业部的各项工作实施统一领导。粟裕任组长，王树声、向仲华任副组长。1967 年 3 月 27 日，周恩来召集粟裕、王树声开会，交代军科院负责国防工业口子，对国防工办和第二、三、四、五、六、七机部实行军管。粟裕任国防工办军事代表组组长、国防工业军管小组组长，主持国防工办工作，并参加国务院业务组且为成员（相当于原国务院副总理组成的国务院常务会议成员），主持国防工办工作。不久，粟裕增补为中央军委常委。②

毛泽东很关心国防科研体制的调整改组工作，1967 年 6 月，亲自向聂荣臻询问这方面的进展情况。③为了进一步集中力量，形成发展国防科技的拳头，聂荣臻确定由国防科委副主任刘华清组成工作班子，与各有关方面反复酝酿研究，提出了将中央批准接管的国防科研单位中的国防科技力量调整改组为 18 个研究院的方案，经中央军委和国务院业务小组先后审议同意后，聂荣臻于 1967 年 9 月将《关于国防科研体制调整改组方案的报告》报送毛泽东。毛泽东于 10 月 25 日批示“很好，照办”。国防科研体制调整改组工作随即展开。聂荣臻主张按照科研生产联合体的模式，为每个研究院搞一个主要试制厂，分别对飞机、舰艇、坦克、火

---

① 《毛泽东年谱（1949—1976）》第 6 卷，中央文献出版社 2013 年版，第 67 页。

② 《粟裕年谱》，当代中国出版社 2012 年版，第 422 页。

③ 《聂荣臻科技文选》，国防工业出版社 1999 年版，第 620 页。

炮、电子等进行试制。刘华清向国防工办负责人（军管会主任）粟裕请示汇报，粟裕犹豫后还是同意了。[①]12月17日，国务院、中央军委决定，从1968年1月1日起，二机部九院、三机部六院、四机部十院、五机部机械院、六机部七院列入军队系统，划归国防科委领导。12月18日，国家计委召开会议，决定将一批有关承担国防科研任务的工厂也转交给国防科委领导。[②]1968年2月8日，中央军委决定，国防部国防科学技术委员会改称中国人民解放军国防科学技术委员会。所属17个研究院和1个设计院，分别授予部队番号。[③]

1969年3月，中苏在珍宝岛地区发生武装冲突。国防工业紧急动员战备生产。4月，中共中央决定国防工业由军委办事组领导。[④]1969年6月8日、9日，周恩来约有关人员谈国防工业问题，并就国防工业、科研体制改革作了指示。[⑤]6月9日，周恩来在国务院会议上宣布，将国务院各部所承担的国防工业分交总参、总后、海军、空军及有关兵种管理，并成立相关领导小组及办公室。国防工业和国防科研是国有经济中的组成部分，本不应该进行这种分割，但形势太乱，才采取了这种不得已的政策。[⑥]7月12日，中央军委批准将国防科委所属六院和七院、海军试验基地以及十一院、十二院、常规兵器试验基地，从8月1日起分别划归空军和海军以及总后勤部建制领导。8月31日，国务院、中央军委批准成立航空、造船科研、常规兵器、电讯工业领导小组，分别由空军、海军、总后勤部领导任组长。11月2日，中共中央决定，二、七机部的军管工作和业务工作统由国防科委全面管理。12月18日，鉴于三、四、五、六机部已交两部（总参、总后）、两军（海、空军）分别接管，二、七机部已移交国防科委，国防工办已分别划归军委办事组和国家计委的情况，粟裕向周恩来及军委办事组提出：国防工业接管小组已无存在必

---

① 《刘华清回忆录》，解放军出版社2004年版，第324页。
② 《刘华清年谱（1916—2011）》上卷，解放军出版社2016年版，第189页。
③ 《刘华清年谱（1916—2011）》上卷，解放军出版社2016年版，第192页。
④ 《当代中国的兵器工业》，当代中国出版社1993年版，第590页。
⑤ 《周恩来年谱（1949—1976）》中卷，中央文献出版社1998年版，第303页。
⑥ 《刘华清年谱（1916—2011）》上卷，解放军出版社2016年版，第200页。

要，建议即行撤销。[1]12 月 22 日，中央决定在军委办事组设国防工业领导小组，并设立办公室。中央军委国防工业领导小组办公室（简称“军委工办”）的任务是组织领导和协调第三、第四、第五、第六机械工业部的生产建设和科研工作。李如洪、封永顺兼任国防工业领导小组办公室正、副主任。同时撤销国务院国防工办。经周恩来批准后，国防工业军管小组宣告结束。[2]

二、国防科技工业再次实行“部院合并”

1970 年 1 月 23 日，国务院、中央军委决定国防工业军管小组停止工作，委托国防科委、海军、空军、总后勤部领导各有关工业部的“文化大革命”和干部等工作。国防科委向国务院、中央军委上送了《关于体制调整意见的报告》，5 月 15 日，国务院、中央军委批转了这一《报告》，决定二机部和七机部自 6 月 15 日起划归国防科委管理；总参谋部、总后勤部、海军和空军分别负责领导相关的常规武器研究、生产单位；中国科学院收回综合基础理论研究单位。由空军领导西北综合导弹试验基地的空空、地空导弹试验部的工作。1970 年 7 月，各国防工业部成立革命委员会或党的核心小组，各军管会结束工作并撤离。1971 年 4 月 12 日，国务院、中央军委批转军委国防工业领导小组《关于国防工业管理体制的报告》，国防工业实行中央与地方双重领导的管理体制，各大军区、各省（区）、市组成国防工业领导小组，统一管理国防工业，下设国防工业办公室。[3]这时，全国、全军国防工业科研的管理工作才有所遵循。

“九一三”事件之后，叶剑英于 1972 年 3 月主持召开中央军委办公会议，认为当时的管理体制对国防科技工业的发展极为不利，必须按照积极稳妥的原则，逐步进行调整。鉴于二机部、七机部承担的国防科研任务重大，问题较多，1973 年 4 月，国务院、中央军委发出《关于加强

① 《粟裕年谱》，当代中国出版社 2012 年版，第 430 页。

② 《粟裕年谱》，当代中国出版社 2012 年版，第 431 页。

③ 《当代中国的国防科技事业》（下），当代中国出版社 1992 年版，第 522 页。

二、七机部和国防科委直属研究院京外单位领导问题的决定》，规定二机部和七机部以及各研究院在京外的工厂、研究所，由大军区、省军区、省、市、自治区与二、七机部各研究院实施双重领导。[①]7月至8月，五院、九院和六院先后分别划归七机部、二机部和三机部建制领导。1973年9月10日，经中共中央批准，国务院、中央军委发出《关于成立国务院国防工业办公室的通知》。该《通知》指出：为了加强对国防工业的统一领导，决定撤销中央军委国防工业领导小组及其办公室，成立国务院国防工业办公室。国务院国防工办受国务院、中央军委双重领导，以国务院为主。国务院国防工办负责对国防工业进行统筹规划和组织执行。9月16日，国务院、中央军委印发《关于调整国防工业管理体制的决定（草稿）》。[②]经过试行和征求各方面意见后，1974年5月1日，国务院、中央军委正式发文，调整国防工业管理体制：决定撤销国防工业领导小组及其下设的航空、电子、常规兵器[③]、造船四个小组，由国务院直接领导三机部、四机部、五机部和六机部；各大军区不再设立管理国防工业的机构，而在有关的省、市、自治区设立国防工业办公室或相应机构。[④]依照国务院、中央军委的决定，国防科技工业再次实行了“部院合并”。根据“部院结合、厂所挂钩”的原则，先后将核武器、航天技术、航空、舰艇、军事通信、电子设备、电子元器件、兵器等研究院分别划归对口的国防工业部建制领导。

但实践证明，在计划经济条件下，前后几次实行的部院结合，由于“思想上的混乱，加之领导不力，在思想认识、组织建设和科研发展方面，工作做得不深不细”，并未能发挥科研、生产相结合的优越性。[⑤]这是因为，在计划经济条件下，各工业部所属工厂不是一个真正意义上的企

---

① 航天工业部第二研究院史编委会：《航天工业部第二研究院大事记》，内刊1987年印，第123页。

② 中国航空工业史编修办公室：《中国航空工业大事记（1951—2011）》，航空工业出版社2011年版，第173页。

③ 1975年6月18日，国务院、中央军委决定再次成立常规装备发展领导小组，组长陈锡联（后张才千接任），负责统一领导部队装备体制和武器装备发展方向、科研、生产、定型等工作。

④ 《当代中国的国防科技事业》（下），当代中国出版社1992年版，第524页。

⑤ 鲁之玉等：《王诤传》，电子工业出版社1998年版，第372页。

业，期望它们能如市场竞争体制下的现代企业一样将科研与生产密切结合、相互促进，主客观条件都不具备。[①] 因此，无论是“部院合并”还是“厂所合并”，都难以实现决策者当初的期望。

三、建立国防科研、生产集中统一的领导管理体制

20 世纪 70 年代后期，中国国防科研和武器装备工业，由国防工办、国防科委、总参装备计划部、总后军械部以及各军种兵种多头分散管理，部门之间分工不明确、关系复杂、协调困难、效率低下，迫切需要一个机构对新时期国防科技和武器装备发展进行统一规划、管理，以适应形势发展的需要。

1977 年 9 月，国务院、中央军委决定国防工办列入军队编制，受国务院、中央军委领导，以中央军委为主，仍称国务院国防工办。当年 10 月，邓小平（时任中央军委副主席兼总参谋长）在一次国防科研和装备问题研讨会上提出，要对国防科技和武器装备实行统一的领导、规划和实施。他建议成立一个国防科学装备委员会。1977 年 11 月 14 日，国务院、中央军委决定成立中央军委科学技术装备委员会（简称“科装委”），张爱萍任主任。军委科装委作为中央军委的一个“口子”，是国务院、中央军委统一领导国防科学技术研究和国防工业生产的业务办事机构。科装委办公室设在国防科委。[②] 军委科装委成立后，虽然可以对国防科研生产领域进行一些协调，但由于他不掌握经费控制权，经费仍然由国防科委、国防工办、总参和总后“四驾马车”分头管理，协调作用有限。军委科装委只是一种协调性机构，这一性质决定它只可能是一种过渡性机构。成立军委科装委治标不治本。[③]

1979 年下半年，总参谋长助理兼军委科装办主任刘华清在征求各方意见基础上，起草了对国防科技和武器装备发展工作加强集中统一领导的建议。同时科装办也有同志给邓小平直接写信，建议成立总科技部装

---

① 吴大观：《我的中国心》，航空工业出版社 2009 年版，第 76 页。

② 1977 年 6 月 8 日，改设在总参谋部装备计划部。

③ 《刘华清回忆录》，解放军出版社 2004 年版，第 383 页。

备部。邓小平表示，国防工办肯定要撤销，不要考虑与国防科委合并问题。[①]1980 年 5 月，刘华清率领军事技术代表团访问美国，对美国统一高效的军事科技管理工作感触良深。回国后刘华清向国务院、中央军委呈递了一份《对美国军事科技管理工作的考察和改进我国国防科技管理的建议》的报告。《报告》指出：我国国防科研和装备发展的管理体制分散，领导多头，工作混乱，……协作协调困难重重。现在是尖端武器的科研、生产归国防科委；常规武器的科研、生产归国防工办；装备工作和军队内部的科研归总参；后勤装备的科研归总后。全军的科研工作由四家分管，虽有科技装备委员会协调其间，但由于它只是军委的咨询机构，每年开一百多次会议也解决不了什么问题。这样继续下去，装备落后状况不仅不能改善，差距还可能越拉越大。刘华清认为，随着全国工业体制向专业化公司的过渡，国防科技装备工作的上层领导权力必须集中。他对改革领导管理体制提出四种方案。第一方案：恢复“文化大革命”前的国防科委，把国防工办管的常规武器科研、总参装备部管的军队科研、总后司令部管的后勤装备科研，以及分属海军、空军、总后军械部的常规武器靶场，统一由国防科委领导。第二方案：国防工办的职能和机构并入国防科委。在当前阶段，既管科研、又管生产。随着专业化公司的建立，军队同公司通过合同安排试制、生产，领导的主要精力即可转到国防科研上来。即经过一段过渡，然后实现第一方案。第三方案：成立总科技装备部，将总参装备部、国防科委和国防工办的一些职能和机构合并，根据国家拨给的科研费、装备费，通盘考虑科研项目和装备计划。各国防工业部组成若干专业化公司后，总科技装备部通过合同与公司发生联系。第四方案：国防科委维持现状，只管尖端武器；把国防工办和总参装备部的一些职能和机构合并，成立常规武器科技装备部或第二国防科委，把常规武器的科研装备计划工作集中统一起来。[②]刘华清建议实行第二方案。

同时，军委科装委向中央写了《关于加强国防科技装备工作统一集

---

① 《邓小平军事文选》第 3 卷，军事科学出版社、中央文献出版社 2004 年版，第 176 页。

② 《刘华清军事文选》上卷，解放军出版社 2008 年版，第 155 页。

中领导的请示报告》。6 月 29 日，邓小平对上述两份报告一并作出批示：这个问题很大，将在充分酝酿之后，再行讨论和决定。[①]

经过进一步调查研究，1981 年 10 月 23 日，在张爱萍、王震等主持下，军委科装委、国防科委、国防工办联合向国务院、中央军委上报了《关于调整国防科技、国防工业管理体制的请示》。张爱萍和杨尚昆还联名向中央写了信。[②]1982 年 5 月，中央批准了这一《请示》，决定成立国防科学技术工业委员会（简称“国防科工委”）[③]。国防科工委隶属中央军委建制，其工作受国务院、中央军委双重领导，负责领导管理核工业部、航空工业部、兵器工业部[④]和航天工业部的工作。中央军委任命陈彬为国防科工委主任；同时设立国防科工委科学技术委员会（简称国防科工委科技委），张震寰为主任。国防科工委的成立，初步实现了对国防科研、生产工作集中统一领导管理的目标。[⑤]

四、逐步建立与社会主义市场经济体制相适应的国防工业领导管理体制

20 世纪 80 年代中期，国际形势日趋稳定、缓和。在改革开放的新形势下，中国集中力量进行经济建设，国防建设的指导思想从临战状态转到和平建设的轨道，邓小平极有远见地提出，改革、调整军工体制，实行军民结合；国防科技工业贯彻军民结合方针，实行战略转变。1984 年 10 月，中共十二届三中全会作出《关于经济体制改革的决定》。中央军

---

① 《刘华清年谱（1916—2011）》上卷，解放军出版社 2016 年版，第 348 页。

② 《刘华清年谱（1916—2011）》上卷，解放军出版社 2016 年版，第 393 页。

③ 以国防科委为基础，由国防科学技术委员会、国防工业办公室和中央军委科学技术装备委员会办公室合并组成。

④ 1982 年 5 月，五届全国人大常委会第二十三次会议通过《关于国务院部委机构改革实施方案的决定》，将第二机械工业部改名为核工业部；将第三机械工业部改名为航空工业部；将第四机械工业部、国家广播电视工业总局、国家电子计算机工作总局合并，设立电子工业部；将第五机械工业部改名为兵器工业部；将第七机械工业部改名为航天工业部；撤销第六机械工业部，成立中国船舶工业总公司。

⑤ 《刘华清回忆录》，解放军出版社 2004 年版，第 386 页。

委根据形势变化，及时作出了国防建设服从经济建设大局的决策。在这些重大决策指引下，国防科技工业的调整、改革逐步深化。

1984年11月，邓小平在军委座谈会上指出，军工体制改革，现在应提到日程上来了。随后国务院常务会议决定，继电子工业部、中国船舶工业总公司之后，将核工业、航空工业、兵器工业和航天工业四个工业部[①]由国防科工委转交给国务院，与国民经济各部门一样，纳入整个国家规划，由国务院统一组织和直接管理。国防科工委不再归口管理上述四个工业部的全面业务工作。从而，将打破自成系统的国防工业体系，延续了30年的独立的国防科技工业体系将不复存在。这就启动了国防科技工业管理体制上的一次深刻变革。[②]

为了贯彻执行十二届三中全会《关于经济体制改革的决定》和邓小平、杨尚昆在军委座谈会上的讲话精神，张爱萍邀请了几位国防科工委领导进行了研究座谈。经过充分酝酿，1984年11月30日，国防科工委给中央军委和国务院呈送了《关于军工体制改革的原则建议》，同意遵照国务院常务会议的决定，将国防科工委归口管理的核工业部、航空工业部、兵器工业部和航天工业部的业务工作改由国务院管理；另外建议，也可以考虑将核工业部、航天工业部[③]仍交由国防科工委归口管理一段时间。[④]

1985年中央军委扩大会议以后，国防科技工业为适应我军建设的战略转变，服从整个国家经济发展的大局，进一步推进改革和调整。1986年6月3日，邓小平在与国务院负责人和军委秘书长杨尚昆讨论国防科技工业体制问题时指出：我国目前军工体制基本上还是苏联的模式。军事工业与民用工业互相隔离，是极大的浪费。这个模式对四个现代化建

---

① 1982年，国务院部委机构改革，将二机部改名为核工业部；三机部改名为航空工业部；五机部改名为兵器工业部；七机部改名为航天工业部。将第四机械工业部、国家广播电视工业总局、国家电子计算机工业总局合并，设立电子工业部。撤销第六机械工业部，成立中国船舶工业总公司。

② 张胜：《从战争中走来：两代军人的对话》，中国青年出版社2008年版，第443页。

③ 邓小平曾表示，可以分两步走，核工业部和航天部暂时不动，其他两个部，兵器和航空先划拉过去。

④ 张胜：《从战争中走来：两代军人的对话》，中国青年出版社2008年版，第446页。

设不利，对国防建设也不利。必须要下定决心改变这种状况，要在今年第三季度完成军工几个部移交给国务院的工作，不能再拖。邓小平强调：这也是改革。[①] 国务院负责人在6月27日召开的国务院常务会议上传达了邓小平关于军工体制的意见。

国防科工委随即在同年6月召开的各省、自治区、直辖市国防科工办主任座谈会上，研究了调整科研、生产能力和领导管理体制的问题。7月，中共中央、国务院、中央军委决定，国防科工委归口管理国防科研、生产以及航天技术和军品贸易；国务院直接领导核工业部、航空工业部、兵器工业部、航天工业部这四个工业部。

国防科工委根据总的改革意图，提交了贯彻落实的具体方案。[②] 此后，以建立军民结合的专业总公司为目标，各国防工业部门的领导管理体制改革开始加速。为了从根本上改变国防科技工业自成体系、自我封闭、分工过细、军民分割的局面，历届中央领导高度重视、研究解决国防科技工业体制问题。党中央、国务院采取了一系列重大举措，推动国防科技工业调整结构、转轨变型。

纵观我国国防科技工业发展历程，其领导管理体制可谓变动频繁，这是因为它在发展过程中面对的政治形势、社会经济环境是复杂的、变动的，需要适时调整改组，建立符合武器装备建设规律、适应社会经济发展要求的制度体系和运行机制。可以说，这是不断探索、实践、创新、跨越的历史过程。

党的十八大对国防科技工业作出了“坚持走中国特色军民融合式发展路子”的战略部署。十八届三中全会进一步把推动军民融合、深度发展作为深化国防和军队改革的三大任务之一，把健全国防工业体系作为军民融合、深度发展的重要内容。习近平总书记提出，深化国防科技工业领导管理体制改革，必须强化改革创新，着力解决制约军民融合发展的体制性障碍；努力形成统一领导、军地协调、顺畅高效的组织管理体

---

① 《邓小平年谱（1975—1997）》下卷，中央文献出版社2004年版，第1119页。

② 张胜：《从战争中走来：两代军人的对话》，中国青年出版社2008年版，第447页。

系。[①] 习近平总书记的重要讲话，为进一步深化国防科技工业领导管理体制改革提出了要求，指明了方向。

［原载《西部学刊》2017 年第 9 期］

① 王士彬、杜献洲：《加快建立军民融合创新体系 为我军建设提供强大科技支撑》，《解放军报》2015 年 3 月 13 日。

改革开放以来的国防科技工业领导管理体制变迁

新中国成立后，在建设和发展国防科技工业的过程中，我们从自己的国情和国防科技的特点出发，形成了由党中央、国务院、中央军委集中统一领导，科研、生产、使用相结合，统筹规划的国防科技工业领导管理体制和生产工作组织管理的具体形式。国防科技工业领导体制虽进行过多次调整，但在不少方面还沿袭着苏联的模式。这种体制在历史上起过重要作用，但与新时期的要求不相适应。自中共十一届三中全会以后，随着改革开放不断推进和深化，中共中央、国务院、中央军委对国防科技工业的领导体制进行了较大的调整，以适应形势发展的需要。

一、邓小平建议成立军委科装委

在“文化大革命”期间，中国国防科技工业领导体制受到很大冲击，几经变化。1973 年 9 月 10 日，经中共中央批准，国务院、中央军委发出《关于成立国务院国防工业办公室的通知》。该《通知》指出：为了加强对国防工业的统一领导，决定撤销中央军委国防工业领导小组及其办公室，成立国务院国防工业办公室，受国务院、中央军委领导，以国务院为主。这个机构的主要任务是对国防工业的生产、建设和科研工作进行统筹规划，全面安排，组织执行。9 月 16 日，国务院、中央军委印发

《关于调整国防工业管理体制的决定（草稿）》。[①] 经过试行和征求各方面意见后，1974 年 5 月 1 日，国务院、中央军委正式发文，调整国防工业管理体制，决定第三、四、五、六机械工业部由国务院直接领导。[②] 依照国务院、中央军委的决定，国防科技工业再次实行了“部院合并”。根据“部院结合、厂所挂钩”的原则，先后将国防科委领导的核武器、航天技术、航空、舰艇、军事通信、电子设备、电子元器件、兵器等研究院分别划归对口的国防工业部建制领导。国防科委仍然负责领导二机部和七机部的工作。国防科委主管尖端武器，国防工办主管常规武器。

除国防科学技术委员会、国防工业办公室外，总参谋部装备计划部、总后勤部军械部以及各军种兵种也负有国防科研和武器装备的管理职能。国防科研和武器装备多头分散领导管理的体制带来的是关系复杂、机构臃肿，从而导致部门间分工不明确，协调困难。管理体制既分散，又多头，很混乱，仅军内就有“四驾马车”：国防科委主管尖端武器装备的科研和生产，相应掌管这方面的科研费、基建技改费、事业费等费用；国防工办主管常规武器装备的科研和生产，同样掌管常规武器装备方面的这几笔费用；总参主管提出武器装备发展需求、军内科研、武器装备订货的管理，并掌管装备购置费、技术革新费、军内科研费等费用；总后主管全军军械及后勤装备、陆军车船的科研、生产和装备修理业务，也相应掌管这几方面的费用。常规和尖端分家，军内科研和军外科研分家。科研、试验、生产、采购、分配、储存、维护、修理到报废，又各管一段：国防科委、国防工办管前段；总参谋部管中段；总后管尾段。这种分散多头的领导管理体制，既妨碍从横向进行统筹规划，也不能从纵向实行全寿命期管理，非常不利于提高工作效率、缩短研制周期和节省开支。

1977 年 7 月，在党的十届三中全会上，邓小平恢复了中共中央政治局常委、中共中央副主席、中共中央军委副主席、国务院副总理、解放军总参谋长的职务，主持军委工作。为解决国防科技工业领导体制方面

① 中国航空工业史编修办公室：《中国航空工业大事记（1951—2011）》，航空工业出版社 2011 年版，第 173 页。

② 《当代中国的国防科技事业》（下），当代中国出版社 1992 年版，第 524 页。

存在的问题，邓小平决定着手进行调整变革。1977 年 9 月，国务院、中央军委决定国防工办列入军队编制，受国务院、中央军委领导，以中央军委为主，仍称国务院国防工办。同年 10 月，邓小平在研究部队装备和国防科研问题的专门研讨会上提出要成立国防科学装备委员会，对国防科技和武器装备实行统一领导、统一规划、统一实施。[1]1977 年 11 月 14 日，国务院、中央军委决定成立中央军委科学技术装备委员会（简称科装委），作为中央军委的一个“口子”，对国防科技和国防工业实施统一领导。张爱萍任主任，办公室设在国防科委，办公室主任由张震寰兼任。

1978 年 1 月 6 日，中央军委科学技术装备委员会第一次会议，会议由张爱萍主持。这次会议就委员会的性质、职责、分工和办公室工作进行了讨论，确定国防科委副主任刘华清兼任该委员会办公室主任，办公室成员以国防科委科技部一局的专职机构为主，由总参、总后、国防工业各指定 1—2 名兼职成员参加。3 月 21 日，国务院、中央军委批转《军委科装委第一次会议纪要》（以下简称《纪要》）。《纪要》明确了军委科装委的性质是“国务院、中央军委统一领导国防科学技术研究和国防工业生产的业务办事机构。主要任务是：从战略着眼，提出我军各个时期装备的要求和制定装备体制；统一组织国防科学技术研究的规划和实施；统一组织武器装备的科研、设计、试制、试验、定型、生产等工作，并适时向军委提出建议，经批准后执行。对执行情况，有检查督促的责任。同时，还要协调科研、生产、使用之间的关系；协同国家计委对军队使用部门与承担军工产品的民用工业部门进行协调；并统一管理国防口引进国外先进技术和购买装备的规划、计划”[2]。《纪要》还明确了刘华清兼任科装办主任，主持军委科装办日常工作。同时，撤销了国务院、中央军委常规装备发展领导小组。

还明确了刘华清兼任科装办主任，主持军委科装办日常工作。同时，撤销了国务院、中央军委常规装备发展领导小组。

经过一段时间的工作实践，张爱萍感到科装委办公室设在国防科委

---

[1] 东方鹤：《张爱萍传》（下），人民出版社 2000 年版，第 966 页。

[2] 《刘华清回忆录》，解放军出版社 2004 年版，第 381 页。

科技部一局不便于协调全军的科研装备工作，于是在1979年3月24日中央军委科学装备技术委员会会议上提出了军委科装办设置在哪里的问题，他建议把该办公室改设在总参装备部。6月8日，中央军委正式批准，军委科装办改设在总参装备部。与此相适应，各军区、军兵种司令部装备或科技部门，同时也作为该军区、兵种部科技装备领导小组的办事机构。军委科装办的任务是：负责综合尖端、常规武器装备的规划工作，提交军委国防科学技术装备委员会审议，并草拟报国务院、中央军委的文稿；承办军委国防科学技术装备委员会的有关文电；安排军委国防科学技术装备委员会的会议；综合整理总参、总后、国防科委、国防工办关于武器装备的重大事项，向军委国防科学技术装备委员会提出报告和建议。6月14日，国务院、中央军委发出［1979］149号文件，调整军委科学技术装备委员会成员，增补刘华清、杜屏、江文、曹里怀、王万林、孔从洲、贺晋年、吕东、钱敏、张珍、柴树藩、郑天翔、邹家华为军委科学技术装备委员会成员。刘华清任军委科学技术装备委员会副主任，仍兼任军委科装办主任。

军委科装委办公室承担了"科装委"的具体工作。一是承办了全军科学大会筹备办公室移交的任务，配合有关部门对科学成果、展品进行鉴定和推广工作。二是组织草拟了《1979—1985年国防科学技术（常规部分）发展规划纲要（草案）》和装备体制规划，制订军口引进国外先进技术规划和年度军口科研费、外汇指标分配计划。三是组织有关工业部、军兵种和总部有关单位，草拟了《新型武器装备科研、生产、使用管理条例》和《新型武器装备研制工作管理条例》。四是技术引进和外事工作方面，参加和组织了英国国防大臣皮姆访华的接待和军工技术合作会谈工作，参加和组织了美国国防部长布朗、副部长佩里访华的接待和军工技术合作会谈工作，参加和组织了耿飚副总理率军事代表团的访美和有关军工技术合作工作，参加了国防工办主持的歼7飞机改装、导弹驱逐舰改装、霍特导弹、鹞式飞机、"对外合作工程"等项目的研究审查工作。五是在武器定型方面，承办了一级常规武器定型委员会办公室的日常工作，共定型24项。组织和健全了常规军工产品和战略核武器两个一级定型委员会和14个二级军工产品定型委员会。

二、成立国防科工委，初步实现对国防科研、生产工作的集中统一领导

军委科装委成立后，虽然可以对国防科研生产领域进行一些协调，但由于他不掌握经费控制权，经费仍然由国防科委、国防工办、总参和总后“四驾马车”分头管理，协调作用有限。军委科装委只是一种协调性机构，这一性质决定它只可能是一种过渡性机构。成立军委科装委只能治标，不能治本。①

鉴于在实际工作中仍然难以有效协调国防科研和国防工业的工作，1979 年 3 月，张爱萍在向邓小平汇报工作时，建议将国防科委、国防工办合并在一起。邓小平没有同意。他说，成立科装委就是为了统一军队装备方向、规划，委员会没有很好抓起来。国防科委、国防工办暂不合并，分头去抓。②“委员会没有很好抓起来”，这里面也有编制体制的问题。

1979 年下半年，总参谋长助理兼军委科装办主任刘华清在征求各方意见基础上起草了对国防科技和武器装备发展工作加强集中统一领导的建议。12 月，军委科装委向中央报送了《关于加强国防科技装备工作统一集中领导的请示报告》。该《请示报告》提出：我国国防科技装备工作由国防科委、国防工办、总参谋部和总后勤部、空军、海军等多家分管的现行管理体制弊病甚多，这样不利于实施集中统一领导。为贯彻调整、改革、整顿、提高的方针，最紧迫的是要加强集中统一领导。③同时科装办也有同志给邓小平直接写信，建议成立总科技部装备部。邓小平表示，国防工办肯定要撤销，不要考虑与国防科委合并问题。④

1980 年 2 月，在讨论军队精简整编问题时，有领导建议将国防科委与第二炮兵领导机构合并。聂荣臻特别嘱秘书转告军委秘书长耿飚：这两个机构不宜合并，因为任务、性质不同。同年 3 月，聂荣臻在看了全

① 《刘华清回忆录》，解放军出版社 2004 年版，第 383 页。

② 东方鹤：《张爱萍传》（下），人民出版社 2000 年版，第 993 页。

③ 《刘华清年谱（1916—2011）》上卷，解放军出版社 2016 年版，第 348 页。

④ 《邓小平军事文选》第 3 卷，军事科学出版社、中央文献出版社 2004 年版，第 176 页。

军精简整编方案后，再次明确提出：二炮与国防科委不能合并，这是两个不同性质的机构。

1980 年 5 月，刘华清率领军事技术代表团访问美国，对美国统一高效的军事科技管理工作感触良深。回国后刘华清代表访美军事技术代表团向中央军委、国务院提交了《对美国军事科技管理工作的考察和改进我国国防科技管理的建议》的报告，该报告说：这次赴美考察，主要是了解美军军事技术装备发展的基本情况和组织管理的特点。通过考察，深感我军装备与美军相比差距很大，并且感到从目前的趋势看，这种差距还会继续加大。我国的经济力量远不如美国，缩短这个差距有赖于正确的政策和有效的管理。目前我国国防科研和装备发展的管理体制分散，领导多头，工作混乱，任务与保证条件脱节，指标偏高，战线太长，同时又缺乏一整套严格的管理程序，军兵种和工业部门往往意见分歧，难以统一，科研力量也十分分散，有许多重复浪费，协作协调困难重重。这样继续下去，装备落后状况不仅不能改善，差距还可能越拉越大。美国的管理体制和办法，特别是那些符合科研工作规律，符合军事科技装备工作规律的部分，可以作为我们的借鉴。刘华清参照美国的情况，总结了我们自己的经验，提出改进我国目前的国防科技工业领导体制，建立集中统一领导。刘华清说：任何一个发达国家，对军事技术装备的领导都是高度集中统一的。参观美国以后，更加深了这种印象。“文化大革命”前，我们的国防科研统一在国防科委。现在是尖端武器的科研、生产归国防科委；常规武器的科研、生产归国防工办；装备工作和军队内部的科研归总参；后勤装备的科研归总后。全军的科研工作四家分管，虽有科技装备委员会协调其间，只是军委的咨询机构，每年都开一百多次会议，也解决不了什么问题。随着全国工业体制向专业化公司的过渡，国防科技装备工作的上层领导权力必须集中。刘华清提出了四个方案：第一方案：恢复“文化大革命”前的国防科委，把国防工办管的常规武器科研、总参装备部管的军队科研、总后司令部管的后勤装备科研，以及分属海军、空军、总后军械部的常规武器靶场，统一由国防科委领导。第二方案：国防工办的职能和机构并入国防科委。在当前阶段，既管科研、又管生产。随着专业化公司的建立，军队同公司通过合同安排试制、生产，领导的主要精力即可转到国防科研上来。即经过一段过渡，然后实现第一方案。第三方案：成立总科技装备部，将总参装备部、国防科委和国防工办的一些职能和机构合并，根据国家拨给的科研费、装备费，通盘考虑科研项目和装备计划。各国防工业部组成若干专业化公司后，总科技装备部通过合同与公司发生联系。第四方案：国防科委维持现状，只管尖端武器；把国防工办和总参装备部的一些职能和机构合并，成立常规武器科技装备部或第二国防科委，把常规武器的科研装备计划工作集中统一起来。我们认为，第三方案是把尖端、常规的科研、装备计划工作都统一起来，便于从全军科学技术、武器装备的全局出发，统一管理，比较理想，但牵动面较大。第四方案优点是常规武器的科研得到了集中，但尖端、常规分成两家，倘要协调，靠科装委员会难以解决问题。而且当前战略、战术武器都以制导武器为骨干，两家分管，肯定还有不少重复浪费。第一、第二方案，实质相同，都是恢复老国防科委，只是在步骤上，第一方案是立即恢复，第二方案是随着经济体制改革逐步恢复。权衡比较，我们认为第二方案比较现实可行。[①] 实际上，刘华清和军委科装办的同志一致认为，第三方案即成立"总科技装备部"，更能实现集中统一领导，比较理想。只是担心当时因牵涉面大反而搞不成，才推荐比较现实的第二方案；想先迈出这一步，将来再待机向总科技装备部发展。

6 月 29 日，邓小平对上述两份报告一并作出批示："现将军委科技装备委员会去年十二月的报告，和这次刘华清同志访美后的报告，共两件，印发政治局、书记处、军委常委各同志阅。这个问题很大，将在充分酝酿之后，再行讨论和决定。"[②]

经过进一步调查研究，1981 年 10 月 23 日，在张爱萍、王震等主持下，军委科装委、国防科委、国防工办联合向国务院、中央军委上报了《关于调整国防科技、国防工业管理体制的请示》。该《请示》中拟订了两个方案：第一方案以国防科委现有机构为基础，由国防科委、国防工

① 《刘华清军事文选》上卷，解放军出版社 2008 年版，第 155—157 页。

② 《刘华清年谱（1916—2011）》上卷，解放军出版社 2016 年版，第 348 页。

办、军委科装委办公室合并，组成中国人民解放军国防科学技术工业委员会，简称“国防科工委”，也称“中华人民共和国国防科学技术工业委员会”，隶属军委建制，受国务院、中央军委双重领导。主要任务是，根据中共中央、国务院、中央军委有关方针、政策，组织研究我军武器装备的发展方向，战术技术论证，组织武器的改进和新型武器装备的研究、设计、试制、定型及批量生产。第二方案除编制体制、隶属关系同第一方案外，不同之处是，国防科工委只负责武器装备的研究、设计、试制、定型、生产等工作，而武器的发展方向、长期规划等工作由总参谋部、总后勤部主管。

张爱萍就此事还向军委秘书长杨尚昆作了当面汇报。杨尚昆表示赞同合并。随后，张爱萍和杨尚昆联名向中央写了信。[①] 信中直接提出：由国防科委、国防工办、军委科装委办公室合并，组成中国人民解放军国防科学技术工业委员会，同时称“中华人民共和国国防科学技术工业委员会”，简称“国防科工委”，隶属军委建制，受国务院、中央军委双重领导。张爱萍还就国防科工委同国务院有关部委、军队有关单位和各省、市、自治区国防工办的关系提出了建议。

为了精简机构，减少层次，避免工作交叉重复，更有利于实行统一领导和统筹规划，经过较长时间的协商酝酿，中共中央、国务院、中央军委于 1982 年 5 月决定，以国防科委为基础，由国防科委、国防工办、中央军委科学技术装备委员会办公室合并组成中国人民解放军国防科学技术工业委员会，同时称“中华人民共和国国防科学技术工业委员会”。国防科工委隶属中央军委建制，其工作受国务院、中央军委双重领导，是中央军委统管全军国防科学技术工作的领导机关，也是国务院统管其所属各国防工业部（核、航空、兵器、航天工业部）的国防科技和国防工业的领导机关。国防科工委的任务是：根据中共中央、国务院、中央军委有关国民经济建设和国防建设的方针、政策，组织研究武器装备的发展方向；组织武器的改进和新型武器装备的战术技术论证、研究、设计、试制、试验、定型及批量生产；领导所属试验基地和直属校、所的

① 《刘华清年谱（1916—2011）》上卷，解放军出版社 2016 年版，第 393 页。

工作；领导空军、海军试验基地的试验业务工作和基地建设，各军兵种、总参谋部有关各部的科研机构的科技业务工作，以及第二炮兵的技术业务，各省、市、自治区国防科技工业办公室的业务工作。中央军委任命陈彬为主任，刘有光为政治委员，邹家华、马捷、张蕴钰、伍绍祖、聂力为副主任，周一萍为副政治委员。同时设立国防科工委科学技术委员会（简称“国防科工委科技委”），张震寰为主任，钱学森、朱光亚、宋健、叶正大为副主任。随后，国务院、中央军委决定，电子工业部、中国船舶工业总公司有关武器装备研制、生产管理的业务，由这两个部门设立军工部或办公室负责组织承办；两个部门的武器装备研制、生产工作，统一由国防科工委归口管理。①

1983 年 4 月 18 日，刘华清写信给杨尚昆，建议将国防科工委列为军委总部。信中说：“从五十年代起，我们就大力抓武器装备的发展工作，现在已经有了很大的发展，形成了一个庞大的系统，并且越来越复杂，必须由总部统管、统抓起来，才能奏效。把国防科工委作为军委统管我军武器装备现代化建设的领导机关，成为军委四总部之一，我看还是必要的。今后，武器装备从论证到研制、试验、定型、生产都由国防科工委根据军委的总方案，统一组织各方具体实施。……因为此项改革事关重大，我也表明我的态度，供（军委）常务会议研究参考。”这个建议未能被采纳。

国防科工委的成立，初步实现了对国防科研、生产工作集中统一领导管理的目标。②

三、以建立军民结合的专业总公司为目标，加快国防科技工业领导管理体制改革

改革调整军工体制，实行军民结合，是邓小平建设有中国特色社会主义理论中一个极有特色、富有远见的思想。他提出军工要找出路，生

① 《当代中国的国防科技事业》（上），当代中国出版社 1992 年版，第 133—134 页。

② 《刘华清回忆录》，解放军出版社 2004 年版，第 386 页。

产能力转向民用，并对国防科技工业提出了“军民结合，平战结合，军品优先，以民养军”的战略指导思想。1984年10月，中共十二届三中全会作出《关于经济体制改革的决定》。中央军委根据国际形势的变化，作出国防建设服从经济建设大局的决策。在这些重大决策的指引下，国防科技工业的调整、改革逐步深化。为了推动军工企业的战略转变，邓小平同志提出了军工体制改革问题。

1984年11月1日，邓小平在军委座谈会上指出，军工体制改革，现在应提到日程上来了。随后，国务院常务会议决定，继电子工业部、中国船舶工业总公司之后，将核工业部、航空工业部、兵器工业部和航天工业部[①]由国务院直接领导。与国民经济各部门一样，纳入整个国家规划，由国务院统一组织和管理。国防科工委不再归口管理上述四个工业部的全面业务工作。这是国防科技工业管理体制上一次深刻变革，它将打破自成系统的国防工业体系，意味着延续了30年的我国独立的军事工业体系，从此将不复存在。[②]

随后，张爱萍邀请国防科工委在京的几位领导同志，研究如何贯彻执行十二届三中全会关于经济体制改革的决定和邓小平、杨尚昆在军委座谈会上的讲话精神。11月30日，国防科工委给中央军委和国务院呈送了《关于军工体制改革的原则建议》，认为国防科技工业今后应同国民经济各部门一样，纳入整个国家的规划，统一安排。据此，国防科工委不再归口管理核、航空、兵器、航天工业部的全面业务工作，改由国务院统一规划、组织和管理。另外，也可考虑，将核工业部（二机部）、航天工业部（七机部）[③]……同目前一样，仍由国防科工委归口管理。[④]

由于各方面反应强烈，中央决定将国防科技工业领导体制的改革暂

---

① 1982年，国务院部委机构改革，将二机部改名为核工业部；三机部改名为航空工业部；五机部改名为兵器工业部；七机部改名为航天工业部。将第四机械工业部、国家广播电视工业总局、国家电子计算机工业总局合并，设立电子工业部。撤销第六机械工业部，成立中国船舶工业总公司。

② 张胜：《从战争中走来：两代军人的对话》，中国青年出版社2008年版，第443—444页。

③ 邓小平曾表示，可以分两步走，核工业部和航天部暂时不动，其他两个部，兵器和航空先划拉过去。

④ 张胜：《从战争中走来：两代军人的对话》，中国青年出版社2008年版，第446页。

时缓一缓。

1985 年中央军委扩大会议以后，国防科技工业为适应我军建设的战略转变，服从整个国家经济发展的大局，必须进行改革和调整。1986 年 6 月 3 日，邓小平在与国务院负责人和军委秘书长杨尚昆讨论国防科技工业体制问题时指出：我们的军工体制基本上还是苏联的模式。苏联体制的突出问题是军事工业孤立地一马当先，带动不了民用工业，带动不了整个经济和技术。军工力量不纳入整个经济发展范围，是极大的浪费。军工企业的人才、设备都是好的。这个力量用不上，对四个现代化建设不利，对国防建设也不利。因此，要下决心改变这种状况，要在第三季度完成军工几个部移交给国务院的工作，这件事关系到明年计划的安排，不能再晚了。这也是改革。[①] 国务院负责人在 6 月 27 日召开的国务院常务会议上传达了邓小平关于军工体制的意见。

国防科工委随即在同年 6 月召开的各省、自治区、直辖市国防科工办主任座谈会上，研究了调整科研、生产能力和领导管理体制的问题。7 月，中共中央、国务院、中央军委决定核、航空、兵器、航天四个工业部由国务院直接领导。国防科研、生产、航天技术和军品贸易由国防科工委归口管理。

和以往不同的是，这次军工体制改革的决心，以及改革的方向和总体思路，是党中央决定的。国防科工委只是根据总的意图，提交了贯彻落实的具体方案。[②] 此后，以建立军民结合的专业总公司为目标，各国防工业部门的领导管理体制改革开始加速。为从根本上改变国防科技工业自成体系、自我封闭、分工过细、军民分割的局面，历届中央领导高度重视、研究解决国防科技工业体制问题。党中央、国务院并采取了一系列重大举措，推动国防科技工业调整结构、转轨变型。此后，以建立军民结合的专业总公司为目标，各国防工业部门的领导管理体制改革开始加速。1986 年 12 月，全国人民代表大会常务委员会决定，撤销机械工业部和兵器工业部，成立国家机械委员会（简称“国家机械委”）。1988

---

① 《邓小平年谱（1975—1997）》（下），中央文献出版社 2004 年版，第 1119—1120 页。

② 张胜：《从战争中走来：两代军人的对话》，中国青年出版社 2008 年版，第 447 页。

年4月，第七届全国人民代表大会决定撤销航空工业部和航天工业部，成立航空航天工业部；撤销国家机械委和电子工业部，成立机械电子工业部；撤销核工业部，成立核工业总公司，由能源部归口管理。5月，国务院总理办公会议确定，中国船舶工业总公司由机械电子工业部归口管理。8月，国务院又批准成立北方工业（集团）总公司，由机械电子工业部归口管理。1990年1月，国务院批准成立中国兵器工业总公司。

四、逐步建立与社会主义市场经济体制相适应的国防科技工业领导管理体制

党的十四大以来，党中央坚持军民结合、平战结合的方针，探索具有我军特色的武器装备现代化的发展道路，不断深化国防科技工业体制改革，建立和完善国防工业运行机制。中央领导多次表示，要高度重视、研究解决国防科技工业体制问题。按照发展社会主义市场经济的要求，坚持军民结合、平战结合，建立和完善国防工业运行机制，提高军民兼容程度，增强平战转换能力，走出一条符合我国国情并反映时代特征的国防现代化建设道路。[①]党中央、国务院并采取了一系列重大举措，推动国防科技工业调整结构、转轨变型。

1993年3月，第八届全国人大一次会议审议通过了《关于国务院机构改革方案的决定》。撤销航空航天部，组建航空工业总公司、航天工业总公司；撤销机电部，组建机械工业部、电子工业部；在国务院序列中继续保留国防科工委，仍属军队建制，由国务院、中央军委双重领导。至此，原六个独立的军工部门，除电子工业部外，其余五个都被改组为直属国务院、由国防科工委归口管理的军民结合的专业总公司，分别为：中国船舶工业总公司、中国核工业总公司、中国兵器工业总公司、中国航空工业总公司、中国航天工业总公司，初步实现由政府行政部门向经济实体的战略转变。

尽管进行了政府职能转变，但军工各行业自成体系、自我封闭、分

① 《江泽民文选》第1卷，人民出版社2006年版，第473页。

工过细、军民分割的局面未得到根本改变。1996 年 12 月，江泽民在中央军委扩大会议上讲话指出，迎接世界军事发展的挑战，要千方百计把我军武器装备搞上去。一个重要的问题，就是要理顺装备科研、生产、购置、维修等方面的体制。体制不顺，浪费了资金，延误了时间，这是我们长期以来想解决的老问题。[①] 揭示了深化国防工业改革的必要性和紧迫性。从 1997 年开始，中央在一年半的时间里反复考虑和研究，决定对国防科技工业管理体制进行根本上的改革。1997 年 12 月，江泽民在中央军委扩大会议上明确提出：国防科研和武器装备发展，要下决心解决规模大、战线长、力量分散、低水平重复等严重问题。这些问题积累多年，如不加以解决，经费再增加也会事倍功半，军队现代化就没有希望。[②]

党的十五大明确提出“建立和完善与社会主义市场经济体制相适应的国防工业运行机制”的目标要求。中央和国务院非常重视国防科技工业的改组工作，把它视为国务院政府机构改革的最后一仗。1998 年 3 月，九届全国人大一次会议审议通过了《关于国务院机构改革方案的决定》。根据改革方案，国务院组建新的国防科学技术工业委员会，将原国防科工委管理国防工业的职能、国家计委国防司的职能以及各军工总公司承担的政府职能，统归新组建的国防科学技术工业委员会管理。国防科工委作为国务院主管国防科技工业的部门，负责研究拟制国防科技工业发展的方针、政策和法律、法规、规章；研究国防科技工业发展规划，做好国防科研、生产、建设的统筹和衔接；组织军品科研生产的资格审查和许可；审核科研生产单位与军方签订的科研生产合同，协调、监督、检查订货合同的执行，保障军事装备的生产供应；对核、航天、航空、船舶、兵器工业等行业实施行业管理，指导军工电子行业管理；组织研究和实施国防科技工业体制改革，组织国防科技工业能力、结构和布局调整；负责编制国防科技工业固定资产投资、军转民技术改造及技术开发的规划、计划并组织实施；负责国防科技工业的对外交流与国际合作。

1998 年 4 月，中央军委决定在原国防科工委军事部门以及总参谋部、

---

① 《江泽民文选》第 1 卷，人民出版社 2006 年版，第 609—610 页。

② 《江泽民文选》第 2 卷，人民出版社 2006 年版，第 85—86 页。

总后勤部相关部门的基础上组建总装备部，总装备部下设司令部、政治部、综合计划部、军兵种部、陆军装备科研订购部、通用装备保障部、电子信息部等主要机构。总装备部成立之后，随即各军兵种、军区直至军、师、旅、团级作战部队均成立了装备部（处），这样我军进一步加强了武器装备建设的集中统一领导和武器装备全系统、全寿命（从武器研制、采购到维修、报废整个生命周期）的管理。总装备部的成立，实现了我军武器装备建设的集中统一领导，为我军武器装备建设实行全系统、全寿命管理创造了条件，有利于对武器装备建设进行总体规划和设计，按照缩短战线、突出重点的原则，科学安排经费的投入，从而可以提高各项武器装备建设经费的整体使用效益。①

随后，中央决定对国防科技工业管理体制进行重大变革，将航空、航天、舰船、飞机、兵器、核能等六大行政性军工总公司进行公司制和市场化改革，改组为若干集团公司。这次国防科技工业体制改革，是遵照江泽民总书记指示，党中央、国务院、中央军委根据国际国内形势发展和国防科技工业的现状，反复听取各有关方面意见后作出的重要决策。目的在于建立起适应社会主义市场经济发展要求的政企分开、产研结合、供需分离、精干高效的管理体制，为跨世纪长远发展打好基础。党中央和国务院非常重视国防科技工业的改组工作，把它视为国务院政府机构改革的最后一仗。在一年半的时间里反复考虑和研究。1998 年 10 月后，国务院两次召开总理办公会，研究国防科技工业的改组问题。会后，朱镕基向江泽民总书记做了汇报。1999 年 3 月 8 日，中央政治局常委会通过了改组方案。②

1999 年 7 月 1 日，国防科技工业十大集团公司宣告成立。这十大集团公司是：中国核工业集团公司、中国核工业建设集团公司、中国航天科技集团公司、中国航天机电集团公司、中国航空工业第一集团公司、中国航空工业第二集团公司、中国船舶工业集团公司、中国船舶重工集团公司、中国兵器工业集团公司、中国兵器装备集团公司。时任中共中

---

① 《江泽民文选》第 2 卷，人民出版社 2006 年版，第 267—268 页。

② 《朱镕基总理在国防科技工业十大集团公司成立大会上的讲话（摘要）》，《航天标准化》1999 年第 4 期。

央总书记、国家主席、中央军委主席江泽民致信表示祝贺。时任中共中央政治局常委、国务院总理朱镕基出席成立大会。朱镕基在讲话中指出，这次国防科技工业体制改革，各军工总公司改组为若干集团公司，要着力解决五个方面的问题：一是政企分开；二是建立适度竞争的机制；三是科研力量适当集中，确保武器装备的生产和发展；四是促进国防科技工业的合理布局和结构调整；五是有利于企业搞活和脱困。目的在于建立起适应社会主义市场经济发展要求的政企分开、产研结合、供需分离、精干高效的管理体制，为跨世纪长远发展打好基础。朱镕基强调，十个集团公司的成立，是一个良好的开端，但任重而道远。他对国防科技工业和集团公司的改革和发展提出了明确要求。第一，进一步解放思想，更新观念，转变职能，真正把集团公司办成自主经营、自负盈亏的经济实体。集团公司总部要严格按照经济规律，把集团公司应该管的事情管好，对不应该由集团公司办的事情，要坚决地放下去，满腔热情地支持企业搞活。国防科工委要切实加强行业管理，重点是搞好行业规划、行业政策、行业法规、行业标准和行业监督，加强组织协调。第二，加快武器装备发展，千方百计满足部队需要。企业集团组建以后，国防科工委和各集团公司都要牢固树立为国防现代化服务的思想，坚决完成武器装备研制、生产、保障任务。要不断提高武器装备科研水平，增强国防科技工业的发展后劲。第三，加大国防科技工业结构调整力度。要广泛采用先进技术，加强技术改造，把真正需要的东西搞上去。要通过适度竞争、优胜劣汰，进一步搞好军工企业的战略性重组。第四，坚持军民结合方针，大力发展军民两用技术。①

1999 年 10 月，国防科技工业体制改革工作会议在北京召开。会议提出，按照国务院对成立各军工集团公司的批复精神，今后两三年内，要通过“摘帽、销号、转产、关闭”等不同方式，对已经没有军品任务或任务很少的企事业单位进行调整。同时，要切实搞好军品科研生产能力调整，大力推进军工企事业单位的战略性重组，逐步建立寓军于民的开放体系。军工企业改革和发展的目标是：第一阶段到 2000 年或稍长一

① 《国防科技工业十大集团公司成立》，《人民日报》1999 年 7 月 2 日第 1 版。

点时间，完成国务院在批准组建集团公司时提出的企事业单位调整任务；到2000年底，使大多数大中型亏损企业摆脱困境，大多数大中型企业建立现代企业制度；军工企业的经济状况得到改善。第二阶段到2010年，建立起开发设计和系统集成能力强、社会配套水平高的开放式、寓军于民、“小核心、大协作”的军工科研生产体系；形成适应国防现代化建设需要、符合市场经济规律、协调高效的军工科研生产运行机制；军工企业的整体效益显著提高，发展进入良性循环；一批骨干军工企业主导产品、关键技术和综合素质接近或达到国际水平，一批大型企业和企业集团具有较强的国际竞争力和影响力。

1998年以后的五年，国防科技工业抓住机遇、深化改革、加速发展，整体实力实现重大跨越。成立十大军工集团公司后，各集团公司改革脱困工作迈出坚实步伐。一是截至2002年，国防科技工业全行业实现持平并略有盈余，扭转了连续八年全行业亏损的困难局面。二是武器装备科研生产取得重要突破，高技术武器装备研制生产能力实现重要跨越。十大军工集团公司全力以赴，奋力攻坚，一大批技术含量高、质量性能好的武器装备已交付部队使用。各军工集团公司加强高技术武器装备研制生产能力建设，技术装备水平上了一个大台阶，军工科研生产能力、水平和整体实力有了质的飞跃。三是军民结合高技术产业发展步伐加快，经济实力显著增强。各军工集团公司认真贯彻军民结合、寓军于民方针，大力推进民用产业发展，取得丰硕成果。四是国防科技创新实现重要突破，国防科技工业人才队伍建设取得丰硕成果。各军工集团公司坚持把科技作为第一生产力，加强科技创新体系建设。武器装备型号研制和预先研究突破了一大批关键技术，国防基础科研、技术基础、国防科技重点实验室等专项计划稳步推进。

党的十七大进一步作出了“调整改革国防科技工业体制”的重大决策，从顶层设计上明确了国防科技工业走军民融合式发展道路的根本途径、基本思路和组织架构。2008年3月，第十一届全国人民代表大会决定，不再保留国防科学技术工业委员会；将原国防科工委除核电管理以外的职责都纳入新成立的工业和信息化部；同时，成立国家国防科技工业局，由工业和信息化部管理。国防科工局负责核、航天、航空、船舶、兵器、电子等领域武器装备科研生产重大事项的组织协调和军工核心能力建设。

五、结语

纵观改革开放以来40年发展历程，中国国防科技工业领导体制可谓变动频繁，这是因为它在发展过程中面对的政治形势、社会经济环境是复杂的、变动的，需要适时调整改组，建立符合武器装备建设规律、适应社会经济发展要求的制度体系和运行机制。可以说，这是不断探索、实践和创新、跨越的历史过程。

［原载《国防科技工业》2018年第6期、第7期，原标题为《从“多头分散”到“集中统一”》（一）和（二），本次收录有修订］

20世纪五六十年代解放军驻厂军事代表制度的建立与发展

中国人民解放军驻厂军事代表（以下简称“军代表”）制度是由军队向武器装备承制单位派出代表，对装备合同的履行情况实施监督，对交付的装备进行检验和验收的制度。我国在20世纪50年代建立了军代表制度，随着国防科技工业的发展，军代表队伍不断壮大，军代表制度得到不断发展和完善，从多头管理逐渐转为统一管理，为军队装备建设做出了重要贡献。60多年来，军代表制度经历了多次重大政策和编制体制调整。目前学术界关于军代表的著述文章多集中于具体问题的研究，[①]对于我国军代表制度建立和发展历史的研究则较少。本文以相关史料为依据，对20世纪五六十年代军代表制度的建立、调整和发展的过程做一些梳理与回顾，以期为军代表制度的改革提供一定的参考与借鉴。

---

① 相关研究成果主要有：白海威等的《军事代表制度改革研究》（《装备指挥技术学院学报》2004年第3期），刘皓的《浅析当前军代表工作面临的形势和问题》（《国防技术基础》2005年第3期），金波等的《浅析新形势下军代表在装备研制监督中的职能作用》（《国防技术基础》2009年第6期），谭东东的《新时期军代表工作方法探讨》（《中国军转民》2013年第6期），杨秀深的《深化军事代表体制编制改革的基本原则和措施》（《国防》2016年第4期），孟韬、安怀彬的《关于完善军代表职业化制度的思考》（《中国军转民》2018年第1期），等等。

一、在国防企业中逐步推行军代表验收制度

质量控制在军工产品生产中具有特殊意义，实行军代表验收制度是军工产品质量管理的重要组成部分。新中国成立后不久，兵器工业即开始在部分企业中推行军代表验收制度。1950 年 1 月，由中国人民解放军总后勤部（以下简称“总后勤部”）、重工业部、东北军工部共同签订的第一个军工生产合同开始执行，根据合同规定，总后勤部军械部于 4 月首次派出 24 名干部担任驻东北、华北、华东地区兵工厂的检验代表，负责监督工厂履行订货合同和进行产品的检验验收。[①]

同年 12 月，总后勤部颁布了《军工生产驻厂检验代表工作条例（草案）》，统一了驻厂检验代表的编制体制，明确了其工作任务，“并在兵器工业的部分企业派出驻厂检验代表，设军事代表室，进行成品验收工作”[②]。1951 年，驻厂检验代表工作在兵器工业企业中全面推行。

航空工业也是较早开展驻厂检验代表工作的国防工业部门。1951 年 4 月，“中央军委和政务院在《关于航空工业建设的决定》中提出：为提高生产质量，使生产合乎作战、训练要求之规格，航空工业局应成立检验机构，空军司令部则成立验收机构，今后凡航空工厂所承制、承修、承配之各种机件，必须经过检验机构与验收机构检查认为合格后，始能办理交接手续”。[③]起初，送修飞机都是由送修部队机械员、飞行员驻厂监修和验收，[④]但是由于没有统一的标准，部队人员与工厂在交接承修飞机的过程中，经常因质量和管理等方面的问题产生分歧与矛盾。在 1951 年航空工业局召开的厂长联席会议上，大家一致要求空军派代表驻厂，办理飞机修理交接验收手续。[⑤]工厂认为这种办法不仅可以减少纠

① 《当代中国军队的后勤工作》，当代中国出版社、香港祖国出版社 2009 年版，第 313 页。

② 《当代中国的兵器工业》，当代中国出版社 1993 年版，第 436 页。

③ 《当代中国的航空工业》，中国社会科学出版社 1988 年版，第 560 页。

④ 张开帙：《情系人民航空——一个航空工程机务老兵的回忆》，蓝天出版社 2008 年版，第 157 页。

⑤ 张开帙：《情系人民航空——一个航空工程机务老兵的回忆》，蓝天出版社 2008 年版，第 219—220 页。

纷，而且能够促进修理任务的迅速完成。1951 年 9 月 27 日，航空工业局致函空军，正式提出了派代表驻厂的要求，空军采纳了航空工业局的意见。[①]1952 年 2 月，空军正式派出“由蒋越英、唐俊、姜吉才、张振君等 11 名同志组成的空军第一批驻厂见习检验人员，分别驻进了沈阳、哈尔滨、南昌等 6 个航空装备承制工厂”[②]。经过一段时间的实践，空军与航空工业局对驻厂检验员的工作效果进行了调查，认为有些工厂把驻厂检验员置于工厂检验科的领导之下，不能独立地履行自己的职责，未起到应有的作用。同年 5 月，空军与航空工业局联合下发通知，明确“军事代表是同工厂厂长为平行之执政机关之负责人”，并就双方的工作关系做了具体规定。“空军又相继抽调了与工厂领导职务大体相当的 7 名干部到工厂担任总军事代表工作。”[③]为了使军代表和工厂双方有一个共同遵循的章程，空军与第二机械工业部（以下简称“二机部”）于 1953 年 5 月联合颁发了《中国人民解放军空军工程部驻中央第二机械工业部第四局各工厂军事代表暂行工作细则》。[④]

海军派出驻厂检验代表是从 1952 年底开始的。海军首先在江南造船所派驻舰船监造组，负责舰船的监造工作。建造苏联转让舰艇工作开展以后，又在沪东、武昌、求新、广州、芜湖造船厂等陆续派驻舰船监造组（后改称“驻厂军事代表室”）负责产品质量检验和验收工作。[⑤]

1953 年 9 月，“军委军械部召开全军检验代表会议，决定将驻厂检验代表改为军事代表”，并制定了《区域军事代表暂行条例》及《驻厂军事代表暂行工作条例》。[⑥]同年 12 月，“政务院、中央军委决定，在军工企业中全面实行军代表验收产品的制度”。[⑦]1954 年 7 月，我军正式建立军代表制度。随着国防科技工业的发展，军代表人数不断增加，职责范围

---

① 《当代中国空军》，当代中国出版社、香港祖国出版社 2009 年版，第 347 页。

② 吴占新、马超臣、杨春源：《锻造铁翼神剑铸就蓝天长城——空军军事代表驻厂 60 周年纪实》，《军工文化》2012 年第 7 期。

③ 《当代中国空军》，当代中国出版社、香港祖国出版社 2009 年版，第 347 页。

④ 《当代中国空军》，当代中国出版社、香港祖国出版社 2009 年版，第 347—348 页。

⑤ 《当代中国的船舶工业》，当代中国出版社 1992 年版，第 620 页。

⑥ 《王树声传》，当代中国出版社 2003 年版，第 586 页。

⑦ 《当代中国的兵器工业》，当代中国出版社 1993 年版，第 578 页。

也不断扩大。由于我军军事装备逐步由向国外订货转为向国内订货，军代表的职责范围由监督修理质量向监督制造质量转变，不仅验收产品成品，而且开始对产品的生产过程进行监督。到1955年11月，总军械部[①]派出的军代表达数百人，其中师级“区域代表室”5个，团级“驻厂代表室”30个。[②]

实行军代表制度，对军工企业产品统一验收，促进了工厂树立质量第一的思想，加强了产品的技术检验工作，推动了产品质量的改进提高。军代表在对产品检验和监督的过程中，发现了不少关于零件、成品以及工艺流程、生产工序中存在的问题，并提出了合理的建议，对保证产品质量起了很大作用。[③]同时，军代表在完成生产计划、降低产品价格以及加强工厂与部队的沟通等方面也起到了一定的作用。

二、军代表与工厂的分歧和矛盾

1955年3月，王树声任总军械部部长。[④]王树声非常重视军代表工作，强调：“军代表是军方保证产品质量的第一道关口，因此责任是重大的。”[⑤]

为了保证军械产品的质量、加强军代表工作，1955年5月20日—30日，“总军械部在北京召开军事代表会议”，总结交流工作经验，研究部署今后的工作。总军械部首席顾问沙夫钦科报告了关于制定军事代表条例的问题。[⑥]随后，在1955年下半年，总军械部组织有关人员赴东北及太原、南京等地对十几个兵工厂进行了调研，发现工厂方面对产品质量重视不够，对企业的管理等工作缺乏严格的制度；生产中相互协作不够，造成产品质量不高，生产潜力未能充分发挥，浪费现象比较严重。军代表工作存在的问题主要包括：一是没有认真贯彻“质量第一”的精神；

---

① 为集中统一管理军械工作，1954年11月，中央军委决定将军委军械部改称中国人民解放军总军械部，下文简称“总军械部”。

② 《王树声军事文选》，军事科学出版社2000年版，第479页。

③ 《王树声传》，当代中国出版社2003年版，第546页。

④ 《当代中国军队的军事工作》（下），中国社会科学出版社1989年版，第22—23页。

⑤ 《王树声传》，当代中国出版社2003年版，第586页。

⑥ 《王树声军事文选》，军事科学出版社2000年版，第472页。

二是存在较严重的官僚主义作风；三是在检验方法上，对原材料不加严格控制，对工艺过程不重视；四是技术水平低，对技术资料掌握不深透，等等。[①]

针对兵工生产和验收工作情况，1955 年 11 月 15 日，总军械部向中央军委递交了报告，提出了改进生产工作和检验工作的具体意见。11 月 28 日至 12 月 20 日，总军械部在武昌举行了全军军械部部长集训并召开全军军械工作会议。在充分听取意见的基础上，总军械部党委会议研究起草了《目前军械工作存在的问题及对今后工作的意见》，于 1956 年 1 月 20 日呈报中央军委。该《意见》提出，目前兵工生产工作中存在着一些严重问题："在生产方面，有些工厂对产品质量的重视还不够，企业的管理、靶场、理化试验室等工作缺乏严格的制度；或贯彻执行专家的建议有偏差，生产中相互协作不够，以致产品质量不高，甚至有的疵病长期不能克服，生产潜力未能充分发挥，浪费现象仍较严重。在验收工作上，有些军代表业务技术水平低的情况仍然严重，故对产品质量有的控制不严，或者严而不当；也有的由于责任心不强，在验收工作上不适当地放宽规格……另外由于生产的品种、产量增加得很快，而军代表人员未能相应地增加，因此对资料消化不透，致使在工作中发生错误，检验中顾此失彼，检验不细，也放松了对产品质量的严格控制。"[②]总军械部认为，随着军工生产任务的增加，检验人员也应该相应增加。另外，由于二机部在"今后四年内（一九五九年以前）"将有几十个新建的大型军工厂投入生产，相应也必须增建军代表机构。总军械部建议：为了加强对军工生产的监督和检验工作，必须充实军代表的力量，今后三年需建立军代表机构 21 个，共需军代表及检验人员 6025 人，其中干部 2214 人，检验员 3681 人，其他行政事务人员 130 人。[③]

1956 年 2 月 4 日，中央军委批复了总军械部的报告，同意建立新厂验收机构和原来工厂适当增加军代表机构的力量。[④]此后，军代表人数迅

---

① 《王树声传》，当代中国出版社 2003 年版，第 587—588 页。

② 《王树声军事文选》，军事科学出版社 2000 年版，第 505—506 页。

③ 《王树声军事文选》，军事科学出版社 2000 年版，第 506 页。

④ 《王树声军事文选》，军事科学出版社 2000 年版，第 497 页。

速增加，监督范围进一步扩大，从技术资料的制定到更改，从原材料入厂化验、工艺过程到成品验收，从清洁卫生到财务成本进行了全面监督。

总军械部虽然提出了关于加强军代表力量的建议，但对于已出现的工厂与军代表之间的矛盾没有足够重视。在一些工厂，军代表的检验范围过宽过细，每个工序都必须由军代表检验和签字，妨碍了生产进度。派驻工厂的军代表人数也普遍过多，例如，在南京迫击炮厂有军代表 68 名，实际有 41 名就够用了。军代表大多在月终验收成品，但在有些工厂中由于验收工作不能按时完成，工厂即不能按时上报任务和领取奖金。另外，军代表的工作、学习时间与工厂的生产时间并不完全一致。特别是在原材料的监督和检验、成本的监督、理化室和中央测量室的监督、工艺规程的监督等问题上工厂方面对军代表的意见较多。

由于当时缺乏经验，对军代表的权力强调过多，“加之 1956 年后军代表人数越来越多，监督工作搞得过细，妨碍了工厂党委对产品质量的领导以及党委领导下的厂长负责制和以总工程师为首的技术责任制的贯彻落实”，造成一些军代表与工厂的关系较为紧张。电子工业的军代表与工厂的矛盾较为突出。军队参照苏联的做法，规定了作为军代表验收依据的军用产品总技术指标，但是由于这些指标是根据苏联的生产技术指标制定的，而我国当时的生产技术还达不到这些指标，因此经常发生虽然经过工厂的努力仍达不到指标要求，军代表拒绝验收，产品不能出厂，工厂发不出工资的情况。① 这些矛盾如果处理不好，将极大影响我国刚刚起步发展的电子工业。

总军械部则认为，造成军代表与工厂关系紧张的主要原因是：1956 年“上半年反右倾保守思想以后，第二机械工业部的某些工厂生产计划有些冒进，出现了片面追求数量，质量普遍下降的现象。在此情况下，军代表更加强调了质量，致使军代表与工厂的矛盾尖锐起来”。总军械部认为二机部及其所属工厂的某些同志对军代表制度的认识有些偏差，也是相互间关系处理不好的一个重要因素。总军械部党委在给中央军委的

---

① 中国人民解放军总参谋部通信部编：《怀念王诤》，电子工业出版社 1992 年版，第 211—212 页。

报告中说：二机部“及其所属工厂的某些同志认为军代表对生产实行检验和监督是‘对企业的不信任’，没有把这种检验和监督看成是解决矛盾、促进生产的积极因素，相反地看成是‘制造矛盾’、‘阻碍生产’的消极因素。同时，有的同志把军事代表制度与党委集体领导制度和群众路线的工作方法对立起来，因而认为这一制度并不适合我国情况”[①]。

中央军委对于军代表与工厂之间出现的种种矛盾非常关注。主管军工生产和军队武器装备工作的中央军委委员聂荣臻在1955年上半年视察重庆、成都、昆明等地的军工厂时多次要求：“要在保证质量的基础上求数量”，“军代表与工厂领导，双方要搞好团结，协商办事”。6月14日，他在听取总军械部副部长封永顺关于军工生产情况的汇报时，再次强调“军代表与工厂领导要切实注意搞好团结，协作共事”。[②]

主持军委日常工作的国务院副总理兼国防部部长彭德怀对军代表工作非常重视。1956年2月，彭德怀在视察重庆兵工厂时，专门与工厂领导和技术人员、军代表进行了座谈。“针对军代表在工作中出现的矛盾，彭德怀提出军代表工作的三条原则：一、广泛联系群众；二、尊重厂方领导，虚心学习；三、正确坚持职责。”[③] 3月16日—24日，总军械部在北京召开军事代表工作会议，传达、学习彭德怀对军代表工作的指示，检查和改进军代表工作。彭德怀指示，军代表要遵守三条规定：“一、坚守职责；二、向工厂工程技术人员、工人学习；三、尊重工厂的领导。”会议要求“把这一指示作为军事代表工作的指导原则，坚决贯彻，在任何时候都要坚守工作职责，搞好质量，完成订货任务；同时，对掌握产品质量标准、检验验收方法、资料控制、处理权限以及参与成本管理等问题做了规定”[④]。但是，由于会议“没有从思想上解决问题”[⑤]，军代表与工厂的关系仍然比较紧张。

为了解决军代表与工厂之间的矛盾，1956年7月—8月，王树声商

① 《王树声军事文选》，军事科学出版社2000年版，第553页。

② 《聂荣臻年谱》（上），人民出版社1999年版，第570页。

③ 《彭德怀年谱》，人民出版社1998年版，第614页。

④ 《王树声军事文选》，军事科学出版社2000年版，第549页。

⑤ 《王树声军事文选》，军事科学出版社2000年版，第623页。

请二机部对军代表工作进行联合检查。[①] 总军械部还分别于 6 月、11 月召开了部分军代表参加的座谈会，进一步改进了军代表的监督方法，适当地收缩了检验范围；强调军代表要服从工厂党委的领导，批判了有些军代表的骄傲情绪、特权思想；并根据军代表的普遍要求，“参照苏联的军代表条例和第二机械工业部与空军共同颁发的条例，结合几年来对军代表工作的经验，拟制了军代表工作条例（草稿）”。[②]12 月 6 日，海军司令部、第一机械工业部联合下发了《海军舰船监造军事代表工作试行条例（草案）》，对海军军代表的任务、职责及工厂的职责做了规定。[③] 在采取一系列措施以后，总军械部在给中央军委的报告中说：“军代表与工厂的关系已较普遍地有所好转，多数工厂积极支持军代表的工作。”[④]

但实际情况并非如此。“在 1956 年的一个时期内，一些军代表与厂方的关系一度紧张，有的工厂向中央告状，把矛盾闹到了中央。”[⑤] 这就造成一些军代表感到工作棘手。空军的一些军代表认为“每次来开会都是挨批评，认为军代表的工作不好干”。在这种情况下，空军司令员刘亚楼曾几次提议取消军代表，但是中央军委没有通过。[⑥] 刘亚楼“认为军队、工厂都是共产党领导的，由工厂负责产品质量，军队只管接收产品就完了，主张取消军代表制度”。[⑦] 二机部及其所属工厂的一些同志认为军代表制度不适合我国国情，要求改为成品验收制度。而以总军械部为代表的一种意见则认为：“军事代表制度是优越的，必要的，也是可行的。”[⑧] 由于双方认识上存在偏差，在军工产品生产和检验过程中又摩擦不断，军代表与工厂的关系骤趋紧张。如何改进和完善军代表制度便显得越来越迫切。

---

① 《王树声传》，当代中国出版社 2003 年版，第 589 页。

② 《王树声军事文选》，军事科学出版社 2000 年版，第 554 页。

③ 中国人民解放军历史资料丛书编审委员会编：《海军综述大事记》，解放军出版社 2006 年版，第 308 页。

④ 《王树声军事文选》，军事科学出版社 2000 年版，第 554 页。

⑤ 《王树声传》，当代中国出版社 2003 年版，第 591 页。

⑥ 《刘亚楼军事文集》，蓝天出版社 2010 年版，第 425 页。

⑦ 《王树声传》，当代中国出版社 2003 年版，第 591 页。

⑧ 《王树声军事文选》，军事科学出版社 2000 年版，第 553 页。

三、军代表工作三项原则和十条措施的提出

1957年1月28日，总政治部主任谭政“向总部各单位领导传达毛泽东在各省市委书记会议上的讲话”，毛泽东在讲话中提到军队与地方关系的问题。彭德怀在听完传达后说：“处理这个问题有一个好办法，就是军队多责备自己。军队对地方工作的缺点，不可提得太多，提多了反而得不到解决，搞坏事情。军队里的问题要改变，是比较容易的。地方没有军队那样集中，工作环境分散得很，要解决问题就比较困难一些。”①

为了从根本上解决军代表和工厂的矛盾，彭德怀决定亲自到军工厂对有关问题进行调研。1957年3月16日，彭德怀“邀集上海沪东造船厂、江南造船厂、求新造船厂的领导人了解军代表检验制度中的问题”，一位厂长反映了对军代表“权威行为的不满情绪”。②18日，彭德怀再次召集几个工厂的军代表座谈军工产品检验工作和制度问题。21日，彭德怀“邀集上海六个军事工业工厂的党委书记和驻厂军代表举行联席会议，重申他在1956年2月在重庆视察军工厂时提出的驻厂军代表工作的三条原则：一、虚心学习，联系厂里的工人群众；二、尊重工厂厂长和党委的领导；三、坚持自己的职责。总之要打掉军代表的权威思想”。③4月9日，彭德怀“在南京召集军工厂厂长、党委书记座谈，请他们谈对于军队派驻工厂的军代表制度的看法，征求他们对军代表的意见，并讨论如何改进军代表制度”。④

5月21日，彭德怀请毛泽东审阅《在南京军区视察工作的报告》，该《报告》主要谈了五个方面的问题，其中包括“派遣驻国防工厂军事代表制度的问题”。⑤关于军代表的职责，彭德怀在三项原则的基础上提出了十条措施：“一、适当收缩军代表的检验范围；二、应当尽量减少驻厂代

---

① 《彭德怀年谱》，人民出版社1998年版，第640页。

② 《彭德怀年谱》，人民出版社1998年版，第644—645页。

③ 《彭德怀年谱》，人民出版社1998年版，第645页。

④ 《彭德怀年谱》，人民出版社1998年版，第646—647页。

⑤ 《彭德怀年谱》，人民出版社1998年版，第649页。

表的人数；三、根据各厂情况，尽量改月终验收成品的办法为随时验收或每月分批验收的办法；四、军代表的工作、学习时间应当和工厂的生产时间取得一致；五、驻厂军代表的党、团组织关系，应当转到工厂党、团支部里去；六、军代表可以被选入工厂党委……以便共同讨论和解决问题；七、凡在停止生产问题上，军代表与工厂发生了争执，应提请工厂党委讨论，如未取得一致意见，即由双方共同上报当地党委解决或共同上报工业部门和订货部门共同研究解决；八、应根据工厂的可能适当解决军代表的工作条件；九、军代表应由所在军区或省军区政治部代管；十、派遣军代表的订货部门军种兵种，要经常检查驻在各厂的军代表，并每年召集一次会议进行思想教育、交流经验，改进工作方式方法。"[①] 毛泽东于5月29日批示："此件请书记处处理。"邓小平于7月2日批示："拟同意彭总对于五个问题的意见。刘、周、朱指示后退彭总。"[②]

在了解到有关情况后，总军械部于1957年4月在北京召开了军代表座谈会。王树声在会上发言强调："应正确估计我们的工作成绩……事实证明了军事代表制度是先进的，军代表工作是可以做好的，取消观点是错误的。"他同时指出，军代表工作也存在不少缺点和错误，特别是1956年3月"军代表会议以来，表现得更加突出和明显"。[③] 王树声认为，"军代表工作中存在的问题主要是（一）检验的范围过宽，分兵把关，重点不明。结果由于力量不足，关键性的检验反而没有抓紧，甚至造成形式主义"。"（二）监督的方法有问题。我们的监督也是处处派人，事事签署，这种方法过于机械。不但力所不及，同时也易引起工厂反感。""（三）关系上有问题。一种是表现在与党委的领导关系上，军代表参加工厂党委，但产品验收与否的决定权属于军代表，军代表也以为党委委员只能管思想问题。实际上思想问题，多数由于工作问题产生，工作上的矛盾解决不了，思想上的矛盾也就解决不了，以致往往形成对立。另一种是军代表工作作风上有问题。有些同志表现得不够谦虚谨慎，个别的还有特权思想。对产品质量上的问题不是采取商量的态度和积极

① 《王树声军事文选》，军事科学出版社2000年版，第555页。
② 《彭德怀年谱》，人民出版社1998年版，第650页。
③ 《王树声军事文选》，军事科学出版社2000年版，第546页。

想办法解决疵病的态度，而是动不动就停止验收，不顾工厂的生产，甚至为个别零件问题，使工厂停止生产。也有的态度横蛮，不讲道理。个别的工厂领导也有毛病，以致引起纠纷。”[①]王树声还总结了总军械部对彭德怀三条指示的执行情况，认为对指示执行得不够彻底，提出“军代表应接受工厂党委的领导……如果意见有分歧，党委应分别将分歧意见上报第二机械工业部和总军械部研究解决”[②]。

1957 年 5 月 10 日，王树声向中央军委递交了《对改进军代表工作的意见》的报告。这份报告提出了五个方面的意见：一是“同意适当收缩军事代表的检验范围”，但在由总军械部“负责订货的工厂中，不能采取成品总验收的办法”，因为这样“不能完全检查出产品的性能和质量”，而且“不能及时发现问题，易于造成巨大浪费”。二是“尽量减少驻厂军代表的人数”，总军械部研究后认为，预计可从现有人员中减少 30% 左右，因为“技术干部培养困难，拟多编干部，少编技工”，“建议今后技工的调整补充及多余人员的安排问题统一交由第二机械工业部及所属工厂负责”。三是“认为军代表人员中的党、团员还是单独编组党、团支部较好”，这样“在工作上则便于对共同的业务工作进行讨论和研究”，“对军代表人员的考核、鉴定、晋级、晋衔的讨论都较方便，也便于区域军代表室的政委通过支部进行政治工作”。四是“在停止验收问题上，军代表与工厂发生争执时，应提请工厂党委讨论，如不能取得一致意见时，即由双方共同上报国防工业部门和订货部门（并报其上级党委）共同研究解决”。五是“建议仍应由军代表对成本进行监督”。[③]总军械部认为，“制定军事代表工作条例，已成为从根本上改善军事代表与工厂之间关系的主要关键”，“建议由总参谋部召集军队各订货部门……草拟共同的军代表工作条例。然后再由军委召开有订货部门和国防工业部门共同参加的会议，统一思想认识，讨论通过军代表工作条例，先颁发试行。经过试行修改后，再呈报国务院批准为正式条例，以利工作的进行”。[④]

---

① 《王树声军事文选》，军事科学出版社 2000 年版，第 546—547 页。

② 《王树声军事文选》，军事科学出版社 2000 年版，第 548 页。

③ 《王树声军事文选》，军事科学出版社 2000 年版，第 550—552 页。

④ 《王树声军事文选》，军事科学出版社 2000 年版，第 554 页。

6月13日，中央军委会议“基本通过军委转发彭德怀关于派驻工厂军事代表制度问题的批示”[①]。批示下发后，“各驻厂军代表在贯彻执行中央军委指示方面均进行了研究”，在实际工作中取得了一定成绩，“但不少单位对党、团支部分编到车间或检验科支部中去及收缩检验、监督范围等问题的执行上存有顾虑”。[②]为进一步改进军代表工作，8月，彭德怀到太原等地兵工厂进行调研，其间他再次就军代表工作三项原则、缩小产品检验范围、军代表党（团）组织生活、工厂与军代表的关系等问题做出重要指示。[③]针对一些单位在执行中央军委指示上存在的思想顾虑，9月25日，总参谋部军械部[④]发出《坚决贯彻执行军委指示，改善和加强军代表工作》的指示，[⑤]提出：第一，军代表要提高认识、转变思想，深刻领会中央军委的指示；第二，要适当收缩军代表检验监督的范围；第三，“军代表接受厂党委领导”；第四，“把军代表中的党、团员分编到工厂车间支部或检验科室支部”；第五，“加强军代表对科学技术的学习”。[⑥]为了坚决贯彻中央军委的指示，纠正军代表“检验范围偏宽的现象”，总参谋部军械部要求各单位于1957年第四季度根据军委指示“检验生产成品加上生产过程中某些关键性问题”的原则，对军代表检验和监督的范围问题再做一次全面细致的研究，并与工厂协商，提出缩减方案。[⑦]

在各方面的共同努力下，军代表同厂方的关系得到了有效的改善，双方密切合作，保证了军工产品质量的稳定提升。

四、颁布《中国人民解放军驻厂军事代表工作条例》

军代表工作一直受到中央的高度重视。1958年4月，中共中央下达了《关于加强地方党委对军队的领导和密切地方党委同军队关系的指

① 《彭德怀年谱》，人民出版社1998年版，第652页。
② 《王树声军事文选》，军事科学出版社2000年版，第556页。
③ 《王树声军事文选》，军事科学出版社2000年版，第563页。
④ 1957年7月1日起，总军械部正式改为总参谋部军械部。
⑤ 《王树声纪念文集》，军事科学出版社2005年版，第742页。
⑥ 《王树声传》，当代中国出版社2003年版，第595—596页。
⑦ 《王树声军事文选》，军事科学出版社2000年版，第558页。

示》，要求“军队派驻工厂的军事代表，在检验军事订货生产业务方面，保持派出机关的垂直领导，在政治上、思想上和党团生活方面接受工厂党委的领导。工厂党委应当注意将军事代表选入党委，或吸收军事代表中的负责同志列席工厂党委会议，共同讨论和解决有关问题，遇有争论时，报告双方上级共同研究解决”[①]。

随后，总参谋部军械部以及各军兵种相继召开军代表工作会议，进一步整顿了军代表工作，要求军代表必须依靠工厂党委，依靠职工群众，改进工作作风和工作方法。5月，空军军代表会议召开。刘亚楼说：“我估计你们最普遍的想法是：我们下决心改进工作，而工厂不改变怎么办？我认为这个疙瘩是可以解开的。之所以形成这个疙瘩，其原因一个是思想方法，一个是工作方法。”[②]

9月，彭德怀到东北地区调研军事工业生产、改进军代表工作等问题。9月12日，彭德怀召集哈尔滨市军事工厂的厂长、党委书记、军代表，座谈改进军代表制度的问题。在各工厂的负责人发表意见之后，彭德怀着重讲了三个问题：“一、军代表是在工厂党委统一领导下的一个部分，在工厂党委统一领导下进行产品检查、验收，帮助工厂保证产品质量。去年军委文件规定的是，军代表尊重工厂党委的领导；现在看来，不只是尊重的问题，而要在工厂党委领导下进行工作才好。二、军代表在工作中要走群众路线，要和工人群众打成一片，通过群众来保证产品质量。光靠军代表几个人是保证不了的。三、军代表要检查一下自己有没有特权思想。”[③]10月7日，彭德怀向中央书面汇报了在东北地区视察20天的情况。彭德怀提出：“驻厂军代表工作，在1957年6月‘三项原则、十条措施’的基础上，继续改进，即明确军代表的检验工作，是工厂党委工作的一部分，军代表受厂党委和军方双重领导，并可以考虑军代表和厂方的检验合并，继续收缩检验的范围，主要是关键工序和成品验收。一个工厂内的，应只由一个部门派来的代表统一联系各订货部门。军方由总参统一调整订货工作，避免多部门分管。继续减少军代表

① 《当代中国空军》，当代中国出版社、香港祖国出版社2009年版，第348页。

② 《刘亚楼军事文集》，蓝天出版社2010年版，第425页。

③ 《彭德怀年谱》，人民出版社1998年版，第701页。

人数。”该报告经中共中央批准后，中央军委于 10 月 23 日下发全军各大单位领导机关。[①]

1958 年 11 月 3 日至 12 月 20 日，总参谋部军械部召开军代表室党的干部会议。会议讨论了深入贯彻中央军委历次关于改进军代表工作的指示，提出了进一步改进军代表工作的意见。[②] 在军队和工厂的共同努力下，到 1958 年底，军代表与工厂的关系有了根本性的改善，军工产品质量也稳步提高。

1959 年后，受“大跃进”的影响，军工厂高指标、浮夸风盛行，军代表的监督检验权受到很大冲击，如有的工厂领导干部“对军代表积极监督产品质量，不但不支持，反而加以限制，看到军代表向上级写了一个反映质量问题的报告，竟大为不满，在党委会上严厉地批评了军代表……自作主张宣布军代表向上级写的一切报告都要经过厂党委”[③]；“有些工厂竟然提出‘取消军代表、解放生产力’的口号”[④]。此外，军工产品质量严重下降。例如，1960 年，“东北地区几个主要飞机和发动机工厂盲目追求产值、搞快速试制，发生严重质量事故，导致三年来没有交付一架合格的飞机和发动机”[⑤]。有的工厂“生产的冲锋枪，只打了十几发子弹，击针尖就断了”；有的工厂生产的潜艇用蓄电池，有一半因为质量不好不能使用，使新建的潜艇不能按期交船，在用潜艇也被迫停航；有的工厂“竟然把 57 炮的零件装到 85 炮上”。问题的严重性在于：“像这类质量事故，并不是个别的情况，而是许多任务厂都程度不同地存在着这个缺点。”[⑥] 为了迅速扭转这种局面，1960 年 1 月，中共中央批准成立了中共中央军委国防工业委员会（以下简称“国防工委”），中央军委副主席贺龙担任主任，决定采取坚决措施，整顿军工产品质量。

1960 年 11 月 25 日至 1961 年 1 月 7 日，国防工委在北京召开三级

① 《彭德怀年谱》，人民出版社 1998 年版，第 704 页。

② 《王树声军事文选》，军事科学出版社 2000 年版，第 622 页。

③ 《贺龙军事文选》，解放军出版社 1989 年版，第 579 页。

④ 《聂荣臻军事文选》，解放军出版社 1992 年版，第 438 页。

⑤ 《罗瑞卿传》，当代中国出版社 2007 年版，第 240 页。

⑥ 《贺龙军事文选》，解放军出版社 1989 年版，第 577 页。

干部会议，中心议题就是整顿军工产品质量。[①]中央军委副主席兼国防科学技术委员会主任聂荣臻在会上发言指出，从 1953 年开始，“我几乎看了所有的兵工厂，其中大部分是第一个五年计划建设或投入生产的。当时我的印象是比较满意的，基本建设、设备、安装的质量都比较好，生产也比较有秩序，军代表制度和质量检验也比较严格，我们出的常规武器和第一批喷气飞机，质量都还是不错的。去年和今年，我又看了中南、西南、西北的一些兵工厂，接触到一些情况，感觉到有许多问题”[②]。针对军代表与工厂的矛盾，聂荣臻指出：“军代表驻厂工作，也是为了保证军品质量，这本来是一致的，只要工厂生产注意质量，产品良好合格，矛盾从何而来呢？事实证明，哪一个厂哪一个时候重视产品质量，这时工厂与军代表的矛盾就比较少或者完全一致。而近几年来工厂越来越不注意质量，废品率越来越高，当然双方的不同意见就越来越多。如果说的是这种矛盾，我看倒是很必要的，是好事情。”“有军代表这一个检验质量的关口，对国防工业只有好处，没有坏处。”“军代表对产品的监督制度以及工厂中各项专门的和群众性的监督检验制度，必须尽快地建立、健全和认真执行。现行的军代表工作条例要重新修订。”凡是为军工厂生产材料和协作件的工厂，“要坚决贯彻军工产品质量第一的方针，主要的工厂要派军代表驻厂检验，使材料和协作件的质量能够得到保证”。[③]

贺龙在此次会议的总结发言中明确指出：“几年来的实践证明，在军事工厂建立军代表制度是完全必要的，它在保证和提高产品质量上，配合工厂完成生产试制任务上，协助工厂降低成本、密切军工生产单位和军队的联系等方面都发挥了积极作用。同时在整风和总结经验的基础上，军代表制度不断地进行了改进，更加符合了我国的具体条件”，“加强军代表制度，就是调动军队的积极因素共同办国防工业的一个重要措施。另一方面，尖端产品有更高的技术要求和质量要求，更需要加强军代表在生产、质量监督方面的作用，因此，军代表制度，不但不能取消和削

① 《罗瑞卿传》，当代中国出版社 2007 年版，第 240 页。

② 《聂荣臻军事文选》，解放军出版社 1992 年版，第 435 页。

③ 《聂荣臻军事文选》，解放军出版社 1992 年版，第 438—440 页。

弱，而且必须加强”。[①]

1961年11月25日，中共中央、国务院发出《关于颁布实行中国人民解放军驻厂军事代表暂行条例的通知》，宣布“从即日起，原各部门颁发的驻厂军事代表工作条例一律作废”。《中国人民解放军驻厂军事代表暂行条例》适用于一切派驻有军代表的工矿企业。[②]该《条例》明确了军代表的任务、领导关系、业务范围以及工作中必须遵守的原则等，对军代表在军用产品订货、验收等任务中的职责、权限、与工厂的关系等方面做了规定。

经过整顿，国防工业的生产秩序得到恢复，军工产品的质量有了很大提高，但是，有些地方在执行中对质量第一的方针要求过高，发生了一些偏向。[③]随着科研生产的不断发展，军代表与工厂的矛盾再次凸显。1963年2月9日，一名军工厂技术员致信毛泽东和邓小平，反映军代表影响工厂的正常生产和工作秩序，妨碍生产力的发展，建议中央取消从苏联搬来的军代表制度。[④]为此，中央派出调查组进行了调查。

中央军委认为，军代表制度的改变应当慎重考虑，在未弄清情况以前暂时不动。对于军工厂反映强烈的一些问题，聂荣臻表示，应该从工作方法和具体办法上对军代表工作做一些改进，他认为：军代表“应该只管产品性能，不管工艺改进。产品改进必须经过定型委员会批准。工艺上改良而不影响产品性能的，军代表应同意验收，但有些工艺对产品性能有影响时，军代表可向厂方提出意见”[⑤]。聂荣臻在与第三机械工业部部长孙志远谈话时表示：“驻厂军代表的问题要解决一下。军代表的工作要做一些具体规定。军代表只能按产品性能、战术技术指标去检验，主要是成品检验。工序、工艺方面的问题应由总工程师决定。许多生产中

---

① 《贺龙军事文选》，解放军出版社1989年版，第597页。

② 《中共中央文件选集（1949年10月—1966年5月）》第38册，人民出版社2013年版，第342页。

③ 《罗瑞卿军事文选》，当代中国出版社2006年版，第611页。

④ 张开帙：《情系人民航空——一个航空工程机务老兵的回忆》，蓝天出版社2008年版，第220页。

⑤ 《聂荣臻年谱》下卷，人民出版社1999年版，第881页。

的问题要条例化，未暴露出的问题，要不断地解决。”[①]1963 年 4 月，聂荣臻在军工领导干部会议上专门提到军代表制度问题。他说：“军代表制度是需要的，是起了好作用的。在某些工厂里，有些军代表同志的工作方法可以改进。”“现在工厂里发生的问题，大多是属于职责范围不明确的问题。工厂里的工程师要不断改进设计、改进工艺，这是很好的，应该支持，这是工程师的本分。但是改变了以后，对质量影响如何？即使证明对质量没有影响，甚至还有好处，但是否要修改战术性能？对于这些问题，军代表不能作主，因此需要组织技术鉴定，并要经过一定的批准手续，然后才能改变。在这种情况下，军代表不作决定，要请示上级，这是对的。我们要研究提高效率，使手续简便而又能确保质量，主要是从工作方法和具体办法上来改进。”[②]

中央调查组经过调查研究后，没有建议取消军代表制度，而是提出应该对军代表工作进行一些改进。中共中央、国务院召集各有关部委办与总后勤部对军代表暂行条例重新研究和修改，于 1964 年 10 月 13 日颁布了《中国人民解放军驻厂军事代表工作条例》，共计 40 条。该《条例》明确了军代表的工作原则、基本任务、检验与验收、监督检查、领导关系、组织机构、工作方法等。[③]这个《条例》正确处理了社会主义制度下军工生产与部队使用的关系，基本符合中国国情，适应国防工业生产和军队装备建设的需要。[④]

1965 年，国防科技工业领导体制进行了重大调整，以国务院国防工业办公室（以下简称“国防工办”）为龙头的、统一的国防科技工业领导体制初步形成。在这个时候，国防工办再次提出了取消军代表的意见。1965 年 8 月 3 日，聂荣臻就这个问题写信给国防部部长林彪。[⑤]信中说：“军代表是军队使用部门派驻工厂检查军工产品的，还担负着军队、工厂

---

① 《聂荣臻年谱》下卷，人民出版社 1999 年版，第 883 页。

② 《聂荣臻军事文选》，解放军出版社 1992 年版，第 508—509 页。

③ 《中共中央文件选集（1949 年 10 月—1966 年 5 月）》第 47 册，人民出版社 2013 年版，第 108—116 页。

④ 《当代中国军队的军事工作》（下），中国社会科学出版社 1989 年版，第 203 页。

⑤ 1963 年 9 月底，在毛泽东提议下，中央决定由贺龙接替林彪主持军委日常工作。参见《毛泽东年谱（1949—1976）》第 5 卷，中央文献出版社 2013 年版，第 266 页。

之间的联系和处理工作，不宜匆忙决定取消，应派人充分调查后，报军委决定。”林彪 8 月 11 日答复，同意聂荣臻的意见。[①] “文化大革命”期间，军代表制度先后两次被冲击，甚至被取消，致使军工产品的质量一度下降，工作受到一定损失。1977 年 10 月，国务院、中央军委下达了《关于恢复军事代表制度的通知》，指出：“为了确保军工产品质量，以保障战备，现决定撤销 1975 年 11 月 1 日发出的《关于取消驻厂军事代表制度颁发军工产品交接若干问题暂行规定的通知》，20 世纪五六十年代解放军驻厂军事代表制度的建立与发展恢复中国人民解放军驻厂军事代表制度。”[②] 此后，军代表工作重新走上了健康发展的轨道。

五、结语

20 世纪五六十年代，军代表与工厂的矛盾主要集中在生产过程的监督上。军代表负责监督、检查生产的质量和进度，但是对一些应该由工厂负责和工程技术人员负责的问题，有些军代表干预得不够恰当；有些军代表的工作方式比较生硬，导致军代表与工厂产生矛盾。特别是随着武器装备的改进和型号的增多，军工厂要不断改进设计、改进工艺，这些改变会影响产品的质量和战术性能，军代表需要监督和干预，但是由于缺乏相关的知识和技能，军代表在这些问题上需要组织技术鉴定，并要通报上级，经过一定的批准手续后才能改变。在这种情况下，军代表与工厂的关系日益紧张。《中国人民解放军驻厂军事代表工作条例》颁布后，制定了军代表工作的相关政策，解决了军代表的工作方法等问题，通过严格规范的管理，协调了军代表与工厂之间的关系，推动了军代表工作的开展。

实践证明，军代表制度适应中国国情和军工生产的特点，在军事工厂建立军代表制度是完全必要的，在保证和提高产品质量、配合工厂完成生产试制任务、协助工厂降低成本、密切军队和工厂的联系等方面都

① 《聂荣臻年谱》下卷，人民出版社 1999 年版，第 995 页。

② 《中华人民共和国军事法规汇编（1949—1988）》，中国民主法制出版社 1991 年版，第 690 页。

发挥了积极作用，有利于促进军工产品质量的提高，推动部队现代化装备建设。在总结经验的基础上，军代表制度不断改进，更加符合我国国情，取得了很大成绩。但是，随着我国社会主义市场经济的发展，国防科研生产管理体制和武器装备采购制度改革的推行，军代表制度出现了许多新情况、新问题，制约了军代表作用的有效发挥，今后还需要进一步完善军代表组织管理体系、法律法规体系，提高军代表队伍职业化、专业化水平，改革绩效考评和监督激励机制等，以便更好地发挥军代表的作用。

［原载《当代中国史研究》2019 年第 2 期］

20 世纪六七十年代中国国防工业布局的调整与完善

1950 年前后，中国的军工企业有 76 个，各种设备 3 万台（件），职工 10 万余人。这些企业不具备现代化武器装备研制、生产的条件和能力。为尽快建设国防工业，从 1950 年到 1960 年初，国家对国防工业共投入基本建设资金数十亿元，建设了 100 多个大中型国防工业项目。至 20 世纪 60 年代前期，国防工业已初具规模，拥有 100 多个大中型企业，20 多个独立的科研设计机构，6 万台金属切削机床，70 多万职工，其中技术人员达到 3.3 万人，形成了沈阳、北京、太原、西安、成都、重庆、兰州等国防工业企业比较集中的生产基地，新中国国防工业初具规模。[①] 从 60 年代中期开始，国防工业后方基地建设全面展开，国防工业的战略布局进入大规模调整阶段。对于这个课题，以往研究三线建设[②] 的论著有所涉及，但专门论述国防工业战略布局的研究成果并不多见。本文利用新获得的史料，对六七十年代中国国防工业战略布局大调整的历史过程、基本成果及影响做出初步论述和评析，希求能深化对

---

① 所谓"三线"，是指从当时经济相对发达且处于国防前线的沿边沿海地区向内地收缩划分的三道线。一线地区指位于沿边沿海的前线地区；二线地区指一线地区与京广铁路之间的安徽、江西及河北、河南、湖北、湖南四省东部；三线地区指长城以南、广东韶关以北、京广铁路以西、甘肃乌鞘岭以东的广大地区，主要包括四川（含重庆）、贵州、云南、陕西、甘肃、宁夏、青海等省区以及山西、河北、河南、湖南、湖北、广西、广东等省区的部分地区，其中西南的川、贵、云和西北的陕、甘、宁、青俗称为"大三线"，一、二线地区的腹地俗称为"小三线"。

② 《当代中国的国防科技事业》（上），当代中国出版社 1992 年版，第 16 页。

该领域的研究。

一、新中国成立至 20 世纪 60 年代初期的中国国防工业布局

1953 年前，中国常规兵器工业有专业化企业 41 个，共有职工 9.3 万人。大致布局是：东北地区工厂 20 个，职工 4.2 万人；西南地区工厂 10 个，职工 2.5 万人；华北地区工厂 8 个，职工 2.2 万人；其余散布其他地区。[①] 从 1953 年起，国家用了两年左右时间，对兵器工业中的骨干企业进行了全面技术改造。1955—1962 年，在苏联援助下，兵器工业兴建了 21 个大型骨干企业。到 1965 年底，中国常规兵器工业[②]拥有生产企业 85 个，职工 33 万余人，初步形成比较配套的工业体系，但其中 3/4 的工厂分布在一、二线地区，工业布局不太合理，生产能力也满足不了大规模战争的需要。这种状况必须加以改善。[③]

1951 年 4 月，中央人民政府政务院下发《关于航空工业建立的决定》，随后重工业部航空工业局成立，新中国航空工业正式建立。此时，航空工业仅拥有 6 个骨干企业，分布在沈阳、哈尔滨、南昌、株洲等地区。1953—1957 年的“一五”计划期间，在航空工业方面，苏联援建了 13 个重点项目。1958—1962 年的“二五”计划期间，国家做出在陕西、四川建设航空工业基地的决定，航空工业建设的重点开始向内地转移，在 ×× 各建起一个完整的飞机制造厂和航空发动机厂，主要航空工厂濒临沿海的状况开始改变。但直至 1964 年，航空工业位于一、二线的企业仍占企业总数的 64%，金属切削设备占到 55%。

中国的导弹工业是以仿制苏联 P-2 近程地地导弹和几种战术导弹

① 兵器工业部兵工史编辑部：《中央兵工委员会关于兵工问题的决定》，《兵工史料》第 8 辑，内刊 1986 年印，第 11 页。

② 1963 年 9 月，国务院决议将主管国防工业的原第三机械工业部按航空工业、常规兵器、造船工业划分为三个机械工业部，即三机部（航空工业部）、五机部（兵器工业部）和六机部（船舶工业部）。

③ 《当代中国的兵器工业》，当代中国出版社 1993 年版，第 393 页。

为开端的。1956 年 10 月，中国第一个导弹研究机构——国防部第五研究院（简称“国防部五院”）正式成立。1958 年，国防部五院四大工程（8102、8103、8108、8109 工程）在 ×× 开始建设。国务院副总理兼国防科委主任聂荣臻指出，必须及早考虑在内地建设第二基地的问题。从 1961 年起，国防部五院开始酝酿第二基地的建设方案，到西部地区进行了勘察选址工作。[①]1964 年 11 月，中央决定以国防部五院为基础组成第七机械工业部（简称七机部）。1965 年 3 月，上海机电工业二局划归七机部建制。七机部在 ×× 的 5 个研究所搬迁到 ××，在 ×× 形成了比较完整配套的研制生产基地。[②] 总体来说，这时导弹工业大部分的科研机构和试制厂仍然集中在沿海地区。

中国核工业建设一开始就定位在西北地区，首批主要工程项目包括 ×× 核燃料组件厂、×× 铀浓缩厂、×× 原子能联合企业、×× 核武器研制基地。根据中央的指示精神和核工业的实际情况，负责核事业发展的二机部在 1963 年 11 月提出了在三线地区进行核工业建设的报告。中央专委[③] 同意了二机部的报告，决定从 1964 年开始选择厂址，尽快新建一批核工业科研、生产基地。

从 1953 年到 1956 年，一机部船舶工业管理局以建造苏联转让的 6 种型号的舰艇为工作重点，投资 1 亿元，对 ×× 造船厂（建造鱼雷潜艇）、×× 造船厂（建造护卫舰）、×× 造船厂（建造猎潜艇）、×× 造船厂（建造鱼雷快艇）和 ×× 造船厂（建造鱼雷潜艇、扫雷舰）等 5 家老厂进行了改建和扩建，同时新建了 ×× 造船厂。×× 造船厂第一期扩建工程也开始实施。[④]“二五”计划期间，船舶工业开始建设 ×× 造船厂（生产大型战斗舰）和 ×× 造船厂（生产中型潜艇），[⑤] 在京广线以西的 ×× 省，新建了一批船舶专业配套骨干厂。到 1965 年，这批骨干配

---

① 《当代中国的航天事业》，中国社会科学出版社 1986 年版，第 36 页。

② 王礼恒主编：《中国航天腾飞之路》，中国文史出版社 1999 年版，第 684 页。

③ 1962 年 11 月，中共中央为了更强有力地领导我国尖端武器的研制工作，组建了中央 15 人专门委员会，后改称“中央专门委员会”，简称“中央专委”。

④ 《当代中国的船舶工业》，当代中国出版社 1992 年版，第 47 页。

⑤ 后因国民经济和国防工业建设调整而缓建，1968 年重新续建。

套厂多数已建成。

二、国防工业布局调整的决策背景与规划方案

早在1960年8月，国防工业委员会在北戴河召开会议，讨论了国防工业建设中存在的几个问题，会议认为，在国防工业的基本建设上必须有明确的战争观念，坚决执行中央、军委关于合理布局、靠山、隐蔽、分散的方针。鉴于已建成的军事工厂绝大部分位于人口稠密、工业集中的大、中城市，不少还处于或接近战略前沿，而且一般规模都相当庞大，因此，今后老厂除了为突击尖端所需作必要的填补外，一律不再扩建。今后要少搞面，多搞点，新厂以中、小为主，离开城市，尽可能“依山下寨”。重要的尖端项目，一定要放在战略纵深，以防止、减少在战争中受到破坏和损失。①1963年3月14日，中共中央批转《中央军委关于国防工业建设问题的报告》。该《报告》提出，国防工业建设的目标是：在十年内建成一个基本独立完整、“麻雀虽小、肝胆俱全”的国防工业体系。②

1964年初，中央开始酝酿“三五”建设规划。1964年5月，中央工作会议讨论并原则同意了国家计委提出的《第三个五年计划（1966—1970）的初步设想（汇报提纲）》，“三五”计划的中心任务，归纳起来就是：吃穿用第一，基础工业第二，国防第三。在国防工业办公会议上，总参谋长兼国防工办主任罗瑞卿强调要贯彻1963年军委提出的关于国防工业建设的方针，要正确处理国防工业与国民经济建设的关系，国防工业是国民经济的一个组成部分，国防工业的发展，必须与整个国民经济的发展相适应，统一计划，统一调度，勤俭办国防工业。③

对此，毛泽东有不同看法。他认为，“三五”计划要把国家安全放在非常重要的地位，要重视国防建设和备战工作。并提出：军工部署要考

① 《贺龙文选》下卷，军事科学出版社1996年版，第386页。
② 《罗瑞卿军事文选》，当代中国出版社2006年版，第679页。
③ 《罗瑞卿军事文选》，当代中国出版社2006年版，第679—680页。

虑一下，要搞第三线基地。[①]1964年8月“北部湾事件”[②]后，美国在越南的战争规模迅速扩大。毛泽东敏锐地指出：要打仗了。[③]8月19日，国务院副总理李富春、薄一波、罗瑞卿联名向中共中央和毛泽东提出了《关于国家经济建设如何防备敌人突然袭击的报告》。20日，毛泽东在听取薄一波关于计划工作的汇报时，着重谈了在中央的战略方针下工业的重新布局问题。[④]中共中央和毛泽东决定，中止原来的“三五”计划设想。1965年3月，周恩来总理向中央书记处汇报时提出：“立足于打仗，抢时间，改变布局，加快三线建设，首先是国防建设。”[⑤]国家计委根据毛泽东的指示精神，对第三个五年计划作了修改和调整，提出五年计划的方针任务是立足于战争，从准备大打、早打出发，积极备战，把国防建设放在第一位，加快三线建设，逐步改变工业布局。[⑥]

对于这个转变，国防工业内部曾有不同的看法。[⑦]对此，军委领导强调：调整三线、集中力量建设三线，要立即行动起来，不能再按兵不动。要坚决贯彻执行毛主席的指示，不能只是口头拥护，行动不积极。要驳倒各种借口，说服多数同志。如果1965年还不开始行动起来，要犯路线错误，要受历史的惩罚。这个问题要提到这样的高度来认识。[⑧]

遵照中共中央关于建设大小三线的战略部署，国防工办于1964年8月在北京召开国防工业工作会议，研究部署国防工业大小三线建设的各项准备工作。9月3日，罗瑞卿在会上做了总结讲话。他说：“建设三线，要贯彻执行小型化、专业化的方针。‘小而全’是指整个国防工业建设讲的。主席讲，我看还是小而全，可能还是小而不全。对每个行业、每个

---

① 《建国以来毛泽东军事文稿》下卷，军事科学出版社、中央文献出版社2010年版，第225—226页。

② 又称东京湾事件。1964年8月4日，美国宣称美军舰只在北部湾（又称东京湾）遭到越南民主共和国鱼雷艇袭击，并以此为借口于次日出动空军轰炸越南北方义安、鸿基、清化等地区。

③ 《毛泽东年谱（1949—1976）》第5卷，中央文献出版社2013年版，第382页。

④ 《毛泽东年谱（1949—1976）》第5卷，中央文献出版社2013年版，第391页。

⑤ 《周恩来军事文选》第4卷，人民出版社1997年版，第504页。

⑥ 《建国以来重要文献选编》第20册，中央文献出版社1998年版，第360页。

⑦ 《张爱萍军事文选》，长征出版社1994年版，第309页。

⑧ 《罗瑞卿军事文选》，当代中国出版社2006年版，第726页。

部门来说，就不能要求‘小而全’；对每个工厂、每个研究所来说，更不能要求‘小而全’。还要贯彻执行‘靠山、分散、隐蔽’的方针。新建项目要放在山沟里，不能堆在三线的大、中城市。说什么‘山、散、洞’，讲了很久，都是白讲。这几年，有几个工厂进了山？可以说基本上没有动，也可以说完全没有动。”[①] 罗瑞卿要求，国防口各部门调整一线、集中力量建设三线的规划，要赶快拿出来。

会后，国防工业办公室组织核、航空、航天、兵器、电子、船舶等国防工业部门的领导同志，成立了 10 个勘察选厂工作队，由国防工办副主任赵尔陆率领，历时两个半月时间，在全国 9 省 47 个地市区内，踏勘了 1499 个点，收集了各地区的地形地貌、河流山脉走向、水文地质、气象、地震情况、农业，工业、文化教育、交通运输、动力能源、建筑材料等大量资料。后经综合筛选，选中了适合国防军工、国家重点骨干企业的 682 个点，初步确定了国家“三线”建设的战略布局。随后，国防工办就三线建设的布局、厂址、动力、设计和施工等问题，展开了讨论，逐步形成了一些比较具体的想法。国防工办把这些想法整理成《关于三线建设的布局问题》《关于三线建设的厂址选择问题》《关于三线建设的动力问题》《关于三线建设的设计和施工问题》等四个专题文件陆续呈送中央。[②] 中共中央和毛泽东对这些建议，给予了很高的评价，并转发全党。[③]

1965 年 2 月 1 日，周恩来约赵尔陆等研究国防工业三线建设问题。次日，周恩来将国防工业办公室绘制的国防工业一、二、三线分布图呈送毛泽东审阅，并建议毛泽东约贺龙（时任中央军委副主席，国务院副总理）、罗瑞卿、赵尔陆在中共中央常委扩大会议上就国防工业的分布、部署问题做一次报告。[④] 国防工办提交了《关于安排一二线省、市后方建设的报告》，毛泽东、刘少奇等批示同意。[⑤]2 月 20 日，罗瑞卿向中共中央、国务院、中央军委报送了《关于国防工业在二、三线地区新建项目

---

① 《罗瑞卿军事文选》，当代中国出版社 2006 年版，第 725—726 页。

② 《建国以来毛泽东文稿》第 11 册，中央文献出版社 1996 年版，第 329—330 页。

③ 马京生：《上将赵尔陆》，《神剑》2005 年第 1 期。

④ 《周恩来年谱（1949—1976）》中卷，中央文献出版社 1997 年版，第 705 页。

⑤ 《邓小平年谱（1904—1974）》下卷，中央文献出版社 2009 年版，第 1848 页。

布局方案的报告》。该《报告》对国防工业在三线地区（部分在二线地区）建设项目的布局作了详细具体安排，计划新建25套生产基地。[①]《报告》说："根据毛主席的战略思想和中央军委有关三线建设的方针指示，国防工业各部门组织了勘察选址工作队。这次选址，基本上是靠山、进洞、离开城市，少占耕地，尽量不占良田，不迁居民。"[②]3月22日，毛泽东在武昌听取了周恩来的汇报，表示同意关于国防工业生产（包括小三线）的安排，并说安排时要准备今年就打仗。[③]26日，邓小平主持召开中共中央书记处会议，批准了国务院《国防工业办公室关于一二线省、市、区后方建设规划的报告》。[④]

按照规划，航空工业部停缓建一、二线项目，把地处一、二线大城市的企业有计划、有步骤地向三线搬迁。根据布局方案，航空工业将在三线地区新建六个航空制造厂，其中一个歼击机厂和一个空空导弹总装厂安排在××，在××建设一个直升机厂。兵器工业建设目标是从根本上改善兵器工业的布局，增强应变能力，建设起战时拖不垮、打不烂的兵器生产体系。实施步骤是：首先以××为中心建设生产基地，第二步在××建设生产基地。对一、二线工厂视情况进行必要的调整和搬迁。船舶工业部的规划方案是：在××进行船厂建设，在××分散建设船用柴油机、特辅机和仪器仪表厂。导弹工业部确定了按"型号为纲，地区配套"的原则，在三线地区新建几个导弹、火箭的研究、设计、生产基地。

这样，从1964年开始，国家在西北地区规划了航天工业、航空工业、常规兵器、电子和光学仪器等工业基地；在西南地区规划了以××为中心的常规兵器工业基地、以××为中心的航空工业基地，以及以××为中心的造船工业基地，[⑤]较快地形成了国防工业布局调整的总体部署。

---

① 《罗瑞卿传》，当代中国出版社2007年版，第252—253页。

② 《当代中国的船舶工业》，当代中国出版社1992年版，第89页。

③ 《毛泽东年谱（1949—1976）》第5卷，中央文献出版社2013年版，第487页。

④ 《邓小平年谱（1904—1974）》下卷，中央文献出版社2009年版，第1853页。

⑤ 薄一波：《若干重大决策与事件的回顾》，中共党史出版社2008年版，第845—846页。

三、国防工业后方基地的建设和国防工业战略布局的变化

1965—1967 年，在大规模的三线建设背景下，中国国防工业的建设布局主要向大西南地区展开，遍及 26 个省、市、自治区的地方军工建设（即小三线）也同时进行。1969 年珍宝岛事件后，来自北方的现实战争威胁日益凸显，这样就存在“三线变一线的问题”[①]，国防工业的建设布局相应有所调整，中原腹地更加受到重视，位于 ×× 等地的大型后方基地建设掀起高潮。国防工业的大规模建设和布局调整一直持续到 20 世纪 70 年代末。

兵器工业后方基地按照“中小型规模、专业化生产、采用新技术、加强地区协作”的方针进行具体布局和建设。[②]1965 年，中共中央批准了兵器工业规划组制定的以 ×× 为中心的兵器工业建设总体规划方案。[③]×× 常规兵器工业基地共 84 个项目，投资 14.1 亿元。[④]1966 年底，×× 常规兵器配套项目基本建成。从 1967 年起，兵器工业部又相继在 ××（以弹药和光学仪器为主体）、×× 进行了后方基地的建设。[⑤]在建设三线的同时，沿海和中原地区相继开展了地方军工即小三线的建设。1969 年 11 月，军委常规兵器领导小组制定了兵器工业 1970 年至 1972 年发展规划，以适应“大打”的需要为目标。兵器工业新建项目的布局也发生变化，按照军委统一部署，沿 ×× 兴建“三大基地”，即五四一基地（在 ×× 的坦克生产基地）、五三一基地（在 ×× 的火炮生产基地）、五四二基地（在 ×× 的装甲车辆生产基地），另规划了 ×× 基地等。到 20 世纪 70 年代末，三线地区的兵工企业在主要产品研制和生产能力方面都占全行业的一半以上，[⑥]兵器工业布局大为改善，满足了战备

① 《粟裕年谱》，当代中国出版社 2012 年版，第 435 页。
② 《当代中国的兵器工业》，当代中国出版社 1993 年版，第 393 页。
③ 《当代中国的兵器工业》，当代中国出版社 1993 年版，第 69 页。
④ 《当代中国的四川》（上），中国社会科学出版社 1990 年版，第 140—141 页。
⑤ 《当代中国的兵器工业》，当代中国出版社 1993 年版，第 396 页。
⑥ 《当代中国的兵器工业》，当代中国出版社 1993 年版，第 18 页。

需要。

根据国防工办定下的航空工业三线建设的地域范围，航空工业部成立专门小组进行实地考察，先后考察了成都、雅安、遵义、老河口、襄樊一带以及汉中地区，确定了以 ×× 为重点的建设地区。[①]9 个工厂、3 个研究所在三线开始动工兴建。上海、天津、南京等地的航空电器、灯具、降落伞、发动机附件等 6 个机载设备厂迁往内地。20 世纪 60 年代后期，航空工业重点建设了 ×× 的一些配套工厂和研究所。1970 年后，×× 的飞机工厂成为建设重点。10 年间，航空工业建设了 40 多个项目。航空工业不仅在东北、华北、华东有了比较强的生产能力，而且在中南、西南、西北等地建立起飞机制造基地，整体布局发生了重大变化。

船舶工业选定在川东地区建设造船和配套设备生产基地，在 ×× 建设潜艇、快艇和水面舰艇厂；在 ×× 布置柴油机及其配套厂；在 ×× 建设导航仪表厂。10 个研究所与有关专业设备厂，分别在 ×× 和 ×× 选址和建设。另外，在 ×× 建设 1 家快艇厂，在 ×× 建设 1 家造船厂和 1 家辅机厂，以加强华南地区的造船能力。1969 年，中央军委造船工业领导小组提出要在 ×× 尽快建立完整的船舶工业体系，决定在 ×× 地区建设造船和配套设备生产基地；在 ×× 建设船用机械生产基地；在 ×× 建设水中兵器生产基地。到 70 年代末，六机部的三线建设主要项目基本完成，开始为海军建造装备。船舶工业得以形成东北、华东、华南、中南、西南、西北地区的造船和配套设备生产基地，在布局上发生了重大变化，具有长远的战略意义。[②]

对于导弹、航天工业的战略布局，国防科委主任聂荣臻在 1964 年 7 月听取五院领导汇报工作时提出："目前导弹科研机构及工厂布局，又合理又不合理，说合理是因为历史发展逐步形成的；说不合理是要从战时着眼，长远考虑。布局上要一、二、三线，前后方结合。×× 地区一般不再新建，今后新建的设计、试验、试制、生产项目要摆到后方去，特别是大型设备。×× 主要是研究机构，在没有战争的情况下不向后搬。

① 徐昌裕：《为祖国航空拼搏一生》，航空工业出版社 2006 年版，第 174 页。

② 《当代中国的船舶工业》，当代中国出版社 1992 年版，第 89—90 页。

后方建设的重点是些关键性的工厂，设计、实验室，车间等。”[①] 七机部在详细勘察的基础上，制订了关于后方建设的方案，提交中央专门委员会审查，获得批准。根据这个方案，七机部三线基地的建设规模、建筑面积、设备的生产能力及技术先进性，都超过了一线既有研制基地的水平。[②] 在 ×× 建设大型液体燃料火箭基地（即 062 基地）作为当时最紧迫的任务，放在三线建设首位。按照一、二、三、四院“型号为纲，地区配套，对口包建”以及“小而分，专业化、大协作”的原则，[③] 二院负责对口建设的有 061 基地和 068 基地；三院对口建设的是 066 基地；负责固体燃料火箭发动机研制的四院（063 基地）几经周折，最终定位在 ××。与建设三线基地同时，七机部在 ×× 地区建设了中国另一个新的航天工业研制基地。随着空间技术研究院的建立，×× 的基地也得到了充实、加强。另陆续建设了 ×× 导弹试验基地、×× 导弹试验基地和 ×× 卫星发射中心。经过十多年的建设，形成了比较完整配套的航天工业体系，战略布局进一步改善。

根据中央工作会议和国防工业会议精神，二机部召开工作会议，专门研究了调整战略布局的问题。对核工业三线工厂厂址的选择，中央专委曾多次进行研究，国防工办和二机部领导人也曾深入现场勘察。此外，中央有关领导人还亲自过问，并到部分新厂厂址察看地形。二机部组织了 3 个选厂组，先后踏勘了 71 个县，234 个点。最后于 1965 年 5 月，经中央专委会讨论，原则批准了第一批项目的厂址和建设方案，确定了核工业三线各单位的布局。[④]1965 年 11 月，时任中共中央总书记的邓小平和李富春、薄一波等一起在成都听取了二机部负责人关于后方核工业基地选址问题的汇报，在了解到对新的铀浓缩厂厂址问题有不同意见后，他们在有关地方负责人的陪同下，亲自实地察看，确定了新厂址。[⑤]1969 年，位于 ×× 的第二个核武器研制基地（“九〇二工程”）初步建成，

---

① 《聂荣臻年谱》下卷，人民出版社 1999 年版，第 943 页。

② 《当代中国的航天事业》，中国社会科学出版社 1986 年版，第 47 页。

③ 王礼恒主编：《中国航天腾飞之路》，中国文史出版社 1999 年版，第 683 页。

④ 《当代中国的核工业》，中国社会科学出版社 1987 年版，第 70—71 页。

⑤ 《邓小平年谱（1904—1974）》下卷，中央文献出版社 2009 年版，第 1879 页。

九院[①]陆续从 ×× 搬迁至新基地。1969 年 7 月，面对来自北面的战争威胁，军委领导曾下令 ×× 的核燃料工厂在 1970 年内全部迁往三线，由于三线工厂尚未建成，中央专委后来取消了这个决定，同时要求必须抢建三线工厂。[②]20 世纪 70 年代初，核工业三线建设工程陆续建成投产。三线建设改变了核工业的战略布局，扩大了核工业的生产能力，提高了核工业的技术水平，增强了国防力量。实践证明，核工业三线建设的决策是正确的，各项建设基本上是成功的。[③]

四、结论

1964—1980 年，中国对包括核、航空、航天、兵器、船舶等行业在内的国防科技工业累计投资 193 亿元，初步建成了具有相当规模、门类基本齐全、科研生产教育相结合的国防科技工业体系。战略武器的科研、生产和试验设施大部分都建在了三线地区，三线地区常规武器的生产能力也占到全国的一半以上。[④]

国防工业的后方基地建设和战略布局调整，从总体上看是成功的，经过十多年的建设，在西南和西北地区建成了一批大型的生产、科研战略后方基地，研制、生产出一批部队急需的武器装备，对加强战备、巩固国防和发展内地、山区的经济、科技、文化等都具有重要意义。特别是 ×× 等 3 个国防工业基地的建设，对于国防工业的战略布局影响深远。×× 发展成为中国重要的兵器工业生产基地，其规模约占全国的 1/5；研制和配套生产出 40 多种比较先进的陆海空常规兵器及各种车辆。[⑤]以 ×× 为中心的航空工业生产基地成为中国歼击机和歼击机发动机研制生产的两大中心之一。×× 建设起了包括航空、航天、电子、核工

① 《邓小平年谱（1904—1974）》下卷，中央文献出版社 2009 年版，第 1879 页。

② 《周恩来年谱（1949—1976）》下卷，中央文献出版社 1997 年版，第 314 页。

③ 《当代中国的核工业》，中国社会科学出版社 1987 年版，第 73 页。

④ 于锡涛：《冷战背景下的“三线建设”》，《国家人文历史》2014 年第 18 期。

⑤ 《当代中国的四川》（上），中国社会科学出版社 1990 年版，第 389 页。

业等专业在内的企事业单位 100 多个。[①] 国防科技工业中所有的核工业、航空工业、电子工业、兵器工业、船舶工业、航天工业等部门，在 ×× 都建有厂、所。×× 常规兵器工业侧重于炮弹科研生产，航天工业则侧重于军事电子技术，在全国占有重要地位。[②] 三机部、七机部、四机部在 ×× 建设了三大生产科研基地，先后承担了国家许多重点工程的技术装备任务。×× 航空工业“异军崛起”发展成为一个专业化配套的，能独立进行科研、设计、生产的大型基地。[③] 十多年间建成的厂、所、院、校，使大西南地区基本上形成了一个门类较全的国防科研、生产基地。长远来说，这些对于改变中国国防工业布局有着重大意义。

但在“左”的思想指导下，在紧急战备中、动乱中搞建设，国防工业的后方基地建设（三线建设）在具体项目上也不可避免地存在一些问题：

（1）在建设布局上，过分强调靠山、分散、隐蔽、进洞，人为地影响了生产的合理组织和科研工作的正常开展，缺乏长期生存与发展能力。一些科研机构和生产企业一段时间后不得不迁回原址或另行选址，重新建设。

（2）建设规模过大，战线过长，布点过散，要求急，浪费大。1971 年航空工业建设项目达 100 多个，后来停缓建 28 个，损失达数亿元。常规兵器工业在 1970 年、1971 年两年间，建设投资 20 多亿元；从 1970 年到 1980 年共损失浪费了 9.36 亿元。[④]

（3）违反基本建设程序，有的新建项目厂址未经周密勘察，盲目动手设计，仓促动工建设，造成了严重后果。如七机部二院 ×× 三线基地建设（代号 068）工程规划项目达 16 个，总投资 3.8 亿元，[⑤] 却历时十年未能建成投产，在人力物力财力上造成了浪费。

---

① 《当代中国的陕西》，当代中国出版社 1990 年版，第 309 页。

② 《当代中国的陕西》，当代中国出版社 1990 年版，第 315 页。

③ 《当代中国的贵州》（上），中国社会科学出版社 1989 年版，第 336 页。

④ 《当代中国的兵器工业》，当代中国出版社 1993 年版，第 397—398 页。

⑤ 航天工业部第二研究院院史编委会：《航天工业部第二研究院大事记》，内刊 1987 年印，第 141 页。

（4）重复建设问题突出，严重浪费宝贵资源。如船舶工业在三线建设中，新建的一大批船用专业配套厂，多数是重复建设，且规模过大。

对于20世纪六七十年代中国国防工业布局的大规模调整，曾任军委副主席的刘华清上将评价："三线建设总的部署、布局和原则都是正确的。建设三线是一个伟大的战略措施。从最近爆发的海湾战争来看，我们过去建设三线是对的，是有利于战备的。当然，由于搞得急，在一些项目论证上、工厂选址上、单位布局上等，都存在一些问题，给生产、工作、生活带来许多不便。军队有些单位当时也是那样建设的，现在也反映出很多问题。但是，不管是国防科技工业也好，军队也好，存在的这些问题都是局部的，正在通过调整改造来解决，将会使三线更加完善，更好地发挥作用。"① 从20世纪70年代后期起，国家逐步对国防工业建设项目进行有计划、有步骤的调整改造，国防工业布局进一步完善，总体科研生产能力也迎来大幅提升的新阶段。

［原载《军事历史研究》2014年第4期］

① 《刘华清军事文选》下卷，解放军出版社2008年版，第124页。

激进与徘徊：中国航空工业代表团对西欧的首次出访及技术引进

1978 年 11 月 2 日至 12 月 23 日，三机部部长吕东率领中国航空工业代表团考察了西欧三国（联邦德国、法国、英国）的 45 家企业、科研机构和大学，这是新中国航空工业创建以来对西方发达国家航空业首次正式系统性的考察，对航空工业产生了积极而深远的影响。[①]通过这次考察，中国政府探索了与西欧三国开展军事航空合作的方法和途径，确定了航空工业具体的技术引进项目，促进了中国航空工业的对外开放和现代化发展。对于这个重要历史事件以及随后展开的军事航空技术方面的对外合作，目前仅在若干传记书籍和记述性的文章中有所涉及，[②]而研究性的论文并不多见。本文将散见于回忆传记与文章著述等中的相关资料加以搜集和梳理，对该历史事件的背景、过程和影响进行分析和探讨，总结改革开放以来中国引进先进军事技术的经验与教训，以期丰富中国军事航空工业发展史的学术研究。

---

① 中国航空工业史编修办公室：《中国航空工业大事记（1951—2011）》，航空工业出版社 2011 年版，第 203 页。

② 这方面的书籍和文章主要有叶正大：《新中国航空科技工作开拓者：叶正大将军回忆录》，航空工业出版社 2013 年版；孟赤兵等：《新中国航空工业主要创始人之一：段子俊》，北京航空航天大学出版社 2010 年版；孙肇卿：《西天取“睛”——歼 -7 M研发及出口经验总结》，《航空档案》2007 年第 5 期；辛文：《开放的大幕——中国与西方军用航空合作开端纪实》，《航空档案》2009 年第 5 期；屠基达：《逼上梁山背水一战——歼 7 M型飞机诞生记》，《航空档案》2005 年第 7 期；姬文波：《改革开放后中国与西方的军事技术合作》，《党史博览》2012 年第 6 期。

一、中国航空工业代表团出访西欧三国的背景

经过20多年的发展，中国航空工业基本建成了门类齐全的科研生产体系，并开始了从仿制走向自行研制的新阶段。到1977年底，航空工业已拥有部属企业113个，事业单位99个，职工41.2万多人，固定资产427356万元。[①]虽然在体量上中国的航空工业已初具规模，但是，在技术水平方面，中国航空工业却至少落后西方20年。[②]其原因除了我国航空工业的基础比较薄弱之外，最主要因素就是长时间的闭关锁国。国防工业，特别是航空工业，集中了许多技术密集型产业，其发展要有广泛的国际交流与合作才能实现，但是这种交流在“文革”中基本中断了。[③]20世纪六七十年代，正是世界航空技术飞速发展的重要时期。我国航空工业因此丧失了一次发展的机遇，把已经缩小了的技术差距又拉大了。[④]由于“文革”的影响，航空工业形成了科研落后、产品更新换代缓慢的被动局面，空军的主力航空装备“青黄不接”。中国航空工业同世界先进水平的差距越来越大。[⑤]

此时，来自北方的军事威胁日益加剧。特别是在空中力量上，实力对比更加悬殊。苏联在远东地区部署了1300多架战斗机，由于机种新型化，能力不断加强。[⑥]米格-23等第二代战斗机已成为苏联前线的主力作战机种，并出售给越南等国，在当时中苏、中越关系紧张的情况下，无疑对我国的安全构成了威胁。[⑦]特别是苏联新装备的苏-24战斗轰炸机和

---

① 中国航空工业史编修办公室：《中国航空工业大事记（1951—2011）》，航空工业出版社2011年版，第197页。

② 陈一坚：《我和“飞豹”：“飞豹”总设计师陈一坚自述》，航空工业出版社2010年版，第65页。

③ 《洪学智回忆录》，解放军出版社2007年版，第609—610页。

④ 周日新主编：《中国航空工业四十年》，航空工业出版社1991年版，第63页。

⑤ 《当代中国的航空工业》，中国社会科学出版社1988年版，第95页。

⑥ ［日］青木日出雄：《远东苏军实力》，军事科学院外用军事研究部译，战士出版社1983年版，第51页。

⑦ 师元光：《科研试飞英雄王昂》，航空工业出版社2018年版，第152页。

图-22M“逆火”式中型战略轰炸机，航程远、载弹量大、突防能力强，更是对中国腹地构成巨大威胁。而中国空军当时装备的主力战机仍然是歼 6（仿制米格-19），以及少量歼 7（引进、仿制米格-21）。这两型战机都属于苏联 20 世纪 50 年代的水平。空军在无现代化战斗机可用的窘境中，不得不提出“歼 6 万岁”的口号，急切要求装备能够全天候作战的新型飞机。而正在研制的歼7 Ⅲ（歼 7 大改）和歼 8[①] 两型战机，作战性能明显低于米格-23 飞机，不能满足空军的需求。[②] 由 611 所负责的歼 9 的研制工作始终停留在设计阶段，最终以下马告终。[③] 实际上，歼 9 到了后期也仍然没有脱离第二代的技术范畴，已经落后了。[④]601 所负责研制的歼 6 后继机——歼 13 的情况也大体类似。由于“文革”的影响，设计人员信息闭塞，思想观念落后，歼 13 的机载设备还不如国外 20 世纪 60 年代的战斗机。[⑤] 整整酝酿十年之久，总体方案都定不下来，不得不停止研制。[⑥]

空军装备和航空工业的落后局面引起中央领导的高度重视。主持中央军委工作的军委副主席邓小平明确指出，现代战争不能没有制空权，今后作战，空军第一。否则，什么仗都打不下来。邓小平强调，今后要重点发展航空工业和空军。军用外汇的分配、使用，重点是航空工业和装备。[⑦] 面对当时比较有利的国际环境，邓小平等中央领导积极主张引进国外的先进技术。1977 年 12 月，邓小平在同三、五、六机部负责同志谈话时明确表示，要承认落后，作为国防工业发展新的起点，必须引进西方国家的先进技术。[⑧]1978 年 3 月，邓小平在全国科学大会开幕式上的讲话中特别强调：认识落后，才能去改变落后。学习先进，才有可能赶

---

① 在空军主要领导坚决反对下，1979 年歼 8 白天型“连滚带爬”勉强定型。参见顾诵芬口述、师元光整理：《我的飞机设计生涯》，航空工业出版社 2011 年版，第 136 页。

② 师元光：《科研试飞英雄王昂》，航空工业出版社 2018 年版，第 152—153 页。

③ 王南寿：《沉重的翅膀——歼 9 夭折内情回顾》，《航空档案》2006 年第 11 期。

④ 编辑部特别报道：《回忆与思考——王南寿总师访谈录》，《航空档案》2006 年第 11 期。

⑤ 顾诵芬口述、师元光整理：《我的飞机设计生涯》，航空工业出版社 2011 年版，第 162 页。

⑥ 王树棕等：《凤舞蓝天：记中国工程院院士杨凤田》，航空工业出版社 2011 年版，第 74 页。

⑦ 《邓小平军事文集》第 3 卷，军事科学出版社、中央文献出版社 2004 年版，第 153 页。

⑧ 中央军委办公厅：《邓小平关于新时期军队建设论述选编》，八一出版社 1993 年版，第 151—152 页。

超先进。独立自主不是闭关自守，自力更生不是盲目排外。[①]

1978年6月12日，军委常委、副总理王震和军委秘书长罗瑞卿主持召开新机研制的专门会议。国务院、总参谋部、国防科委、空军、海军以及三机部、四机部等单位的领导参加会议。罗瑞卿在会上明确强调："这十年发展方针，海、空军装备，优先发展空军。要集中力量搞空军。"[②]罗瑞卿指出："要争取引进先进技术，什么洋奴哲学，要打括号。总是要承认落后，无非是要搞得快一些。"[③]罗瑞卿提出，要派懂技术的人出国考察。

1978年6月26日和27日两天，三机部部长吕东和空军司令张廷发奉命向邓小平以及国务院、中央军委领导详细汇报了航空工业和空军的情况。邓小平在听取汇报后明确指出：歼6确定为第一代，歼7大改确定为第二代，同时搞歼8，技术过了关，算第三代，第四代考虑引进。[④]邓小平还提出，可以买一些鹞式飞机，第四代飞机考虑引进幻影2000和"狂风"战斗机。[⑤]邓小平强调：今后谈判引进问题，空军、三机部、研究机关要组织一个专门小组，从头到尾负责到底。[⑥]

6月下旬，华国锋主持中共中央政治局会议，听取谷牧副总理赴西欧五国考察之行[⑦]的情况汇报。汇报后，到会的中央领导同志展开了热烈的讨论。李先念认为，组织人员出国考察是个很重要的调查研究方式。他非常赞成引进西欧的先进技术。[⑧]叶剑英从战略角度提出了我国与西欧合作的可行性和重要性。聂荣臻则态度坚决地表示，引进西方先进技术一

---

① 《邓小平文选》第2卷，人民出版社1994年版，第91页。

② 《罗瑞卿军事文选》，当代中国出版社2006年版，第783页。

③ 《罗瑞卿军事文选》，当代中国出版社2006年版，第784页。

④ 中国航空工业史编修办公室：《中国航空工业大事记（1951—2011）》，航空工业出版社2011年版，第200页。

⑤ 孟赤兵等：《新中国航空工业主要创始人之一：段子俊》，北京航空航天大学出版社2010年版，第101页。

⑥ 《邓小平年谱（1975—1997）》（上），中央文献出版社2004年版，第333页。

⑦ 1978年5—6月由当时的国务院副总理谷牧任团长的中国代表团正式访问法国、瑞士、比利时、丹麦、联邦德国等西欧五国。回国后，谷牧写了长篇报告：《关于访问欧洲五国的情况报告》。

⑧ 《李先念年谱》第5卷，中央文献出版社2011年版，第621页。

事，不要光议论了，应当马上决定下来。[①] 邓小平专门找了谷牧谈话，并表示要下决心抓紧时间搞好引进这件事。[②]

为落实中央决策，王震主持召开中央军委科学技术装备委员会会议，研究军工口的规划和技术引进问题，国防科委主任张爱萍谈了规划想法、引进目标，会议进行了讨论。[③] 作为军委常委和主管国防工业的副总理，王震特别强调要抓住时机，通过各种途径和方式，努力引进国外先进技术，促进国防工业的发展和新型军事装备的研制。[④] 随后，张爱萍与军委科装委办公室主任刘华清商量，按照王震的要求，由国防科委系统对引进项目和规划进行总体研究。刘华清主持军委科装办会议，研究引进项目用汇事宜，听取了三机部、四机部、五机部、第八机械工业总局等单位对用汇问题的具体意见。[⑤]

1978 年 7 月 12 日，三机部向军委上报了《关于航空工业技术引进规划的报告》，该《报告》提出了 107 项，约 34 亿美元的庞大的拟引进项目，包括美国或西欧国家先进战斗机制造专利（首选 F15 和 F16 战斗机，其次幻影 2000 和“狂风”战斗轰炸机等）；引进英国或法国先进的航空电子系统改装歼 7；引进先进的空空导弹以及科研试验设备和仪器等。[⑥] 在审议《报告》时，刘华清代表军委科装委表示：军口研究后不同意引进“狂风”，因为它的发动机比“斯贝”发动机性能差很多，“斯贝”发动机的专利我们已经买了，而且买了一些发动机成品，大家意见还是研制歼轰 7。[⑦] 随后，三机部对引进规划进行了调整，将引进规划所需外汇减为 12.6 亿美元。[⑧] 随后，军委向中央上送了军队引进项目的具体清单。邓小平主持召开了关于军队引进国外先进技术问题座谈会，原则上同意军队的引进项目。至此，中央对航空工业等部门引进西方先进技术的决策基本落定。

---

① 《谷牧回忆录》，中央文献出版社 2009 年版，第 327 页。

② 《邓小平年谱（1975—1997）》（上），中央文献出版社 2004 年版，第 335 页。

③ 《刘华清年谱（1916—2011）》上卷，解放军出版社 2016 年版，第 288 页。

④ 孙兴盛：《改革开放之初的王震》，《党政论坛》2009 年第 4 期。

⑤ 《刘华清年谱（1916—2011）》上卷，解放军出版社 2016 年版，第 288 页。

⑥ 淡然：《机殇：歼 7 Ⅲ的发展经过与反思》，《航空档案》2007 年第 5 期。

⑦ 《刘华清年谱（1916—2011）》上卷，解放军出版社 2016 年版，第 288 页。

⑧ 淡然：《机殇：歼 7 Ⅲ的发展经过与反思》，《航空档案》2007 年第 5 期。

二、航空工业代表团对西欧三国的考察访问

对于引进西方先进技术，航空工业内部并非没有不同意见。当年引进“斯贝”发动机时，争论就很大。为落实中央的决策部署，三机部领导层必须首先要统一思想，正确处理好独立自主与引进外国先进技术的关系。

三机部新任部长吕东思想开阔，重视科研，对引进国外先进技术持积极务实的态度。他强调首先要从思想上厘清是非，去除障碍。吕东在担任三机部部长不久，就在会议上明确提出：要通过深入揭批“四人帮”，分清路线是非，弄清思想。重点是把路线是非搞清楚。例如：质量是不是个路线问题，科学研究工作是不是要先行的问题，独立自主、自力更生与引进新技术、洋为中用的关系问题等。[①]吕东强调，航空工业要坚持科研领先。坚持科研走在生产建设前面的方针。为了加快航空科学技术的发展，一定要遵照毛主席的指示：“我们必须打破常规，尽量采取先进技术。”要以当代世界先进水平为起点。首先，要大力加强自己的科学研究基础和科学研究工作。为了加快航空科学技术的发展，还必须把国外的先进科学技术学到手。为此要派人出国考察。对国外的先进技术装备、机种，特别是加强航空科研必需的科学技术和研究实验设备，看准了的，要继续引进。[②]

1978 年 7 月 22 日至 8 月 2 日，航空科学技术工作会议在天津召开。这是中国航空工业发展史上一次具有重要战略意义的会议。会议明确提出了科研先行的方针，促进了航空工业从重点抓成批生产向重点抓科研和新飞机的战略转变。[③]会议还特别提出：正确处理学习外国与自己独创的关系，打破闭关自守的状态，在自力更生的基础上积极引进外国先进

---

① 《吕东经济文集》，冶金工业出版社 1995 年版，第 186 页。

② 《吕东经济文集》，冶金工业出版社 1995 年版，第 189 页。

③ 中航工业编史办供稿：《吕东——为航空工业“拨乱反正”》，《中国航空报》2011 年 4 月 16 日。

技术，提高航空科技发展的起点。[①] 不久，三机部制定了 1978 年至 1985 年的《航空工业科学技术发展规划纲要》。[②] 该《纲要》确定了高推重比发动机、先进火控技术、机载设备电子技术等八项关键课题。其奋斗目标是：到 1985 年，航空科研的大部分领域要接近、赶上 20 世纪 70 年代世界先进水平；把航空科研与世界先进水平的差距缩短到十年左右。[③]《纲要》还提出要加强技术引进和国际航空技术交流和合作，并列出了 1985 年前引进的重点。[④]

三机部主要领导认为，必须迅速、坚决地打破航空工业“闭关锁国”的局面，走国际合作之路。[⑤] 根据中央领导关于航空工业要大力进行技术引进工作的指示，1978 年 6 月，吕东决定成立技术引进领导小组，由段子俊、陈少中、油江三位副部长负责。段子俊受吕东部长委托，亲自抓技术引进工作。[⑥] 三机部党组决定组团到西方先进工业国家考察。一是看航空工业的制造和科研水平；二是看军民产品的结合；三是看现代化工业管理。

1978 年 8 月，三机部党组向国防工办、国务院呈送《建议派出我航空工业代表团去西欧三国的请示报告》，建议由吕东任团长，率领航空工业代表团，于 1978 年 10 月下旬或 11 月初去联邦德国、法国和英国访问一个半月至两个月。主要任务是考察先进战斗机和武装直升机，以及空空、空地导弹和电子火控设备等；了解西欧航空科学研究的现状与发展趋势以及航空工艺和生产管理问题。[⑦]8 月 23 日，王震副总理批示同意。

11 月 2 日，吕东部长率领由 25 人组成的中国航空工业代表团出访西

---

① 《当代中国的航空工业》，中国社会科学出版社 1988 年版，第 96 页。

② 中国航空工业史编修办公室：《中国航空工业大事记（1951—2011）》，航空工业出版社 2011 年版，第 202 页。

③ 《回忆与思考——刘鸿志回忆录》，航空工业出版社 2010 年版，第 214—215 页。

④ 徐昌裕：《为祖国航空拼搏一生》，航空工业出版社 2006 年版，第 295 页。

⑤ 孟赤兵等：《新中国航空工业主要创始人之一：段子俊》，北京航空航天大学出版社 2010 年版，第 105 页。

⑥ 孟赤兵等：《新中国航空工业主要创始人之一：段子俊》，北京航空航天大学出版社 2010 年版，第 112 页。

⑦ 孟赤兵等：《新中国航空工业主要创始人之一：段子俊》，北京航空航天大学出版社 2010 年版，第 105 页。

欧三国。代表团集中了航空工业各方面的专家，还包括三机部三位副部长以及国务院国防工办和海军航空兵的领导。

联邦德国是代表团考察访问的第一站。11 月 3 日至 15 日，中国航空工业代表团考察了德国航空航天研究院总部和亚琛大学、不来梅福克公司、汉堡 MBB 分厂、申克公司、慕尼黑 MTU 发动机公司、奥托布伦达 MBB 工厂、多尼尔公司等。MBB 是“狂风”战斗机的生产厂商，对接待中国代表团表现积极、态度友好。MBB 请中国代表团参观了“狂风”战斗机的保密油漆车间和全金属样机，但对飞机交易回避不谈。

法国是代表团考察访问的第二站。法国政府对中国代表团的访问高度重视。11 月 21 日至 12 月 6 日，在法国国防部装备部和航空总署官员陪同下，中国航空工业代表团访问了达索飞机公司、斯奈克玛发动机公司、汤姆森微电子公司、达索公司波尔多总装厂、空客公司总部、法国航空试验中心、法宇航直升机分部、克鲁泽导航设备公司、马特拉导弹公司、法国基础科学研究院以及萨吉姆惯导公司、萨克雷发动机高空试验台。达索公司总裁瓦利埃向吕东部长推销幻影 F1 飞机，并表示目前幻影 2000 尚在试飞阶段，谈合作为时尚早。法国国防部装备部与代表团举行了两次会谈。法国国防部对两国在民用飞机方面的合作表示支持，并提议中方与法国政府先签署一份航空合作协议书，然后再具体洽谈军用航空合作项目。[①]

中英的航空合作领先于其他西方国家。在叶剑英、李先念等中央领导支持下，1975 年 12 月，中英签订了中国引进“斯贝”发动机的专利合同。后来，中央安排王震主抓“斯贝”的引进和研制工作。王震对此项目非常支持。[②]在航空工业代表团访英前夕，1978 年 11 月 6 日至 17 日，王震访问了英国。访英期间，王震参观了英国宇航公司、罗尔斯·罗伊斯（简称“罗罗”）发动机公司、拉特克里夫发电站、英国造船公司、马可尼公司、国际计算机公司、法兰蒂公司等工业单位。随同王震出访的军委科装办主任刘华清还单独参观了鹞式和鹰式飞机的部分生产和装备

---

① 辛文：《开放的大幕——中国与西方军用航空合作开端纪实》，《航空档案》2009 年第 5 期。

② 《新中国航空科技工作开拓者：叶正大将军回忆录》，航空工业出版社 2013 年版，第 312 页。

流程及鹞式飞机的表演，并向英方提出十几个引进技术和购买军工产品的项目。[①]王震对航空工业代表团的考察情况非常关心，在回国途中，专门听取了吕东等人的汇报。[②]这样，航空工业代表团对英国相关方面的情况就更加清楚了。12 月 7 日，代表团抵达英国。英方对这次访问高度重视，积极主动促成中英航空项目合作，举行了有百余家厂商参加的招待会。英国外贸部、工业部和国防部与航空工业代表团进行了会谈，英国外贸大臣主动表示，双方可先签署一个航空项目合作协定草案，吕东表示，待参观以后再商议。[③]12 月 8 日至 20 日，中国航空工业代表团先后参观考察了法兰蒂公司、EMI 电子公司、英国宇航公司、罗罗发动机公司、马丁－贝克公司、英国国家燃气轮机研究院、马可尼公司以及克兰菲尔德大学、皇家航空研究院等。代表团与英国厂商签订了十多项初步协议。

在 50 多天里，中国航空工业代表团考察访问了联邦德国、法国和英国三国的 4 所大学、9 个研究所和 32 家工厂，包括了几乎所有主要航空科研机构和主要飞机、发动机制造公司。通过考察，代表团开阔了眼界，看清了差距。吕东表示："对比之下，我们是大大地落后了。""我们航空工业的全体同志应当立下雄心壮志，加快产品更新"，"这是关系到缩短与世界各国先进水平差距的重大战略问题"。西方航空工业的科研成果和手段引发了部长们深深的思考。三机部领导更加明确了航空工业要高度重视科学技术研究和科研基础设施的建设，要把新产品研制放在重要地位。[④]

这次考察，对中国航空工业的发展产生了积极而深远的影响。以此为开端，中国航空工业开始广泛与世界各国接触。

回国后，代表团专门召开了对西欧三国航空工业的考察情况汇报会，引起了很大反响。1979 年 1 月 6 日，三机部党组向中央上报了《航空工业代表团访问西欧三国情况汇报》。报告建议：引进先进的机载设备改进我国的歼 7、歼 8 战斗机并争取合作研制第三代作战飞机；合作生产民

---

① 《刘华清年谱（1916—2011）》上卷，解放军出版社 2016 年版，第 297—298 页。

② 《刘华清年谱（1916—2011）》上卷，解放军出版社 2016 年版，第 297 页。

③ 辛文：《开放的大幕——中国与西方军用航空合作开端纪实》，《航空档案》2009 年第 5 期。

④ 周日新等：《航空春秋》，航空工业出版社 2001 年版，第 255—256 页。

用飞机以出口创汇；同时要引进关键科研实验设备、加强交流互访并向西欧三国有关院校派出研究生。[①]

三、中国航空工业与西欧三国谈判的主要合作项目

在中国航空工业代表团结束访问回国之际，1978 年 12 月 22 日，中共十一届三中全会在北京闭幕，这次会议实现了新中国成立以来党的历史上具有全局性的、根本性的伟大转折，以此为开端，开启了改革开放历史新时期。

1979 年 1 月 18 日，吕东、段子俊向邓小平和王震汇报了对西欧三国航空工业的考察情况和希望引进的项目。邓小平指出，目前引进技术关键的问题是要抢时间，而且要全面系统地引进。邓小平特别提道："武钢一米七轧机就是例子嘛！说这个中国也能搞，那个也能搞，不买，结果是浪费了钱，浪费了时间，最后还得向外国买。"[②]1979 年 2 月，邓小平、王震等批示同意了《航空工业代表团访问西欧三国情况汇报》。三机部和有关部门立即着手对西欧三国的技术引进工作。

英国是军用航空技术合作的重点对象。在访问期间，代表团已与有关公司初步商谈引进英国的电子火控设备，以改装歼 7、歼 8 飞机。1979 年，我国成立了总参、国防工办、三机部、四机部以及由空军海军组成的歼 7、歼 8 改装领导小组，由三机部副部长段子俊和空军副司令曹里怀任正、副组长，中央由王震直接抓。[③] 中英双方前后进行了十轮谈判，历时 16 个月。王震感到歼 7 引进改装的谈判进行太慢，发了脾气。[④]1980 年 6 月底，中国航空技术进出口公司（简称"中航技公司"）与英国马可尼、史密斯、法兰蒂三家公司签订了购买机载雷达、平视仪

---

① 孟赤兵等：《新中国航空工业主要创始人之一：段子俊》，北京航空航天大学出版社 2010 年版，第 107 页。

② 中央军委办公厅：《邓小平关于新时期军队建设论述选编》，八一出版社 1993 年版，第 155—156 页。

③ 屠基达：《淡墨集——飞机设计师屠基达自述》，航空工业出版社 2010 年版，第 144 页。

④ 屠基达：《淡墨集——飞机设计师屠基达自述》，航空工业出版社 2010 年版，第 140 页。

等七项电子设备及其部分生产许可证，用于改装歼 7 飞机的合同。合同总价 3700 万英镑。[①]1980 年 7 月 31 日，中国政府批准上述合同。9 月 1 日，合同正式开始执行。但就在此时，因国民经济调整，12 月 23 日，张爱萍副总理（接替王震出任主管国防工业副总理）召开会议，决定撤销歼 7 引进改装项目合同。为避免损失，在陈少中副部长和 132 厂总工程师屠基达等争取之下，上级同意将引进的电子设备先装在出口型歼 7M 上。通过艰苦努力，成都飞机制造公司完成了两亿多美元的出口合同。歼 7M 飞机很快成为我国出口的主要机种之一，博得用户好评。[②] 在王震支持下，空军曾希望引进鹞式飞机。军委科装办为王震同英国谈引进鹞式飞机做了相关的准备工作，并开会研究了飞机的引进问题。[③] 聂荣臻认为："少买几架是可以的。但军工产品必须设法买他的专利，立足于自己制造，不能受制于人。希望谈判时注意这个问题。"[④] 但最终引进鹞式飞机的计划还是被放弃了。

中法两国在航空领域的一个重要合作项目是引进"海豚"直升机生产制造技术。由于法方态度积极，中法关于引进法国"海豚"365N 型直升机的谈判比较顺利。1980 年 10 月 10 日，中法两国政府批准了相关协议。"海豚"直升机（中国称直 9）的引进，使中国在直升机制造技术上实现了从 20 世纪 50 年代水平向 80 年代水平的质的飞跃。[⑤] 幻影 2000 一直是空军和三机部重点关注并希望引进的先进战机。法方也非常希望向中国出口幻影 2000 飞机。1981 年，法国达索公司向中国空军和航空工业部门专门举办了幻影 2000 推介会。推介会后，中国空军向法方提出要求考察达索公司和幻影 2000 战斗机，并要求试飞该机，以体验其使用性能，法方对中国的要求表示同意。[⑥]1982 年 6 月，空军副参谋长姚峻率领代表团到法国对幻影 2000 进行详细考察，代表团由空军和航空工业等相

---

① 周日新：《中国航空工业四十年》，航空工业出版社 1991 年版，第 63 页。

② 周日新：《中国航空工业四十年》，航空工业出版社 1991 年版，第 63 页。

③ 《刘华清年谱（1916—2011）》上卷，解放军出版社 2016 年版，第 30、312 页。

④ 《聂荣臻年谱》下卷，人民出版社 1999 年版，第 1150 页。

⑤ 《当代中国的航空工业》，中国社会科学出版社 1988 年版，第 218 页。

⑥ 袁新立：《一路前行：飞机设计专家李明》，航空工业出版社 2012 年版，第 80 页。

关部门的人员组成。空军特级飞行员葛文墉和蒋德秋对幻影 2000 进行了多架次试飞。[①] 葛文墉对该机的性能给予了高度评价，回国后他坦率地向我国的资深飞机设计师表示，我们的飞机差得实在太远。[②]1982 年 8 月 6 日和 21 日，三机部和空军分别向军委科装办汇报了考察幻影 2000 飞机的情况。[③] 空军根据在法国的考察情况，向中央军委上报了采购幻影 2000 飞机的报告。[④] 空军希望购买幻影 2000，尽快改善空军主战装备的落后局面。1982 年 9 月 3 日至 13 日，国防科工委科技委副主任叶正大组织了军方、三机部等有关方面的专家，对是否引进幻影 2000 进行论证。会上提出了四种引进方案。决定性的意见认为：飞机性能确实很好，但部队要使用，就要有地面设备，还有配套、维护问题，一共要花 200 亿—300 亿元人民币，于是国防科工委以经费难以支持、法方又不提供技术为由，给国务院、中央军委写了报告，不同意引进幻影 2000。[⑤] 引进幻影 2000 的努力就此终止。

在引进“狂风”战斗机的计划被放弃后，三机部希望与联邦德国 MBB 公司等合作研制歼击轰炸机。1979 年 2 月，联邦德国 MBB 公司董事长马特隆访问中国，段子俊与他进行了会谈；同年 7 月段子俊又率团赴联邦德国 MBB 公司考察和谈判，探讨合作研制歼击轰炸机的问题。[⑥] 王震特意叮嘱段子俊：“我们与西欧比，在技术水平上应当承认差一段。我们要请德国人来合作。你们这次去西德考察的人，与德国谈合作，思想要打开一点，要争口气，突破禁区，多出主张，与其他行业引进做些比较。思想要解放，搞现代化一点也不能对付，土洋结合只能在农村。”[⑦] 尽管中德双方都有良好的合作意愿，但共同研制歼击轰炸机的谈判却没有

---

① 葛文墉：《飞行札记》，蓝天出版社 2004 年版，第 324 页。

② 顾诵芬口述、师元光整理：《我的飞机设计生涯》，航空工业出版社 2011 年版，第 166 页。

③ 《刘华清年谱（1916—2011）》上卷，解放军出版社 2016 年版，第 414—415 页。

④ 袁新立：《一路前行：飞机设计专家李明》，解放军出版社 2016 年版，第 82 页。

⑤ 《新中国航空科技工作开拓者：叶正大将军回忆录》，航空工业出版社 2013 年版，第 322—323 页。

⑥ 孟赤兵等：《新中国航空工业主要创始人之一：段子俊》，北京航空航天大学出版社 2010 年版，第 112 页。

⑦ 《王震传》，人民出版社 2008 年版，第 578 页。

成功。德方要价 21 亿元人民币。这个价格是世界上研制新型飞机的基本水平，不算高。但当时中国一年全部科研经费不过几十亿元。“飞豹”最后研制费 10 亿元人民币。王震听完汇报后表示：“别的还可以讨论，就这一条我也爱莫能助，国家哪有这么多钱。”[①] 虽然中德联合研制歼击轰炸机的计划搁浅，但“飞豹”总设计师陈一坚在与 MBB 公司的谈判过程中，了解了飞机设计的美式技术规范，深感我国长期遵循的苏式技术规范的落后，遂力排众议，毅然采用美式技术规范 MIL–A–8860 系列作为“飞豹”飞机的主要设计规范，从此中国新机研制走上了新的路径。此后，在 MBB 公司提议下，中德双方决定联合研制 70 座级的喷气式支线客机 MPC–75 飞机。该项目是我国航空工业与外国制造公司从可行性研究开始，进行飞机制造全过程合作的第一个项目。[②] 可惜由于种种原因，最终 MPC–75 项目中途夭折。

四、结论

首先，与西欧三国的航空技术合作取得了丰硕成果。在我国航空工业的发展过程中，引进国外生产技术的项目不少，但有的项目从酝酿阶段开始就出现分歧和争论，甚至在引进后还在争论，比较典型的像“斯贝”发动机。[③]1983 年初，在航空部企业领导干部会议上，主管国防工业的领导在讲话中对“斯贝”发动机、马可尼公司的航电以及“海豚”直升机这三大引进项目提出了强烈批评。[④] 从后来这几个项目的执行效果看，这些引进项目都发挥了很大作用，取得了成功。“斯贝”发动机作为“飞豹”歼击轰炸机的配装发动机，对“飞豹”的研制成功并批量装备部队迅速形成战斗力，起到了不可或缺的作用。“斯贝”引进决策在执行中的

---

① 陈一坚口述，刘宇辉执笔：《我和“飞豹”：“飞豹”总设计师陈一坚自述》，航空工业出版社 2010 年版，第 66—67 页。

② 中国航空工业史编修办公室：《中国航空工业大事记（1951—2011）》，航空工业出版社 2011 年版，第 273 页。

③ 柯德铭等：《旋翼风雷——亲历“海豚”直升机技术引进过程》，《航空档案》2009 年第 8 期。

④ 屠基达：《淡墨集——飞机设计师屠基达自述》，航空工业出版社 2010 年版，第 160 页。

主要失误在于发动机的使用问题没有解决好，影响了这一引进项目的技术经济效益的充分发挥。[①] 歼 7M 型飞机则成为我国军机出口的支柱，并获得国家科技进步一等奖。[②]“海豚”直升机的引进，使我国直升机研制水平实现了跨越式发展，直 9 直升机国产化水平不断提高，并发展出多个系列，包括我国第一代武装直升机。直 9 还出口到 11 个国家。[③] 实践证明，与西欧三国的合作大大提升了中国航空工业相关领域的技术水平，为中航工业后来的迅速发展奠定了一定基础，是非常成功的。

其次，正确处理了技术引进与自主发展的关系。20 世纪 80 年代初，中央军委对于近期内武器装备的发展方针作出决定，重申了自力更生的方针和常规武器装备应首先发展陆军武器装备的原则。明确新型武器装备的研制，主要依靠自力更生，必要时引进部分先进技术的方针。[④] 国防工业的领导也提出了对外合作应遵循的原则。聂荣臻指示："买外国的武器装备，不要只买实物，一定要注意买专利，为自行设计制造服务。"[⑤] 张爱萍多次表示："我们现在的基础是很不错的"，"有些东西可以自己搞，就下决心搞，不要出去买"[⑥]，"引进技术是为了改进和发展我们自己的装备，但没有很好地执行，总是想要人家的新东西，另起炉灶，向国外订这个项目，订那个项目，而对我们的东西改进不大"[⑦]。他批评道，一些国防项目"自己搞得过急了，和外国人搞的东西也过急了"。[⑧] 中航工业在与西欧三国的航空技术合作中，较好地解决了自主研制与引进先进技术的辩证关系，积极消化吸收引进的先进技术，并在此基础上均有所创新和发展。歼 7 系列出口飞机的发展和直 9 直升机的迭代升级，就是最好的例子。购买许可证生产这种引进方式，可以在较短时间内给空军提供急需的先进的战斗机，但遭到了普遍的反对，认为违背了自力更生的原则。

---

① 《当代中国的航空工业》，中国社会科学出版社 1988 年版，第 273 页。

② 屠基达：《淡墨集——飞机设计师屠基达自述》，航空工业出版社 2010 年版，第 162—163 页。

③ 刘丹：《领航军民融合打造"哈飞模式"》，《中国航空报》2018 年 7 月 26 日。

④ 《当代中国的国防科技事业》（上），当代中国出版社 1992 年版，第 131 页。

⑤ 《聂荣臻年谱》下卷，人民出版社 1999 年版，第 1148 页。

⑥ 《张爱萍军事文选》，长征出版社 1994 年版，第 354 页。

⑦ 《张爱萍军事文选》，长征出版社 1994 年版，第 353 页。

⑧ 《张爱萍军事文选》，长征出版社 1994 年版，第 373 页。

这个问题应全面客观地分析。在引进幻影 2000 的计划被否决十年之后，对于是否引进苏-27 生产线，在军队和航空工业内部再次展开了争论。反对的原因是苏-27 引进的是生产许可证，主要是制造技术方面的问题，以引进设备、生产线为主。[①] 设计资料一概不卖。[②]

最后，改革开放初期中国航空工业引进项目虽然取得了不少成果，但中国与西欧三国的航空合作的规模仍比较有限。第一个原因是资金问题，在国家总体贫困的情况下，中国航空工业引进项目的规模必然大大受限。当时的西欧发达国家，剩余资金很多，为推动对华项目合作，愿意提供相对优惠的融资条件。但在改革开放初期，由于各种主客观条件的限制，技术引进的步伐不可能太大。第二个原因是中国军方认为，“当今世界上的先进技术，还是苏联与美国掌控”[③]。在中美建交，两国军队的关系日益改善，安全合作不断加强的背景下，开展与美国的军事技术合作成为军方的优先选择，例如歼 8 飞机的改装。这样，在相近的条件下，与欧洲国家的军事技术合作自然排在第二选项。第三个原因是与美国军工企业广为联系的以色列国防公司积极参与对中国出口先进的军事技术，与西欧三国的航空企业形成了竞争。中国军方认为，“要寻找机会，打通苏美的关系。一个方面不行，可以从另一个方面来做工作”。[④] 以色列的有关公司，由于具有特殊的背景和条件，积极充当了这个角色。自 1979 年起，埃森贝格集团就频繁访问中国，与中国军方就“对外合作工程”展开会谈。1979 年 9 月，邓小平召开专门会议，研究与埃森贝格集团谈判引进装备技术问题。会议同意了通信系统、雷达系统、飞机自卫系统、电子系统项目等大项目的引进。[⑤] 此后“对外合作工程”（即“三七”工程）不断扩展，成为改革开放以后军事技术方面一次系统性技术引进，也是

---

① 《朱育理回忆录》（初稿），转引自师元光：《科研试飞英雄王昂》，航空工业出版社 2018 年版，第 226 页。

② 徐德起：《情志蓝天——记航空气动专家、中国科学院院士李天》，航空工业出版社 2011 年版，第 68 页。

③ 《刘华清年谱（1916—2011）》上卷，解放军出版社 2016 年版，第 354 页。

④ 《刘华清年谱（1916—2011）》上卷，解放军出版社 2016 年版，第 354 页。

⑤ 《刘华清年谱（1916—2011）》上卷，解放军出版社 2016 年版，第 317 页。

最有成效、影响深远的对外项目。[①] 与美国军事技术颇有渊源的以色列国防公司还积极向中国空军出口新型空空导弹等武器技术，并愿意提供最先进的技术参与中国第三代战斗机的研制。由于以色列等国的公司开出了更好的条件，并得到中国军方的青睐，西欧国家的有关产品和公司在竞争中逐渐处于下风。

改革开放初期，中国航空工业引进项目占了“天时、地利、人和”的有利条件：所谓天时，指有利的国际国内政治环境和政策措施；所谓地利，是西方发达国家和航空企业都清楚，中国的航空市场潜力巨大，争相进入并拓展这个市场；所谓人和，主要是从中央领导到航空工业干部群众，对我国航空工业水平落后的面貌认识一致，并迫切要求改变状况。在吕东部长率领中国航空工业代表团出访联邦德国、法国、英国之后，中国航空工业对外合作打开了局面。多种渠道、多种形式引进国外先进技术，开展国际科技合作，使中国航空工业在许多领域收到了博采众长、提高起点、推陈出新、加快发展的效果。[②]

［原载《军事历史研究》2019 年第 3 期］

① 《刘华清年谱（1916—2011）》上卷，解放军出版社 2016 年版，第 314 页。

② 《当代中国的航空工业》，中国社会科学出版社 1988 年版，第 118 页。

改革开放后中国与西方的军事技术合作

中华人民共和国成立后，以美国为首的西方国家对中国采取了军事封锁和经济遏制。朝鲜战争爆发后，中国军队赴朝参战。1950 年 12 月，美国商务部宣布中国为“敌对国家”，并按照美国《1949 年出口管制法》，将中国列入全面禁运的 Z 组。1952 年，巴黎统筹委员会（又称“输出管制统筹委员会”）成立专门的中国委员会，设立“中国禁单”，即对中国贸易的特别禁单。该禁单所包括的项目比对苏联和东欧国家所适用的“国际禁单”项目多 500 余种。1972 年，美国总统尼克松访华，中美关系改善，美国对华技术禁运有所松动，但中美军事关系仍然停滞不前。1978 年 12 月，中共十一届三中全会召开，中国确定了改革开放的基本国策。1979 年 1 月，中美正式建交，中国与西方国家的安全关系不断扩展深入，军事技术合作迅速展开。

一、中央对与西方国家军事技术合作的基本政策和态度

20 世纪 70 年代末 80 年代初，中央虽然估计到战争风险有所减弱，但对军队建设仍非常重视。1977 年 12 月 28 日，邓小平在中央军委全体会议上强调：“仗总可能有一天要打起来，我们绝不能浪费时间，要加紧备战工作。”同时，随着中外军事交往的进行，中共中央、中央军委清醒地认识到我军在国防现代化建设方面严重落后于时代，与军事先进国家的差距相当大。

1979 年 1 月 2 日，国防部部长徐向前在军委座谈会上说：“国防现代化，一个是人的问题，一个是物的问题……物的问题，武器、装备，现有的东西很落后，怎么现代化，着急不着急？”

1982 年 11 月，中央军委常务副主席兼秘书长杨尚昆在全军参谋长会议上不无忧虑地说：“（我国武器装备）同发达国家相比，还是比较落后的，特别是在电子技术方面差距更大。”

1983 年 10 月，杨尚昆强调，要“尽快改变这种状况……现在摆在我们面前的任务，就是争取时间，加速发展我军的现代武器，包括战略武器、常规武器”。11 月，杨尚昆在全军教育训练改革座谈会上讲：“抓住当前有利时机，有计划地加强军队建设，是一个带战略性的问题……我军的战备水平，特别是武器、装备，同一些国家的差距本来就比较大，如果不抓紧，几年十几年时间，一晃就过去了，很可能差距越来越大。我们有些同志的精神状态同形势的要求很不适应，说什么‘北边搞缓和，南边搞谈判，东南边搞统一’，反正打不起来，军队建设可以慢慢来。这要引起我们注意……要抢时间，绝不能浪费时间，军队就是为打仗而存在的。”

中央军委领导明确肯定应该以引进外国的先进军事技术作为起点，加快国防现代化建设。1977 年 12 月，邓小平连续会见了第三机械工业部、第五机械工业部、第六机械工业部的负责同志，了解军工企业的发展现状和问题。他强调：“我们要有自知之明，我们技术水平不够，应当先引进，引进外国的新技术作为起点。”“独立自主不是闭关自守，自力更生不是盲目排外。要学习和适当引进国外先进技术，学习先进才能赶超先进。”“杨成武同志去法国看了，与人家现代化指挥系统比，我们要落后得多……要逐步实现指挥系统的现代化，总不能拖得太久吧！自己不行，可以引进外国的新技术。当然，主要的技术他们不一定会给，但有些东西弄点回来还是可能的。”“国防口也有个引进问题，有没有条件吸收外国的先进技术？军事部门也要吸取外国的技术，自己不行嘛。”“本来水平不行，也来不及做，而且质量又不好，引进是重要的手段。”“解决途径要包括引进外国先进技术，例如幻影 2000 战斗机。”

邓小平多次强调要抓住机遇，加快技术引进。“引进科研手段，不仅航空工业，全国也必须加速引进一大批。”“民用飞机要搞合股经营，军用飞机能搞合股经营也可以。我们搞出来以后，还可以向第三世界出售嘛！关键的问题要抢时间。买产品时要买全，要同技术制造的资料结合起来。”

二、中国与美国军事技术合作的展开

尼克松访华后，中美关系得到改善，美国对华技术禁运有所松动。1972 年 4 月，作为改善对华关系的一个信号，尼克松政府解除了对中国的大部分禁运，将中国划入 Y 组，允许向中国出口相当于对苏联出口商品的 70%。随后，美国向中国出口了 10 架波音-707 飞机。尼克松因“水门事件”下台后，美国在改善对华关系方面裹足不前，对华技术出口政策也没有大的进展。直到中美建交，美国一直坚持对中国和苏联采取同样的出口政策。美中军事技术交流与合作基本停滞不前，美国仅对售华某些特定技术产品进行了可行性评估。

卡特上台后，在美国政府内部，关于中美之间是否应建立安全关系一直存在争论。国防部长布朗和总统国家安全事务助理布热津斯基一直认为需要与中国进行某种防务合作，而国务卿万斯则怕惹恼苏联，坚持反对意见。1979 年 1 月 1 日，中美正式建交。1 月底，邓小平访美。邓小平访问美国期间，卡特授权布热津斯基着手与中国进行一些“特殊会谈”。年底，双方达成了一项非正式协议。

1979 年 12 月底，由于苏联入侵阿富汗，美国政府内部的争论解决了，态度有了很大转变。1980 年 1 月，布朗访华，称“我们已在与中国人的战略关系上采取了一项重大步骤”。随后几周，美国国务院放宽了对 30 多种军事支持设备的管制，可以由军火控制局发放许可证向中国出口。这些装备包括防空雷达、无线电、对流层通信设备、运输直升机、载重牵引车和电子干扰装置等。

1980 年 4 月，美国商务部把中国从华沙条约国家组 Y 组转入新的国家组 P 组，使中国有资格获得更广泛的输出品，尤其是敏感性领域的产品。5 月底，中央军委秘书长耿飚访问美国，象征着两国间的安全关系正在扩大。7 月，美国商务部宣布进一步放宽发放许可证的标准。9 月，五角大楼一个高级代表团访问中国，并批准颁发 400 多项技术先进的军事支持设备的出口许可证。

1981 年 1 月，里根上台后，采取双轨政策，一方面保持同中国的交往，另一方面又加强与中国台湾当局的联系，还在一定程度上升级了对台湾的军售。6 月 10 日，中国外交部发言人发表谈话，再次重申中国反对美国向台湾出售武器的立场。他说："我们已多次声明，我们宁可不要美国的武器，也绝不同意美继续干涉我内政，售武器给台湾。"鉴于此，中国政府推迟了解放军副总参谋长刘华清原定于 8 月的访美日程，而此次访美是以讨论向美国购买武器为主要内容的。

1982 年，中美两国签订了《中华人民共和国和美利坚合众国联合公报》，通称《八一七公报》，双方关系有所缓和。1983 年 5 月 21 日，里根总统以"双倍政策"（1981 年 7 月里根提出的新的对华技术出口政策，即允许美国厂商向中国出口的技术和产品在性能和水平上可能是美国向苏联出口的两倍）很难衡量为由，批准将中国由 P 组改为 V 组，列入"友好的非盟国"一类。同月，美国商务部部长鲍德里奇访问中国。其访问的结果是，美国同意放宽对中国的出口限制，尤其是放宽七种具有"双重用途"项目的出口限制。

1983 年夏，中国国防部长张爱萍邀请美国国防部长温伯格访华。9 月 25 日，温伯格访问中国，恢复了中断三年的中美官方军事联系。访问期间，温伯格与张爱萍建立了深厚的个人友谊。在与张爱萍谈到军事技术转让问题时，鉴于中国方面于 1981 年 6 月曾向美国提出了一份意向购买清单，温伯格讲了其中多少项可以解决后，又谈到美国技术转让的基本政策。温伯格对加强中美军事关系态度积极。

中美双方随后就确定了进行军事技术合作的原则，成立了参谋级别的中美军事技术合作工作组，继续进行讨论，并决定中方派出考察组赴美国考察。会后，组成了以张品为组长，贺平、贺鹏飞参加的三人小组，先期赴美考察。

1984 年 3 月下旬，根据中国要求出售火炮、反坦克武器和防空系统的信函，双方达成协议，美国同意向中国转让火炮、反坦克武器和防空武器，并大致确定向中国出售的武器和转让的技术用于四个方面：反坦克、火炮弹药、防空雷达和导弹、岸舰反潜艇战。

6 月，张爱萍回访美国。6 月 12 日，里根签署了同意中国享受“对外军事销售”（FMS）待遇的文件，这样就用法律的形式肯定了中国在美国对外军事销售和技术转让中的地位。自此，中国购买有关军事设备和技术转让项目，无须再经过美国国会批准。里根在与张爱萍会面时表示：“我们是把中国作为不结盟的朋友看待的。”访美期间，张爱萍与温伯格签署了军事技术合作备忘录，这一备忘录阐明了两国未来军事技术合作的基本原则。在两国国防部长实现互访后，两国军方的各个方面领导人的互访更加频繁。

中美两国军事交流与合作以高层领导频繁互访为契机，签订了大量合作协议，两军军事技术合作进入具体实施阶段。

三、美国对中国与欧洲国家的军事技术合作采取了默许甚至鼓励的态度

相对于中美两国军事技术合作的坎坷，中国与西欧国家的军事技术合作则较为顺利。主要原因是西欧国家在这个问题上采取了积极合作的态度，政治上的阻力小。早在 20 世纪 70 年代初、中期，中国与西欧国家的军事技术合作就已取得一定突破。

美国对中国与欧洲国家的军事技术合作采取了默许甚至鼓励的态度。1979 年 1 月，美国总统卡特同英国、联邦德国和法国领导人在瓜德罗普岛进行过一次非正式讨论。卡特表示，在中国购买武器问题上，欧洲采取松动态度，我们不会不高兴的。4 月底，布朗和布热津斯基说服了万斯，要他告诉英国人：“我们不反对他们向中国出售武器，希望他们不要把这种买卖提请巴黎统筹委员会批准，在那里可能会引起争论。”

1978 年 6 月，邓小平在听取第三机械工业部工作汇报时指出：“中国航空工业的发展，按现在这个速度不行，要引进国外先进技术。美国的买不来，就到西欧去买，然后在引进、吃透的基础上再发展。”

11 月，第三机械工业部部长吕东率副部长段子俊、陈少中、徐昌裕

以及国防工办、空军、海军等部门的领导、专家和相关企业负责人到联邦德国、法国和英国参观考察。他们与有关厂商进行了商谈，决定首先从西欧引进电子火控设备，以提高中国航空电子的起点。

11 月 6 日至 17 日，国防科委副主任刘华清陪同王震副总理出访英国。此访的目的在于了解英国工业发展情况，探讨引进英国的民用和军用技术，加强中英两国、两军之间的交流和友谊。让刘华清同行，主要侧重于调研和探讨军用先进技术和装备的引进问题。回国后刘华清写了《英国军工技术和引进其技术的意见》，就引进国外先进军事装备技术问题的进一步落实提出七点建议。12 月 19 日，张爱萍同意了刘华清提出的建议。

四、英国是中国对外军事技术合作最重要的伙伴

1979 年 5 月 30 日，第三机械工业部、第四机械工业部联合向国务院、中央军委提出报告，从英国引进电子火控系统改装歼 7、歼 8 飞机。6 月 6 日，王震、邓小平等批示同意。7 月 4 日至 8 月 9 日，以陈少中为团长的 30 人考察团赴英国考察，分别与马可尼、史密斯、法兰蒂三家公司，就歼 7、歼 8 飞机改装问题进行具体商谈。双方明确了改装机载电子、火控系统各部件的主要性能和装机技术要求，初步商定引进马可尼公司和史密斯公司的七项电子设备改装歼 7 飞机的时间表及费用。1980 年 3 月 27 日至 4 月 5 日，在上海英国设备展览会期间，吕东、段子俊、陈少中会见了英国国防大臣皮姆等人，就中国从英国引进先进航空设备等问题进行高一级的会谈。

6 月 30 日，由段子俊、国防工办副主任叶正大带队，空军、总参和第三机械工业部、第四机械工业部人员组成的代表团到英国参加第十轮谈判。马可尼公司和中国航空技术进出口总公司签订了合作改装歼 7 飞机，并提供平视显示、静止变流器、雷达测距器、大气数据计算机、通信电台、照相枪等六项电子火控设备和支援合同。中航技公司和史密斯公司签订了雷达高度表供货合同，共购买 124 套设备用于改装 100 架歼 7 飞机。7 月 31 日，中国政府批准上述两项合同。9 月 1 日，付给英方

预付款，合同正式开始执行。

中国与英国谈判的另外一个重要项目是海军 051S 防空型驱逐舰的现代化改装。在 1978 年王震、张爱萍访问英国、意大利的基础上，1979 年 2 月和 3 月，第六机械工业部部长柴树藩和海军副司令员刘道生，分别率中国造船技术考察组和中国海军技术考察组访问了英国、法国，并提出从英国引进技术改装和新建驱逐舰的建议。经总参谋部、国防工办报请王震同意，并呈请中共中央、国务院、中央军委批准，中英合作改装 051S 型驱逐舰工程（简称 051S 工程）正式列入国家计划项目。

1980 年 3 月，英国国防大臣皮姆访华，中英两国军队领导人将中英合作改装 051S 工程列为双方军事技术合作的重点。1981 年 6 月，中英双方确定了 051S 型驱逐舰改进设计方案：采用高干舷甲板船型，正常排水量达到 4000 吨，装备重型“海标枪”区域防空导弹，使 051S 型驱逐舰具有一定的海上编队区域防空作战能力和较强的单舰防空作战能力。

1982 年 11 月，经过艰苦谈判，中英合作改装 051S 型驱逐舰工程合同在北京初步草签。按照这个合同，在英方的协助下，中国海军将先行改装两艘 051S 型驱逐舰，随后自行改装剩下的六艘。

1983 年 1 月，在对引进合同进行最后审查的联合评审会议上，中国船舶总公司和航天工业部表示可以依靠自己的技术力量，在相同时间完成国内自行研制，达到相当技术指标，而经费只需引进合同的一半。另外，香港问题还没有得到解决，中方也不想受制于人。经过综合考虑，2 月，中国政府决定将资金用于自行设计新型驱逐舰的发展，051S 工程合同最终未获批准自动撤销。

在陆军武器装备方面，中国也从英国引进了许多技术。1978 年 3 月 7 日，经邓小平拍板，中国与英国正式开始了引进 L7 型 105mm 线膛坦克炮及弹药全套生产技术的谈判。引进合同在国内被称为“三七”工程，分两期进行。第一期引进项目包括 105mm 线膛高膛压坦克炮和全套弹药（尾翼稳定脱壳穿甲弹、榴弹、碎甲弹）、战斗室灭火抑爆系统、8000 型电台和 VIC-1 车内通话器。第二期引进项目包括扰动式简易火控系统、身管热护套、夜视观瞄设备等。这个项目意义重大，对中国陆军主战装备的发展影响深远。

五、中国与法国的军事技术合作也进展顺利

1978 年，法国巴黎航展的举办单位邀请中国空军派代表团赴法国参观。航展之后，法方又来华积极推荐幻影 2000 飞机。1982 年，中国确定组团对幻影 2000 飞机进行详细考察。代表团成员包括领导机关、工业部门、空军机关、研究所的同志，由空军副参谋长姚峻任团长。另外，代表团中还有两名飞行员。

两名飞行员驾驶幻影 2000 B 型战斗机共试飞了七架次。这是中国空军第一次接触先进的第三代战斗机，为中国空军和航空工业全面了解第三代战斗机提供了难得的机会。这次试飞的幻影 2000 B 型战斗机虽然只是幻影 2000 系列战斗机的初期型号，但对于当时的中国试飞员及相关行业的科研人员而言，可以用“震撼”两个字来形容。尽管法国出售幻影 2000 的意愿很强，但价格昂贵，而中国当时刚刚实行改革开放，财力有限，所以这桩交易最终未能实现。

法国人还极力向中国推销米兰、霍特反坦克导弹和武装直升机。他们积极邀请中国方面去法国参观访问，并且还来华进行实弹射击表演。

1985 年 11 月，海军司令员刘华清访问了法国和美国。其间，他会见了法国国防部武器装备部、航空总局领导和汤姆逊、马特拉、纳富科等公司的领导。他们详细介绍了生产的武器装备情况，表示愿意发展与中国的合作。不久，中国与法国签订了多项海军装备方面的引进合同。

这个时期，中国与意大利、联邦德国、瑞士、以色列等国也开展了卓有成效的军事技术合作。

［原载《党史博览》2012 年第 6 期］

军队建设

20 世纪 50 年代围绕兵役制度的探索与争议

兵役制度是中国的一项重要的军事制度。在长期的革命战争中，中国共产党领导的人民军队一直实行志愿兵役制（动员制）。[①]它“既不是旧式的募兵制，也不是征兵制，而是第三种兵役制度——动员制。它比募兵制要好些，它不会造成那样多的二流子；但比征兵制要差些。我们目前的条件，还只许可我们采取动员制，还不能采取征兵制”[②]。新中国的成立为兵役制度的改革提供了必要条件。《中国人民政治协商会议共同纲领》规定：“中华人民共和国实行民兵制度，……并准备在适当时机实行义务兵役制。”[③]1954 年颁布的《中华人民共和国宪法》中进一步明确规定：“保卫祖国是中华人民共和国每一个公民的神圣职责。……依照法律服兵役是中华人民共和国公民的光荣义务。”[④]1955 年 7 月 30 日，第一届全国人民代表大会第二次会议通过了《中华人民共和国兵役法》（以下简称《兵役法》），其主要内容是：改志愿兵役制为义务兵役制，平时进行定期征集、定期退伍，战时实行动员，凡年满 18—40 岁的男性公民，身体、政治合乎条件的都要服现役或预备役；服现役的期限依据兵种不同，

---

① 抗日战争期间，晋察冀边区曾在短期内实行过义务兵役制。1942 年 3 月，晋察冀军区政治部颁布了《义务兵役条例》，这是中国共产党在兵役制度上的一项重要尝试。

② 《毛泽东军事文集》第 2 卷，军事科学出版社、中央文献出版社 1993 年版，第 792 页。

③ 《建国以来重要文献选编》第 1 册，中央文献出版社 1993 年版，第 6 页。

④ 《中华人民共和国宪法（一九五四年九月二十日第一届全国人民代表大会第一次会议通过）》，《人民日报》1954 年 9 月 21 日。

分为三年、四年和五年；对预备役军人要进行登记、统计和集训；高级中学和高等院校学生实行军训。[①] 实行义务兵役制，是国家军事制度的一项重大改革。虽然"义务兵役制是一种先进的合理的兵役制度"，[②] 但在实践过程中仍出现了一些问题，经过较长时间的探索、实践和争论，符合中国实际的兵役制度逐渐发展完善。

一、关于建立预备役制度的问题

"志愿兵制度由于缺乏定期的征集和退伍制度，不便于积蓄强大的经过训练的预备兵员。"[③] 长期实行志愿兵役制，使战士和基层干部的年龄普遍偏大。据 20 世纪 50 年代初对 5 个团的班长和战士的调查，年龄在 26—30 岁的占各团总人数的 25%—40%，服役年限达 5—9 年的占各团总人数的 24%—55.8%。[④] 他们在家庭生产、生活上的困难和个人婚姻问题都难以解决。不仅如此，实行志愿兵役制还不利于现役兵员的更新和后备兵员的储备。义务兵役制的优点在于士兵服役时间短，定期征兵和退伍使兵员经常轮换，有利于常备军兵员更新，既可以保持兵员年轻力壮，又可以储备兵员，同时可以使更多的人服现役。其不足是服役时间短，兵员很难全面地熟练掌握复杂的军事技术与装备，只能在预备役组织中进行复训，方能达到现代条件下合格后备兵员的要求。

《兵役法》确立了预备役训练制度，对复员、退伍转为预备役的人员进行复训，对高级中学学生进行军事常识教育，对部分高等院校学生进行预备役军官训练，同时通过国防体育活动，进行通信、跳伞、航海等专业技术的训练。《兵役法》颁布后，预备役军官、士兵的登记和训练试行、试点等工作相继展开，但不久就因为遇到各种问题而停顿下来。

---

① 《中华人民共和国兵役法（一九五五年七月三十日第一届全国人民代表大会第二次会议通过）》，《人民日报》1955 年 8 月 1 日。

② 谭政：《保卫祖国是青年的神圣职责——在全国青年社会主义建设积极分子大会上的报告（摘要）》，《人民日报》1955 年 10 月 1 日。

③ 彭德怀：《关于中华人民共和国兵役法草案的报告——在一九五五年七月十六日的第一届全国人民代表大会第二次会议上》，《人民日报》1955 年 7 月 17 日。

④ 《当代中国军队的军事工作》（下），中国社会科学出版社 1989 年版，第 401 页。

按《兵役法》规定，复员兵和适龄青年均需登记，编为第一、第二类预备役，由省、市、县兵役部门负责组织领导，定期实行军事训练。这是学习苏联的办法，但是并不完全适合中国的实际情况。《兵役法》颁布后，开始试行对预备役士兵的登记和训练。1955年冬，总参谋部制定了《预备役军士和兵的登记暂行办法（草案）》，对当年复员的士兵、多余的应征公民以及18—30岁的男性公民和具有专业技术的女性公民试行了普遍登记。1956年4月，国防部发出《关于预备役军士和兵的登记工作指示》，要求各地结合本地具体情况，有计划有组织地进行预备役登记。[①]1956年，全国共登记了3327万余人，其中复员军人141万人。同年，在农村进行了预备役士兵集中训练的试点工作，来自3518个乡的40.4万余人参加了训练。[②]训练在农闲季节进行，时间都在10天左右。在这次预备役士兵的登记和训练试点工作中出现了一些问题，主要是第二类预备役“登记的年龄太多了，手续复杂，预备役士兵迁居时办理转移手续不便”[③]，地方政府感到执行起来难度大。1956年6月，河北省委领导向毛泽东反映，地方工作忙碌，难以实施登记训练。邓小平把毛泽东的意见函告彭德怀：“河北省委在汇报时，要求预备役的登记工作推迟一年（目前地方工作很紧），主席认为推迟一年还是必要的，要我告诉你们，请加以考虑。如同意，应即通知全国各地。”[④]彭德怀复信说：“国防部准备再发一个补充指示，把军官、军士和兵的预备役登记工作一律推迟到1958年完成。”[⑤]补充指示发出后，预备役登记工作在一些地方实际停顿下来了。

为了加速组训后备力量，毛泽东率先提出组训预备役师的方法，以解决战时后备兵源。在《兵役法》提交人民代表大会审议前，毛泽东曾指示：“为了解决应付突然事变的预备力量，光靠常备军不行，要搞国民兵训练，就地组织，就地训练，训练后解散，必要时再集中，很方便，

① 《中国人民解放军》（上），当代中国出版社1994年版，第727页。

② 《彭德怀军事文选》，中央文献出版社1988年版，第597页。

③ 《彭德怀军事文选》，中央文献出版社1988年版，第596页。

④ 《邓小平年谱（1904—1974）》（中），中央文献出版社2009年版，第1292—1293页。

⑤ 《彭德怀传》，当代中国出版社1993年版，第559页。

好处很多。各军区成立预备师，对于财政，干部，动员，复员，预备部队都有好处。”1955 年 6 月 15 日，彭德怀在军委会议上传达了毛泽东的指示。[①]7 月 8 日，军委会议决定：“必须有计划地、逐步地建立一支相当数量的预备队。因此从今年开始就应积极筹备建立预备师的工作，今年应争取建成 10 个到 20 个预备师（如果不可能，建成几个师也是好的），到 1957 年争取建立 40 个预备师。”[②]8 月 2 日，军委会议讨论建立预备役师的方案，彭德怀表示：“今年冬天我们成立 10 个预备师，数目不小，困难也不少。但一定要搞，这是战略任务决定的。今后每年建 5—10 个师，共搞到 40 个师。”[③] 8 月 6 日，彭德怀向中央报送《关于补充现役各军种部队的缺额和有计划地训练预备兵的报告》。该《报告》说：“为了应付突然事变，迅速有效地积蓄现代化兵种的预备力量，仅靠最近几年内复员的预备役是很不够的，军委拟定在现役常规军外，采取组建预备役训练师的办法以加速训练预备兵员，计划自一九五五年开始到一九六〇年度分五期组建和训练，累计到一九六一年三月共可训练出一百三十个师的兵员。这些预备师，主要在我国西南、西北及中原地区训练。”8 月 12 日，毛泽东批示：“此件请印发各政治局委员，于数日内在政治局会议上通过。”[④]8 月 14 日，彭德怀签发了先组建 10 个预备师的命令，“规定预备师组成后，集训 4 个月；于 1956 年 2 月 15 日接收新兵，4 月 1 日开始训练，期限为一年半”。[⑤]

组建预备役部队，突破了全军 350 万人的总定额，且用于训练的财政开支较大，在一定程度上妨碍了生产，不久，彭德怀意识到了这些问题，开始考虑撤销预备师。1956 年 2 月，彭德怀根据国际局势和第一批预备师的建设情况，报中央批准，以国防部名义发出《关于今年不再组建预备师的通知》。[⑥] 中共八大后，1956 年 10 月 11 日，彭德怀在军委会

① 《彭德怀年谱》，人民出版社 1998 年版，第 597 页。

② 《粟裕年谱》，当代中国出版社 2012 年版，第 371 页。

③ 《彭德怀年谱》，人民出版社 1998 年版，第 601 页。

④ 《建国以来毛泽东军事文稿》中卷，军事科学出版社、中央文献出版社 2010 年版，第 282 页。

⑤ 《彭德怀传》，当代中国出版社 1993 年版，第 560 页。

⑥ 《彭德怀年谱》，人民出版社 1998 年版，第 616 页。

议上检讨说："去冬今春军队的总数超出原来定额30万，是迷失了方向的。去年搞10个预备师是有错误的，我要负责；预备师要撤销。"[①]总参谋长粟裕也认为"现有预备役师作用不大，可全部撤销"，并将建议报送中央。[②]从1957年开始，军队进行了精简整编，4月25日，军委会议决定撤销预备师。

对于高等学校和高级中学的学生应当在校内接受军事训练的问题，1955年8月8日，中共中央军委的报告说："根据兵役法规定，在高等学校和高级中学，应当进行军事训练，以便使学生养成必要的军事生活习惯和纪律观念，同时经过学校的军事训练，为军队培养一批预备役军官，特别是预备役技术军官，这对国家社会主义建设事业和国防建设都有很大好处，是国防建设上不可缺少的工作。"报告对在高等学校和高级中学进行军事训练的原则及具体实施方案做了说明。11月1日，毛泽东批示：退军委照办。[③]1955—1957年，全国先后有14所高等学校的8万余名学生接受了一定的军事训练，[④]但效果并不理想。1957年5月，彭德怀表示：地方上高等学校的军事训练，要逐渐收缩。请业务部门再研究一下，我是不同意再搞的。[⑤]6月28日，经中共中央批准，国防部、高等教育部联合发出通知，暂停高校和高中学生军训。[⑥]

彭德怀认为组训后备兵员的办法必须作很大改进才行，1955年9月和1956年3月，他到汕头、舟山等地调研，了解到驻军训练民兵协同守岛情况，深受启发。1957年5月，彭德怀在第一百一十一次军委会议上提出了改进预备役士兵登记和训练工作具体思路，即将民兵和预备役结合起来，把预备役登记工作、训练工作和民兵工作合而为一，实行民兵即预备役的办法。以复员军人为骨干，结合青年组成基干民兵，基干民兵利用农闲时间进行定期训练，一般10天，至多15天；其余年龄较

① 《彭德怀年谱》，人民出版社1998年版，第630页。

② 《粟裕年谱》，当代中国出版社2012年版，第597页。

③ 《建国以来毛泽东军事文稿》中卷，军事科学出版社、中央文献出版社2010年版，第290页。

④ 《当代中国教育》（上），当代中国出版社1996年版，第564页。

⑤ 郑文翰、王焰等：《秘书日记里的彭老总》，军事科学出版社1998年版，第186页。

⑥ 王亚志回忆，沈志华、李丹慧整理：《回顾与思考——1950年代中苏军事关系若干问题（之二·下）》，《国际政治研究》2004年第4期。

大而又适合预备役条件的人编为普通民兵。预备役的登记范围大大缩小，只登记当年复员的士兵和参加民兵的青年。彭德怀认为，这样可以使全国的预备兵员经常保持在2000万名左右，基本上解决了平时养兵少、战时用兵多的矛盾。[①]

1957年6月19日，彭德怀把军委会议上大家讨论的意见整理成《关于改进兵役工作的指示》送毛泽东审阅。6月20日，毛泽东批示同意。[②]民兵与预备役合而为一的原则就这样正式确立下来，尽管还有许多具体问题尚待探索和解决，但经过初步实践已显示出它的优越性。在一段时间里，民兵组织得到了加强，预备役工作也有了较大的改进。

二、关于是否应改变现行兵役制的问题

1956年9月召开的中共八大提出，“二五”计划期间将用于国防和行政费用的支出降低到20%左右。[③]为落实中央决议，第88次军委会议决定，全军总人数将裁减1/3，压缩至250万人或者更少一些。[④]随着常备军的减少，如何解决平时养兵少、战时用兵多这一矛盾问题就更加凸显出来。

经过一段时间的观察，毛泽东认为义务兵制解决不了后备兵员的问题。1956年12月22日，毛泽东与即将率中国军事友好代表团出访缅甸的叶剑英谈话时明确表示：“靠义务兵役制积蓄后备力量，每年最多能积蓄80万人，100年才能积蓄8000万人。靠现在这种办法，不够战争时期补充、扩大部队的需要。”[⑤]叶剑英向彭德怀转达了毛泽东的意见。

1957年5月30日，第一百一十一次军委会议讨论了总参谋部动员部提出的有关兵役工作的报告，检查兵役法实行后的情况和存在的问题。

---

① 《建国以来重要文献选编》第10册，中央文献出版社1994年版，第480页。

② 《建国以来毛泽东军事文稿》中卷，军事科学出版社、中央文献出版社2010年版，第350页。

③ 《建国以来重要文献选编》第9册，中央文献出版社1994年版，第359页。

④ 《彭德怀年谱》，人民出版社1998年版，第631页。

⑤ 《毛泽东年谱（1949—1976）》第3卷，中央文献出版社2013年版，第54页；《彭德怀年谱》，人民出版社1998年版，第651页。

彭德怀提出了对兵役制度的几点看法："必须考虑平时常备军队如何尽量少，而战时的后备兵员又尽量多的问题。义务兵役制解决不了这个问题，募兵制（即志愿兵制）也解决不了这个问题。必须把民兵和预备役结合起来，把适龄青壮年和复员军人都组织成民兵，以复员军人做骨干，进行民兵训练，在若干年内就可以训练出上千万的后备兵员。"经会议讨论，决定义务兵役制暂不改变。①

遵照毛泽东的指示，1957 年 7 月 16 日，彭德怀在第三次国防委员会全体会议上就军事建设工作做了汇报。关于如何解决平时养兵少、战时用兵多的矛盾问题，彭德怀说："宪法规定的精神，我国是要实行义务兵役制，最近，有些委员和有些同志提出，应当恢复志愿兵制或者募兵制。当然，这是一个值得研究的问题"，"义务兵役制已经实行了三年，共征兵二百万人左右。从征兵的情况来看，是比较顺利的"，如果改变征兵制度，恢复志愿兵制，就有许多问题需要考虑。恢复志愿兵制，无非是为了志愿兵服役的年限可以长一些；但是志愿兵在军队服务过久，复员时安置就业比较困难，婚姻问题也难处理。在待遇上如果低于农民或工人的平均收入，征募志愿兵入伍和巩固部队都有困难。彭德怀明确表示："选择兵役制度，主要应当考虑如何解决平时养兵少、战时用兵多的矛盾问题。志愿兵制是不能解决这个问题的。同时，我国兵役法公布前反复征求过人民的意见，实行三年以来人民群众一般是拥护的，经我们考虑暂时不加改变为好，但具体执行工作中的缺点必须改正。"②

在兵役制问题上，粟裕也主张保持现行义务兵役制不变，但应在具体问题上加以改进。他在给中共中央的报告里提出："义务兵役制较之志愿兵制确实优越合理，易为群众所接受拥护。"③1957 年 10 月，在总参谋部、总政治部联合召开的兵役工作会议上，粟裕对实行义务兵役制的情况做了分析，肯定了它的成绩和实行的必要。④

虽然毛泽东批示同意了中央军委关于改进兵役工作的报告，实行预

---

① 《彭德怀年谱》，人民出版社 1998 年版，第 651—652 页。

② 《建国以来重要文献选编》第 10 册，中央文献出版社 1994 年版，第 478—479 页。

③ 《粟裕年谱》，当代中国出版社 2012 年版，第 579 页。

④ 《粟裕年谱》，当代中国出版社 2012 年版，第 614 页。

备役工作与民兵工作合而为一的方针，但毛泽东认为这不能从根本上解决平时养兵少、战时用兵多的问题。不久，受到当时美国、苏联正在进行的军事改革的影响，毛泽东产生了对军队编制进行重大改组的想法。

1958 年 2 月，在一次中央会议上毛泽东提出要改义务兵役制为志愿兵制。[①]2 月 10 日晚，毛泽东同彭德怀、黄克诚、粟裕、罗荣桓、谭政等军委领导谈话。[②] 毛泽东提出，军队减至 200 万人。其办法是，“我们只要三十个师是满员的，学美国的办法，每个师有二万人，非常之满员，而不是现在的一万三四千人，搞大师。其他那些架子，都可以保存，但是官多兵少，骨瘦如柴，一个师有两个小团”。[③] 罗荣桓当时表示说，军队有落后之感，地方向前走了，军队存在一些问题。两天后，粟裕就军队问题向毛泽东致信。[④]2 月 18 日，毛泽东在中共中央政治局会议上再次提出了这个问题，让大家研究。25 日，彭德怀在军委会议上传达了毛泽东的指示：“军费减至 35 亿，军队减至 200 万……陆军组成 30 个主力师，每师 2 万人，其余的师都搞成空架子师；主要搞民兵，每年训练两个月，学打步枪、机枪、手榴弹，造成民兵海洋。”[⑤]

1958 年 3 月 18 日，在成都召开的中央工作会议（以下简称“成都会议”）上，彭德怀就国防建设中的几个重要问题做了报告，他重申了自己在第三次国防委员会全体会议上所坚持的观点，并且进一步分析说，军队减到 200 万人时，“以服役期为 3 年计，每年需征集 30 万人左右”，“如果采用志愿兵制的办法……每年需要动员 5 万人左右入伍补充缺额。以 100 万士兵服务 10 年，平均每年需要动员 10 万人，两项合计每年亦需要动员 15 万人左右，动员规模虽然比义务兵较小。但是，辈子兵的问题又要出现。这些士兵长期脱离生产以后，劳动就业比较困难”。[⑥] 实行义务兵制的同时，通过延长各种技术兵员的服役年限等措施，可以保持志愿

---

① 郑文翰、王焰等：《秘书日记里的彭老总》，军事科学出版社 2016 年版，第 37 页。

② 《毛泽东年谱（1949—1976）》第 3 卷，中央文献出版社 2013 年版，第 297 页。

③ 《建国以来毛泽东军事文稿》中卷，军事科学出版社、中央文献出版社 2010 年版，第 376 页。

④ 《粟裕年谱》，当代中国出版社 2012 年版，第 620 页。

⑤ 《彭德怀年谱》，人民出版社 1998 年版，第 674 页。

⑥ 郑文翰、王焰等：《秘书日记里的彭老总》，军事科学出版社 2016 年版，第 424 页。

兵制的好处。[①]

3月21日，会议讨论了彭德怀的报告，大多数人表示同意。在邓小平主持下拟写了《中共中央关于国防工作的意见》，该《意见》中说："在目前国际形势下，适当地逐步地减少军队人数，以便进一步地节减军费的经常开支，用以发展国家经济建设和解决军队新的装备，这个方针是完全正确的。由于我们保持了足够数目的军队骨干，同时加强全国民兵的组织和训练，即使发生突然事件也是能够应付的"；"现行的义务兵役制可以不变，但应尽可能地简化兵役登记和兵员征集的手续。可以考虑把预备役同基干民兵结合起来，适当地增加基干民兵的人数，以后就在基干民兵中征集新的兵员"；"建议军委召集一次扩大会议，用整风的方式，讨论军事建设中的重要问题，统一认识，提高觉悟"。[②]4月8日，中共中央政治局会议批准了该意见。

三、关于民兵工作的问题

毛泽东在成都会议上说："自1953年朝鲜停战后，没有管军事工作。今年要回过头来搞点军事工作。军队要整风。"[③]8月，他又指出："要恢复红军、八路军、解放军的传统，恢复马克思主义的传统，要把资产阶级思想作风那一套化掉。"[④]根据当时国内外形势的变化，毛泽东在"主要搞民兵，造成民兵海洋"这一想法的基础上，进一步提出了"以民兵组织的形式，实行全民皆兵"[⑤]的人民战争思想。

对于民兵工作，彭德怀也非常重视，但他认为民兵的任务是应该随着革命的发展而相应地改变，否则就容易引起混乱。民兵"最大的特点是不脱离生产，这就使我们不得不考虑在组织民兵武装时，不仅要求政

---

① 郑文翰、王焰等：《秘书日记里的彭老总》，军事科学出版社1998年版，第528—529页。

② 《中共中央文件选集（1949年10月—1966年5月）》第27册，人民出版社2013年版，第321—322页。

③ 《彭德怀年谱》，人民出版社1998年版，第676页。

④ 《毛泽东年谱（1949—1976）》第3卷，中央文献出版社2013年版，第418页。

⑤ 《中共中央文件选集（1949年10月—1966年5月）》第28册，人民出版社2013年版，第460页。

治上、成分上都要好，而且在民兵数量上、组织形式和使用上，也都要建筑在发展生产和保障人民利益的基础上，并且也要适当地照顾到民兵个人的某些利益，这是几十年来发展和组织民兵的一条基本经验”。这条经验，尤其在农村最为适宜。否则，民兵组织是不易巩固或容易流于形式而起不到应有作用的。① 在这个思想影响下，彭德怀和中共中央农村工作部部长邓子恢磋商后，于 1953 年 4 月草拟了《关于民兵建设工作的几点指示》，规定“民兵活动要适应不脱离生产的特点，不要用现役军人方法管理，要有利于生产”,“普遍民兵制的试点和宣传应即行停止”。② 为了纠正“民兵误工妨碍生产的严重现象”，1953 年 5 月，中央人民政府人民革命军事委员会和中央人民政务院联名发出了《关于民兵任务和解决民兵误工问题的联合指示》，明确规定民兵的三项任务是：积极歼灭空降特务、维持地方治安和保护生产，并对调用民兵执勤的范围和批准权限以及民兵活动制度做出了严格的规定。③

在民兵队伍的组织形式上，于 6 月召开的全国人民武装工作会议决定“把民兵基干团改为基干队，以乡为单位进行编组”。④8 月 27 日，彭德怀在审阅张宗逊和萧华关于《全国人民武装工作会议的综合报告》时提出：“民兵与人口比例以 1% 至 3% 为宜，普遍民兵制口号不再强调，暂时也不必取消。根本取消所谓民兵基干团”，该《报告》修改后上报中共中央。⑤10 月 16 日，中共中央批转了《报告》。《报告》提出：“人民武装工作应该适应这种已经变化了的情况，改变战争时期的工作方法和内容。”根据实行普遍民兵制后全国“民兵数量已经发展很庞大”的情况，报告还提出“适当地控制民兵数量，避免盲目发展”。这些意见和措施，对纠正民兵工作存在的脱离实际、脱离群众的现象，改进工作作风和工作方法产生了积极作用。但是，《报告》提出的“不要再去强调普遍民兵

① 《彭德怀军事文选》，中央文献出版社 1988 年版，第 626 页。

② 《彭德怀年谱》，人民出版社 1998 年版，第 548 页。

③ 中央人民政府人民革命军事委员会、中央人民政府政务院：《关于民兵任务和解决民兵误工问题的联合指示》，《江西政报》1953 年第 10 期。

④ 邓礼峰：《新中国军事活动纪实（1949—1959）》，中共党史资料出版社 1989 年版，第 311 页。

⑤ 《彭德怀年谱》，人民出版社 1998 年版，第 556 页。

制”的意见，在一定程度上也给民兵工作带来了不利影响。[①]

1955 年实行预备役登记训练以后，一些地方军事部门放松了对民兵的领导，致使不少地区的民兵组织出现涣散的现象，但这些情况很快得到纠正。关于民兵工作，彭德怀在成都会议上强调：1953 年确定的三项任务实践证明是恰当的，仍应坚持。基干民兵的训练方法，以不脱离生产的训练为主，以乡或合作社为单位进行。训练时间为 10 天左右，最多不超过 15 天。[②]

1958 年初，“全国民兵总数达到 3800 万人，其中以复员军人为骨干结合青年积极分子所组成的基干民兵是 1030 万人，其他不编入基干民兵的适合预备役的公民则编为普通民兵。基干民兵掌握的步枪 130 万支，轻机枪 100 挺”。[③]毛泽东认为，这个数字仍然偏少，没有把民兵提高到战略地位来考虑。他认为“民兵现在对维持秩序还有作用，但主要是对付帝国主义侵略”，[④]“我国应当实行全民皆兵的制度”。[⑤]

全民皆兵思想是毛泽东人民战争思想在新的历史条件下的拓展。1958 年 7 月 12 日，毛泽东就民兵工作等问题指示说：“积极防御战略方针不变，把敌人打败之后打出去；全军员额不再减少，要搞原子弹、海军陆战队、空降兵；大搞民兵，每人一条枪，做到全民皆兵；学校都发枪，从兵里培养干部；军事训练时间不可太多，主要是有文化科学知识，有政治就好办，也要与劳动生产相结合。”[⑥]按照指示精神，中央军委扩大会议在 7 月 22 日通过的决议中明确提出：“必须积极积蓄和壮大后备力量，贯彻执行把预备役和民兵合而为一、实现全民皆兵的方针。”[⑦]

人民公社化运动的发展为实现全民皆兵提供了空前优越的有利条

① 《中国人民解放军》（上），当代中国出版社 1994 年版，第 713 页。

② 郑文翰、王焰等：《秘书日记里的彭老总》，军事科学出版社 1998 年版，第 524—525 页。

③ 郑文翰、王焰等：《秘书日记里的彭老总》，军事科学出版社 1998 年版，第 524 页。

④ 《建国以来毛泽东军事文稿》中卷，军事科学出版社、中央文献出版社 2010 年版，第 456 页。

⑤ 《毛泽东年谱（1949—1976）》第 3 卷，中央文献出版社 2013 年版，第 507 页。

⑥ 《彭德怀年谱》，人民出版社 1998 年版，第 691 页。

⑦ 中国人民解放军国防大学党史党建政工教研室编：《中共党史教学参考资料》第 22 册，内刊 1986 年印，第 493 页。

件。[①]1958 年 8 月，毛泽东主持制定了《中共中央关于民兵问题的决定》，强调“必须在全国范围内把能拿武器的男女公民武装起来，以民兵组织的形式，实行全民皆兵”，“把军队的后备力量建立在全民的基础上，这对生产建设和国防建设，都具有深远的政治意义和战略意义。全民皆兵，就是以人民公社为单位，逐步实行全民武装”，“一九六二年，预计全国有七亿人口……把年满十六岁至五十岁的能拿武器的男女公民，都组织在民兵之内，预计约有三亿左右。其中又以复员退伍军人为骨干，把年满十六岁至三十岁的男性青壮年组成基干民兵，预计大约五千万。在农村中，以人民公社为单位，根据生产组织情况和民兵多少，以基干民兵为主，编为民兵大队、中队、小队。设正职负责基干民兵，设副职负责普通民兵。在城市，以厂矿、企业、学校、机关为单位，或者视城市人民公社组织的形式以人民公社为单位，建立民兵组织。这种武装起来的人民，既是民，又是兵；既是生产队、学习队、工作队，又是战斗队”。[②]9 月底，毛泽东在巡视大江南北后指出：“民兵师的组织很好，应当推广”，“我们不但要有强大的正规军，我们还要大办民兵师”。[③]

以民兵组织的形式实行全民皆兵思想在军内外得到积极响应。分管民兵工作的罗荣桓表示：“民兵是贯彻全民皆兵的最好组织形式，过去对这个问题认识是不一致的……过去彭德怀同志想靠复员、退伍来解决后备力量的问题，十年才搞了七百万人，而（原文为面）这七百万人战时还有百分之三四十不能出来当兵，能出来当兵的只有四百万人。靠这点兵，在战时无论如何也是不行的”，“关于民兵工作，军委曾讨论几次。过去没有把民兵工作看成是战略问题，只认为民兵就是维护治安，捕捉特务，没有提高到战略意义上看。实际上，最能体现人民战争的组织形式是民兵。过去以劣势装备战胜装备占优势的敌人，主要是靠民兵……

① 傅秋涛：《大办民兵师好——对毛主席关于“大办民兵师”指示发表前后的回忆片断》，《人民日报》1978 年 9 月 28 日。

② 《中共中央文件选集（1949 年 10 月—1966 年 5 月）》第 28 册，人民出版社 2013 年版，第 460—461 页。

③ 《毛泽东年谱（1949—1976）》第 3 卷，中央文献出版社 2013 年版，第 451 页。

将来在新条件下的战争也要靠民兵”。[①]副总参谋长张爱萍强调，大办民兵师“标志了人民战争思想在新的历史时期的具体应用”，“是对付帝国主义现代战争的有效措施”，“是粉碎敌人原子战争威胁的有效手段”。[②]不久，到1958年底，全国民兵迅速发展到2.2亿多人，参加民兵的人数占全国人口总数的35%，有的地区达到40%以上，个别地区甚至超过了50%。[③]

大办民兵师作为反对侵略的一项战略措施，在当时起到了一定的积极作用，但是“教训也极为深刻。在当时‘左’的思想指导下”，“把大办民兵师同实现全民皆兵混为一谈，把‘全民皆兵’这个战略方针作为行动口号付诸实施……要求把全国百分之三十的人都编入民兵，这就超越了客观需要与可能。加之大办民兵师是随着人民公社化运动的发展一哄而起，没有做细致的组织工作和政治思想工作，这就导致了民兵工作中产生弄虚作假、追求形式、组织不纯等问题……在群众中造成了不良影响”，[④]预备役工作与民兵工作合而为一方针的贯彻也由于大办民兵师热潮的兴起而中断了。

经过较长时间的探索与实践，符合中国实际的兵役制度终于确定下来，并不断改进。军队兵员得到定期轮换和更新，保持了兵员年轻化，许多义务兵经过培养和锻炼成长为军队干部。同时，通过定期退伍，为军队储备了大量的训练有素的后备兵员。[⑤]但随着时间的推移，义务兵役制度的缺点也逐渐显现出来。军队武器装备现代化程度在不断提高，士兵需要学习和掌握的军事技术越来越复杂，许多关键岗位的士兵因服役期短而难以胜任工作，军队建设与义务兵役制之间的矛盾日益显现。针对这些矛盾，在1977年8月举行的军委座谈会上，邓小平指出：“兵役制度要解决。这是一个大问题。”[⑥]1978年3月，第五届全国人大常委会

---

① 《罗荣桓年谱》，人民出版社2002年版，第797、796页。

② 《张爱萍军事文选》，长征出版社1994年版，第212、215、217页。

③ 《当代中国民兵》，中国社会科学出版社1988年版，第34—35页。

④ 《中国人民解放军》（上），当代中国出版社1994年版，第715页。

⑤ 《中国人民解放军》（上），当代中国出版社1994年版，第405页。

⑥ 《邓小平军事文集》第3卷，军事科学出版社、中央文献出版社2004年版，第68页。

第一次会议讨论批准了《关于兵役制问题的决定》，改单一的义务兵役制为义务兵与志愿兵相结合的兵役制度。[①]中共十一届三中全会以后，为了适应国内外新形势的需要，中央决定恢复预备役制度，在搞好民兵与预备役相结合的基础上，采取组建预备役部队的办法，建立健全快速动员体制。1984 年 5 月，第六届全国人民代表大会第二次会议审议通过了新的《中华人民共和国兵役法》，确立了以义务兵役制为主体的义务兵与志愿兵相结合、民兵与预备役相结合的兵役制度。[②]它是以往经验的总结，是中国兵役制度上的一项重大改革。新兵役法的颁布实施标志着中国特色兵役制度更加完善，中国的兵役工作走入了一个新的阶段。

［原载《当代中国史研究》2015 年第 3 期］

① 《五届人大常委会举行第一次会议 叶剑英委员长主持会议 会议讨论批准了国务院提出的〈关于兵役制问题的决定〉》，《人民日报》1978 年 3 月 8 日。

② 《中华人民共和国兵役法（一九八四年五月三十一日第六届全国人民代表大会第二次会议通过）》，《人民日报》1984 年 6 月 5 日。

略论党对军队绝对领导制度的形成和发展

无产阶级政党和军队的关系问题，是军队建设的首要和根本问题。毛泽东从政治高度对二者的关系做出了最本质、最形象的概括和表述："我们的原则是党指挥枪，而决不容许枪指挥党。"① 坚持党对军队的绝对领导，是马克思主义建党建军学说与中国军事斗争实践相结合的伟大创造。在长期革命和建设实践中，中国共产党形成了军队最高领导权和指挥权集中于党中央和中央军委，党委制、政委制、政治机关制、支部建在连上等一整套党领导人民军队的基本制度，实现了党的组织与军队建制的有机融合，实现了党的思想政治领导与军事行政领导的内在统一。这些制度是我军区别于其他军队的显著标志，是我军发展壮大的根基，也是确保军队永远听党指挥的制度保证。

一、土地革命时期，开始确立了党对军队绝对领导的根本原则和基本制度，党对军队的领导体制初步形成

在国共合作的大革命时期，仿效苏联红军，国民革命军和国民军建立了政治工作制度，设立了党代表和政治部。这是中国军事制度的一大革命，为后来中国共产党创建和发展人民军队的政治工作提供了宝贵的经验。毛泽东曾指出：在大革命时期，"军队有一种新气象，官兵之间和

---

① 毛泽东:《战争和战略问题》，载《毛泽东选集》第 2 卷，人民出版社 1991 年版，第 547 页。

军民之间大体上是团结的，奋勇向前的革命精神充满了军队。那时军队设立了党代表和政治部，这种制度是中国历史上没有的，靠了这种制度使军队一新其面目。1927 年以后的红军以至今日的八路军，是继承了这种制度而加以发展的”。①

南昌起义打响了我们党武装反抗国民党反动派的第一枪，标志着中国共产党独立领导的人民军队的诞生。起义部队首先建立了中国共产党的组织，以周恩来为书记的中国共产党前敌委员会（亦称前线委员会，简称“前委”）为最高领导机关，各军、师设军委、师委，各团设支部、分支部及小组，以加强中国共产党对军队的领导。1927 年 8 月 7 日，中共中央在湖北汉口召开紧急会议。会上，毛泽东明确提出，党“以后要非常注意军事，须知政权是由枪杆子中取得的”。②

三湾改编开始确定了中国共产党对军队的绝对领导。1927 年 9 月，毛泽东等发动和领导湘赣边界的秋收起义。当起义部队到达江西省永新县的三湾村时，针对部队思想混乱、纪律涣散等情况，毛泽东主持召开前委会议，决定集中时间对部队进行整顿和改编。这次改编创造性地提出了“支部建在连上”的党建原则和组织制度，在部队中建立了中共各级党的组织，班设党小组，连设党支部，营、团建立党的委员会，连以上各级设党代表。三湾改编开始确定了中国共产党对军队的绝对领导，为建设新型的人民军队奠定了初步基础。

井冈山根据地红军的建军经验受到中共中央的重视并被推广到各革命根据地的红军中去。1929 年 3 月 17 日，周恩来代表中共中央给贺龙和湘鄂西前委发出指示信，介绍井冈山根据地红军建军经验。指示信指出：“在朱、毛军队中，党的组织是以连为单位，每连建立一个支部，连以下分小组，连以上有营委、团委等组织。因为每连都有组织，所以在平日及作战时，都有党的指导和帮助。”③

---

① 毛泽东：《和英国记者贝特兰的谈话》，载《毛泽东选集》第 2 卷，人民出版社 1991 年版，第 380 页。

② 毛泽东：《政权是由枪杆子中取得的》，载《毛泽东军事文选（内部本）》，中国人民解放军战士出版社 1981 年版，第 4 页。

③ 《关于湘鄂西苏区发展的几个问题》，载《周恩来选集》上卷，人民出版社 1980 年版，第 16 页。

古田会议解决了党从思想上、政治上和组织上全面掌握军队的根本问题，确立了党对军队绝对领导的根本原则和基本制度。根据中共中央“九月来信”[①]的指示精神，1929 年 12 月，中共红军第四军在福建省上杭县的古田村召开代表大会。会议着重讨论了红四军诞生以来在建军方面的经验教训，通过了毛泽东起草的《中国共产党红军第四军第九次代表大会决议案》(史称“古田会议决议”)。该《决议》的中心思想，就是用无产阶级思想建设党，建设红军。古田会议决议是建党建军的纲领性文献，它解决了党从思想上、政治上和组织上全面掌握军队的根本问题，确立了党对军队绝对领导的根本原则和基本制度，是无产阶级建军理论的重大发展，是中国人民解放军建军史上的重要里程碑。

这个时期，党对军队的领导体制初步形成。中央军事委员会和红军政治机关相继建立。中央军事委员会是中国共产党在领导中国人民进行革命斗争的过程中创建的。1925 年 10 月，为适应武装斗争的需要，中国共产党成立了中央军事运动委员会。同年 12 月，改为中央军事部。1926 年 11 月，始称中央军事委员会，但仍沿用中央军事部的名称。周恩来任中央军委书记，亦称中央军事部部长。这时的中央军事委员会主要负责指导党在国民革命军和旧军队中的组织和联络工作，发动和领导工农群众支持北伐战争等。

1927 年 11 月，根据中共中央临时政治局扩大会议关于精简中央机构的决定，中央军事部改为军事科。1928 年六七月间，中共第六次全国代表大会决定重新设立中央军事部。同年 10 月，中共中央确定：中央军事部内设立军事委员会，作为就军事问题进行讨论和建议的机构。随着全国革命根据地和工农红军的迅速发展，1930 年 3 月，中共中央再次把军事部改称中央军事委员会，作为全国红军的统帅部。4 月，中共中央通知全军：“一切指挥权完全统一于中央军委。”[②]中央军委成为中国共产党的最高军事指挥机关。

1930 年 10 月，中共中央政治局决定组成中华苏维埃共和国中央革命

---

① 《中共中央给红军第四军前委的指示信》，载《周恩来选集》上卷，人民出版社 1980 年版，第 29—43 页。

② 《中央通知》第 103 号（1930 年 4 月 3 日）。

军事委员会。中央革命军事委员会，既是中共中央的军事领导机构，又是中华苏维埃共和国的军事部门，是革命根据地工农红军的组织、给养、教育、训练、作战行动的最高管理和指挥机关。

同年 11 月，中共中央总结全国红军政治工作建设的经验，参照苏联红军政治工作条例，制定了《中国工农红军政治工作暂行条例（草案）》，明确阐述了红军政治工作的目的就是要巩固无产阶级先锋队——中国共产党在红军中的领导，巩固红军的战斗力，使红军成为有力的工农革命武装力量。1931 年 2 月，中国工农红军总政治部成立。红军政治工作暂行条例的制定和总政治部的建立，对统一全国红军的政治工作制度和加强政治工作建设起了重要作用。

1932 年 7 月 21 日，中共中央在《给苏区中央局及苏区闽赣两省委信》中提出了政治工作是红军生命线的论断。信中说："政治工作在红军中有决定的意义……政治工作不是附带的，而是红军的生命线。"[①]1934 年 2 月 7 日至 12 日，中国工农红军在瑞金召开了第一次全国政治工作会议。王稼祥、朱德、周恩来等在总结红军政治工作经验教训的基础上，进一步系统、全面地阐述了"政治工作是红军的生命线"的重要思想，[②]使"生命线"论断得以系统化、理论化，从根本上确立了政治工作在红军建设中的地位和作用。

这一时期，中国共产党对红军的绝对领导这一原则在思想上、政治上、组织上和制度上进一步系统化。但在王明"左"倾错误路线全力推行的情况下，特别是从 1931 年 11 月中央苏区第一次代表大会（赣南会议）上，指责红军的党委制犯了"党的包办主义错误"，不恰当地强调政治委员的作用，提出政治委员有"最后决定权"。因此，在 1932 年 10 月召开的苏区中央局全体会议（即宁都会议）上，决定取消红军中的党委制，以政治委员的个人领导取代红军中的党委制，刚刚建立起来的党委制度被中断了。

---

① 《中共中央文件选集（1949 年 10 月—1966 年 5 月）》第 8 册，中共中央党校出版社 1985 年版，第 269 页。

② 《思想政治工作 70 年》，国防大学出版社 1991 年版，第 188—189 页。

二、抗日战争时期，中国共产党在改编中坚持对军队的绝对领导，进一步加强了军队中的政治工作

抗日战争时期，为适应抗日民族统一战线的新情况，彻底挫败国民党削弱和控制人民军队的图谋，中共中央和中央军委十分强调在统一战线中坚持独立自主的方针，加强党对军队的绝对领导和军队中的政治工作。

首先，中国共产党在改编中坚持对军队的绝对领导。1937 年 2 月，中国共产党就解决陕甘宁边区政权、红军改编和国共两党关系等问题，同国民党当局进行了多次谈判。在红军改编这个问题上，我党坚持对人民军队的绝对领导，坚持战略统一下独立自主的指挥原则，拒绝了国民党种种无理要求，谈判没有达成协议。直到日军进攻上海、国民党统治中心南京受到直接威胁时，国民党才被迫承认我党在全国的合法地位，同意红军主力部队改编为国民革命军第八路军和设立总指挥部。

中共中央在《关于共产党参加政府问题的决定草案》中强调："在原有红军中及一切游击队中，共产党绝对独立领导之保持，是完全必要的；共产党员不许可在这个问题上发生任何原则上的动摇。"[①] 为在新形势下进一步加强党对军队的领导，1937 年 8 月，中共中央政治局扩大会议（洛川会议）决定组成新的中共中央军事委员会，中共中央革命军事委员会作为中共中央领导各抗日根据地军事建设和武装斗争的最高统率机构。10 月，又恢复了政治委员制度和政治部。中央军委和总政治部要求红军在改编以后，把党对军队的绝对领导作为新阶段政治工作的基本任务之一，政治工作必须在政治上、理论上、组织上、工作内容与工作方法上，保持共产党的独立性。

这个时期，毛泽东明确提出了党指挥枪的原则。1938 年 11 月 6 日，毛泽东在中共六届六中全会的报告中说："共产党员不争个人的兵权（决不能争，再也不要学张国焘），但要争党的兵权，要争人民的兵权。现在

---

① 《当代中国军队的政治工作》，当代中国出版社 1994 年版，第 14 页。

是民族抗战，还要争民族的兵权。”[①] “我们的原则是党指挥枪，而决不容许枪指挥党。”[②]1943 年 4 月，朱德在《革命军队管理原则》中指出：我们的军队是在中国共产党领导下的军队，不是个人的军队。[③]

为了确保党对军队的绝对领导，加强军队中的政治工作，早在 1937 年 8 月 1 日，总政治部就在《关于新阶段的部队政治工作的决定》中指出，红军改编后政治工作的基本任务之一就是保证中国共产党对红军的绝对领导。中央军委和总政治部还对在王明右倾错误路线影响下制定的《新四军政治工作组织纲要草案》不敢公开申明新四军的政治工作就是共产党的工作等错误进行了严肃的批评，指出：“政治工作必须在政治上、理论上、组织上、工作内容与方法上，保持共产党的独立性。”[④]

1944 年 4 月，中共中央西北局召开高级干部会议。会上，总政治部副主任、陕甘宁晋绥联防军副政治委员兼政治部主任谭政做了《关于军队政治工作问题的报告》。该《报告》总结了北伐战争、土地革命战争、抗日战争以来人民军队政治工作的经验，进一步明确了军队政治工作的地位、原则、任务和总方针，从理论和实践结合上解决了军队政治工作一系列重大问题。该《报告》论述了政治工作在革命军队中的地位和作用，指出“整个军队的方向就是政治工作的方向”，政治工作的任务只能根据人民军队的基本任务与当前具体任务去规定，并从思想上、政治上与组织上去保证军队任务的完成。《报告》分析了政治工作中教条主义的表现及其危害，强调组织形式与工作制度应当适应环境、任务的要求，凡属便利于组织和发扬光大战士群众的积极性，借以完成一定任务的组织形式与工作制度，便应当充分利用之；否则，就应当废止，而代之以新的东西。《关于军队政治工作问题的报告》继承了古田会议决议精神，是军队政治工作又一重要历史文献。它标志着人民军队政治工作的规律已被认识和自觉地运用，许多实践经验上升为理论，政治工作已成为一个科学体系，达到了更加成熟的阶段。它的宣传和贯彻，有力地加强和

---

① 毛泽东：《战争和战略问题》，载《毛泽东选集》第 2 卷，人民出版社 1991 年版，第 546 页。

② 毛泽东：《战争和战略问题》，载《毛泽东选集》第 2 卷，人民出版社 1991 年版，第 547 页。

③ 朱德：《革命军队管理原则》，《解放日报》1943 年 4 月 16 日。

④ 《总政治部对于新四军政治工作的指示》（1940 年 5 月 6 日）。

发展了军队的政治工作。

三、解放战争时期，恢复和健全党的委员会制度，完善了党的军事领导体制

抗日战争胜利后，为了加强党对军队的领导，保证部队的团结和集中统一的指挥，中央决定恢复和健全军队中党的委员会制度。

1945 年 6 月，中国共产党第七次全国代表大会作出决定：按照古田会议决议的原则，恢复军队中各级党的委员会制度（简称“党委制”），以避免首长制所产生的弊端。为加强党对军队的领导，晋冀鲁豫军区根据中共七大的精神首先恢复了党委制，要求在所有部队一律建立党的各级委员会。中央对晋冀鲁豫军区的做法和经验非常重视，指出：晋冀鲁豫军区在所属部队中恢复党委制的做法“是正确的”。为加强中国共产党对军队的集中统一领导以适应大兵团作战的需要，中共中央于 1947 年 2 月 27 日发出《关于在军队中组织党委会的指示》，规定：“凡关于作战、工作、政策及干部等问题，除紧急情况之处断应由首长担负外，在一般情况下，经过军队中各级党委会之民主讨论和决定，再由首长执行。”①

遵照中共中央指示，各解放军区相继在部队中恢复党委制。1947 年 7 月 28 日，总政治部印发了《中国人民解放军党委会条例草案（初稿）》。它是人民军队历史上第一部完整的关于党委制建设的条例，共 4 章 41 条。《条例》规定：中国共产党对人民军队实行绝对领导，“其组织形式即在军队中设置各级党委会，而以党委会作为对军队之一切领导与团结的核心”。第三章“支部”中，首次明确“支部委员会为全连之最高领导机关”。《条例》还初步规范了党支部建设和工作的原则和要求。②

1948 年 9 月 20 日，毛泽东为中共中央起草了《关于健全党委制》的决定，强调“党委制是保证集体领导、防止个人包办的党的重要制度”，

---

① 中国人民解放军政治学院政治工作教研室：《军队政治工作历史资料》第 10 册，中国人民解放军战士出版社 1982 年版，第 576 页。

② 中国人民解放军总政治部：《中国人民解放军党委会条例草案》，总政治部 1949 年印。

“集体领导和个人负责，二者不可偏废”。[①]1949 年 3 月，毛泽东在中共七届二中全会上总结出党委会工作方法 12 条。党委制的恢复和健全，党委领导下的首长分工负责制的贯彻执行，加强了中国共产党对军队的领导，保证了部队的团结和集中统一指挥。

解放战争时期，党的军事领导体制在战争实践中进一步发展和完善。1945 年 8 月，中共中央政治局扩大会议决定组成新的中共中央军事委员会。这时，中共中央军事委员会已发展成为最高军事机构，领导军事建设，统率武装力量，开展武装斗争，成功地指挥了无数次重大战役和战斗。1947 年 4 月至 1948 年 5 月，为适应战争需要，中央军委临时分成三部分：一部分留在陕北指挥全国解放战争；一部分转移到华北，主持中央工作委员会工作；一部分留在晋西北，主持中央军委的后方机关工作。这三部分机构分工协作，实现了党中央和中央军委对革命战争的一元化领导。此外，为了加强对各野战军部队的领导，中共中央和中央军委在野战军中建立了中国共产党前线委员会（亦称前敌委员会）以及总前委，统一领导当地党、政、军及军管工作，保证了战略决战的彻底胜利。前委制、总前委制，作为党对军队绝对领导的特殊形式，在作战、建军、建政等方面，均发挥了重要的作用。为适应中国人民革命战争胜利发展的需要，1948 年 11 月 21 日，中共中央决定，中央军委对外公开发布命令时，使用中国人民革命军事委员会的名称。

中国人民之所以在 20 世纪能够取得救亡图存的胜利，中华民族能够获得独立，就是由于有了一个用马克思主义理论武装起来的先进政党，掌握着一支忠诚于党的无产阶级军队。“党指挥枪”，即党对军队的绝对领导，是马克思主义建党建军学说与中国军事斗争实践相结合的伟大创造，是毛泽东建军思想的重要组成部分。中国共产党对军队的绝对领导，是根本原则和制度绝对性与具体制度和实现形式相对性的有机统一。新中国成立后，我们党逐步发展和完善了一整套党领导人民军队的基本制度，实现了党的组织与军队建制的有机融合，实现了党的思想政治领

① 毛泽东：《关于健全党委制》，载《毛泽东选集》第 4 卷，人民出版社 1991 年版，第 1340、1341 页。

导与军事行政领导的内在统一，并从新的高度深刻论述和发展了毛泽东“党指挥枪”的建军思想，为坚持党对军队的绝对领导奠定了新的理论基础。党和国家的历代领导人始终不渝地坚持“党指挥枪”这一根本原则，又与时俱进发展创新，使党对军队绝对领导的根本制度永远保持生机活力，得到有效贯彻。

［原载《党史文苑（学术版）》2012 年第 2 期］

略论新中国成立以来中国共产党对军队的绝对领导

中国共产党对军队的绝对领导，即“党指挥枪”，是马克思主义建党建军学说与中国军事斗争实践相结合的伟大创造，是毛泽东建军思想的重要组成部分。中国共产党对军队的绝对领导，绝不是为了一党私利，而是为了维护党的利益、国家利益和人民利益的高度统一。[①]新中国成立后，中国共产党始终不渝地坚持党对军队的绝对领导，从新的高度深刻论述和发展了毛泽东“党指挥枪”的建军思想，逐步发展和完善了一整套党领导人民军队的基本制度，实现了党的组织与军队建制的有机融合，实现了党的思想政治领导与军事行政领导的内在统一。

一、始终不渝地坚持“党指挥枪”的原则，将党对军队的绝对领导确立为“我军永远不变的军魂”，为坚持党对军队的绝对领导奠定新的理论基础

党和军队的关系问题，是军队建设的首要和根本问题。毛泽东从政治原则的高度对党和军队的关系作出了最本质、最形象的概括和表述：“我们的原则是党指挥枪，而决不容许枪指挥党。”[②]毛泽东作为中国人民

---

① 张星星:《中国共产党与新中国国防和军队建设》,《解放军理论学习》2009 年第 11 期。

② 《毛泽东选集》第 2 卷，人民出版社 1991 年版，第 547 页。

解放军的主要缔造者，为确立中国共产党对军队的绝对领导做出了巨大的历史贡献。1927 年 9 月，毛泽东领导的秋收起义部队在向井冈山进军途中进行了著名的“三湾改编”，创造性地提出了“支部建在连上”的党建原则和组织制度，把党的组织建立在基层，从而使党得以切实掌握军队。1929 年 12 月，毛泽东主持召开了古田会议，解决了中国共产党从思想上、政治上和组织上全面掌握军队的根本问题，确立了中国共产党对军队绝对领导的根本原则和基本制度。1938 年 11 月 6 日，毛泽东在中共六届六中全会的报告中明确提出了“党指挥枪”的原则。毛泽东创立的中国共产党对军队绝对领导的理论及其一整套制度，对于消除一切旧式军队的影响、把以农民为主要成分的军队建设成为新型的无产阶级军队起到了决定性作用。

作为党的第二代中央领导集体的核心和人民解放军的统帅，邓小平十分重视军队在国家政治生活特别是维护国家稳定中的重要作用，他始终不渝地坚持毛泽东确立的“党指挥枪”的原则，强调坚持党对军队绝对领导的根本制度。邓小平在总结历史经验、立足时代发展的基础上，对中国人民解放军的性质作出了科学概括，指出：“这个性质是，党的军队，人民的军队，社会主义国家的军队。这与世界各国的军队不同。”[①] 这一概括从军队同党、同人民、同国家的相互关系上对军队作出了明确的政治定位，并把“党的军队”放在首位，突出了党对军队绝对领导的基础性、决定性的地位和作用。

江泽民在认识党与军队的关系上，坚持邓小平关于人民解放军永远是党领导下的军队的观点，作出了“必须把党对军队的绝对领导作为永远不变的军魂”的新论断，为军队在新形势下坚持党对军队的领导提供了具有决定性意义的根本原则。中共十六大报告明确指出：“党对军队的绝对领导是我军永远不变的军魂，要毫不动摇地坚持党领导人民军队的根本原则和制度。”[②] 江泽民把党对军队绝对领导提到“军魂”的高度，深刻揭示了人民解放军作为党的军队、人民的军队、社会主义国家军队的

① 《邓小平文选》第 3 卷，人民出版社 1993 年版，第 334 页。
② 《江泽民文选》第 3 卷，人民出版社 2006 年版，第 562 页。

本质所在。

胡锦涛进一步阐述和发展了“军魂”思想。他说，总结历史，我们完全可以说，党和人民事业之所以能够不断从胜利走向胜利，社会主义中国之所以能够在国际风云剧烈变幻中始终站稳脚跟，一个重要原因，就是因为我们有人民解放军这样一支忠于党、忠于社会主义、忠于祖国、忠于人民的英雄军队。人民解放军培育和形成的优良革命传统，首要一条就是听党指挥。听党指挥，是党和人民对人民军队的最高政治要求，是人民解放军不可动摇的根本原则。人民军队必须具有凝聚军心的神圣军魂。人民解放军铸就的军魂，就是坚持党的绝对领导。正是由于高度自觉听党指挥，人民解放军才始终保持了坚定正确的政治方向，始终保持了强大的凝聚力和战斗力，始终保持了蓬勃旺盛的生机活力。[①] 胡锦涛还明确提出，军队要为党巩固执政地位提供重要的力量保证。坚持党对军队的绝对领导，是为党巩固执政地位提供力量保证的根本前提；为党巩固执政地位提供力量保证，是党对军队绝对领导的主要目的和基本要求。这一重要历史使命的提出，进一步丰富了党对军队绝对领导的时代内容。

二、发展和完善党的军事领导体制，保证军队的最高领导权和指挥权高度集中统一

中国共产党对军队的绝对领导，是通过中共中央军事委员会及党在军队中的各级组织来实现的。[②]1925 年 10 月，为了适应武装斗争的需要，成立了中央军事运动委员会。同年 12 月，改称中央军事部。1928 年 10 月，中共中央决定在中央军事部内设立军事委员会。1930 年 2 月，中共中央决定，中央军事部和军事委员会合一，组成中央军事委员会，直接归中央政治局领导。[③]4 月，中共中央通知全军：以后各地已组织的正式红

---

① 胡锦涛：《在庆祝中国人民解放军建军 80 周年暨全军英雄模范代表大会上的讲话》，《人民日报》2007 年 8 月 2 日。

② 《中国人民解放军》（上），当代中国出版社 1994 年版，第 339 页。

③ 王永生、李玉平：《历届中共中央军事委员会的组成及历史背景》，《军事历史》2007 年第 6 期。

军，一切指挥权完全统一于中央军委。中央军委成为中国共产党的最高军事指挥机关。

新中国成立后，在不同时期通过的《中华人民共和国宪法》，或规定中华人民共和国的武装力量由中华人民共和国主席、中国共产党中央委员会主席统率，或规定由中华人民共和国中央军事委员会领导。尽管提法上有所不同，但都是要置于中国共产党的绝对领导之下，服从中国共产党的指挥。

1949年9月，中国人民政治协商会议第一届全体会议制定了具有临时宪法作用的《中国人民政治协商会议共同纲领》(以下简称《共同纲领》)。《共同纲领》将军事领导机构正式纳入国家的政权系统："人民解放军和人民公安军部队，受中央人民政府人民革命军事委员会统率。"① 新中国成立初期的人民革命军事委员会，其成员不仅有中国共产党和中华人民共和国的领导人，而且还吸收了国民党起义部队的一些高级将领参与军队建设的领导工作。人民革命军事委员会的成立，标志着党中央的军事领导机构正式纳入国家的政权系统，虽然暂时取消了中共中央军事委员会，但中央人民政府人民革命军事委员会成员绝大部分是中共领导人，军队的实际领导权完全由中国共产党掌握，党对中国人民解放军的绝对领导地位没有变化。②

1954年9月，一届全国人大一次会议通过了《中华人民共和国宪法》，其中规定："中华人民共和国主席统率全国武装力量，担任国防委员会主席"，最高国家权力机关全国人民代表大会及其常务委员会是国家最高军事决策机构。③ 一届全国人大一次会议决定设立国防委员会和国防部，撤销了中国人民解放军总司令的设置。为了加强中国共产党对人民解放军的领导，1954年9月28日，中共中央政治局会议作出了《关于重新成立党的军事委员会的决议》。该《决议》指出：要在中央政治局和书记处之下成立一个党的军事委员会，担负整个军事工作的领导。同时，

---

① 《建国以来重要文献选编》第1册，中央文献出版社1992年版，第6页。

② 徐能武：《锻铸军魂：中国共产党军事领导体制研究》，国防科技大学出版社2007年版，第120页。

③ 《中华人民共和国宪法》，《人民日报》1954年9月21日。

决定由毛泽东、朱德、彭德怀、林彪、刘伯承、贺龙、陈毅、邓小平、罗荣桓、聂荣臻、徐向前、叶剑英 12 人组成中共中央军事委员会，毛泽东任中共中央军委主席。[①]

1982 年 9 月，中共十二大通过的《中国共产党章程》规定："党的中央军事委员会组成人员由中央委员会决定。"[②]9 月 12 日，邓小平在中共十二届一中全会上当选为中共中央军委主席；杨尚昆为常务副主席，叶剑英、徐向前、聂荣臻为副主席，杨尚昆兼任军委秘书长，张爱萍、余秋里、杨得志、洪学智为军委副秘书长。1982 年 12 月，五届全国人大五次会议通过的《中华人民共和国宪法》规定："中华人民共和国中央军事委员会领导全国武装力量。"[③] 中央军事委员会实行主席负责制，每届任期与全国人民代表大会每届任期相同。1983 年 6 月 18 日，邓小平在六届人大一次会议上当选为中华人民共和国中央军事委员会主席；20 日，根据邓小平提名：叶剑英、徐向前、聂荣臻、杨尚昆为军委副主席；张爱萍、余秋里、杨得志、洪学智为中央军委委员。这是中央军委历史上第三次成为中共中央和国家政权的共同职能机构。中央军事委员会既是中国共产党中央委员会的军事机关，又是中华人民共和国国家机构的组成部分。

设立中华人民共和国中央军事委员会，是在新的历史条件下国家政治体制和军事体制的一次重大变革。它把中共中央军事委员会和中华人民共和国中央军事委员会融为一体，其组成人员、领导机构和领导职能都是同一的。中国共产党中央军事委员会和中华人民共和国中央军事委员会对人民解放军的领导，都是通过中央军事委员会下设的中国人民解放军总参谋部、总政治部、总后勤部、总装备部来实施的。同时，国务院设立国防部，一切需要由政府负责的军事工作由国务院作出相应决定，通过国防部或以国防部的名义组织实施。国防部虽属国务院建制，但它在接受国务院领导的同时也接受中央军事委员会的领导。这样的领导体制，既能体现和保证中国共产党对中国人民解放军具有绝对领导权和指

---

① 《中国人民解放军》(上)，当代中国出版社 1994 年版，第 342 页。

② 《中国共产党章程》,《人民日报》1982 年 9 月 9 日。

③ 《中华人民共和国宪法》,《人民日报》1982 年 12 月 5 日。

挥权，又能通过国家政权的力量，加强军队的建设，加强国防现代化的建设，也便于全国军民在必要时迅速转入战时体制，增强对突然事件迅速作出有效反应的能力，保卫国家安全，保障社会主义建设事业的顺利进行。[①]

三、坚持以"党委统一的集体领导下的首长分工负责制为我军根本的领导制度"，强调"党的各级委员会是各级部队统一领导和团结的核心"

中国共产党对中国人民解放军的领导是通过军队党的各级组织具体实施的。党委集体领导下的首长分工负责制是党对军队领导的根本制度。加强党委建设对保证党对军队的绝对领导具有决定的意义。

党委制在人民军队的发展历程中有过一段波折。1931 年 11 月，在推行王明"左"倾错误路线的情况下召开的中央苏区党组织第一次代表大会（即赣南会议），指责红军的党委制犯了"党的包办主义错误"，提出政治委员有"最后决定权"。1932 年 10 月召开的苏区中央局全体会议（即宁都会议）上，决定取消红军的党委制，以政治委员的个人领导取代红军中的党委制，使刚刚建立起来的党委制就此中断。1945 年 4 月，中共七大决定恢复军队中各级党的委员会制度。1947 年 7 月 28 日，总政治部印发了《中国人民解放军党委会条例草案（初稿）》。这是人民军队历史上第一部完整的关于党委制建设的条例，《条例》规定：中国共产党对人民军队实行绝对领导，"其组织形式即在军队中设置各级党委会，而以党委会作为对军队之一切领导与团结的核心"，并首次明确规定"支部委员会为全连之最高领导机关"。《条例》还初步规范了党支部建设和工作的原则和要求。[②]党委制的恢复和健全，党委领导下的首长分工负责制的贯彻执行，加强了中国共产党对军队的领导，保证了部队的团结和集中统一的指挥。

---

① 《中国人民解放军》（上），当代中国出版社 1994 年版，第 349 页。

② 中国人民解放军总政治部：《中国人民解放军党委会条例草案》，总政治部 1949 年印。

新中国成立后，人民解放军在向现代化、正规化转变的历史条件下，有人曾主张学习苏联军队“实行一长制”。在部队进行正规化建设中，有的单位曾出现只重视个人领导而轻视党委集体领导，军事训练和演习计划不要党委过问，下达命令不要政治委员签署等现象。这些问题很快就得到了纠正。[①]1954 年 1 月，彭德怀代表中央军委在全国军事系统党的高级干部会议上所作的报告指出：“在组织方面，应按照毛主席历来的指示，根据党委员会集体领导和首长个人负责相结合的原则，采取在党委统一的集体领导下的首长分工负责制”，“党的委员会的团结是党的团结的起点，只有实行集体领导，才能集中智慧，统一认识，使党的领导成为强有力的领导，从而达到团结一致，这个原则今后必须认真贯彻”。[②]1954 年 4 月 15 日，中共中央和中央人民政府革命军事委员颁布的《中国人民解放军政治工作条例总则（草案）》规定：“中国共产党在中国人民解放军中设立党的各级委员会，作为部队统一领导的核心；并确定党委统一的集体的领导下的首长分工负责制，为党对军队的领导制度。一切重要问题……除紧急情况得由有关首长紧急处理外，均先由党委员会讨论，做出决定。”[③]之后颁布的历次《中国人民解放军政治工作条例》都明确规定：“党在军队中建立的各级委员会，是各级部队统一领导和团结的核心。”[④]

1956 年 9 月，邓小平在中共八大作《关于修改党的章程的报告》时明确指出：“在中国人民解放军里面，长期以来就实行着党委的集体领导制，或者说得完全些，党委集体领导下的首长分工负责制。中国人民解放军长期战争的经验，证明这个制度对于部队工作是有利的。”[⑤]

1995 年 12 月 17 日，江泽民在中央军委扩大会议上再次强调：“民主集中制是我们党和国家的一项根本制度，也是坚持党对军队的绝对领导的重要保证。加强民主集中制，必须坚持和完善集体领导和个人分工负责相结合的制度，既要强调军政主官对部队工作负主要责任，也要防

---

① 《当代中国军队的政治工作》，当代中国出版社 1994 年版，第 413 页。

② 《彭德怀军事文选》，中央文献出版社 1988 年版，第 480—490 页。

③ 《建国以来重要文献选编》第 5 册，中央文献出版社 1993 年版，第 211 页。

④ 《中共中央颁布〈中国人民解放军政治工作条例〉》，《人民日报》1978 年 8 月 12 日。

⑤ 《邓小平文选》第 1 卷，人民出版社 1994 年版，第 230 页。

止主官个人说了算、个人凌驾于组织之上。凡属部队建设中的重大问题，必须经过党委充分酝酿和讨论，由党委集体决定。”[①]

2011年2月，经中央军委主席胡锦涛批准，新修订的《中国共产党军队委员会工作条例》发布实施。《条例》总结吸收了军队党委工作的新经验，针对党委工作面临的新情况、新问题，对新形势下军队党委工作的指导思想、原则和要求，党委的职责、议事和决策、领导作风、制度、监督与责任追究等作了进一步完善。这个《条例》是规范军队党委工作的基本法规，是军队各级党委开展工作的基本依据。《条例》的发布施行将进一步规范军队各级党委的工作，促进军队各级党委的建设，提高党委科学决策、民主决策、依法决策水平，增强党委的创造力、凝聚力、战斗力，更好地发挥党委在推动部队建设和带领部队完成各项任务中的领导核心作用。

四、重申“政治工作是人民军队的生命线”，提出了“思想政治建设是我军根本性建设”的论断，高度重视并切实加强思想政治建设

中国人民解放军“有一种极其重要和极其显著的东西，这就是它的政治工作”。[②]它是中国人民解放军区别于其他军队的显著标志。强有力的政治工作保证了中国共产党对军队的绝对领导，使中国人民解放军在革命化、现代化、正规化建设中始终坚持正确的方向。

1932年7月21日，中共中央在《给苏区中央局及苏区闽赣两省委信》中提出了政治工作是红军生命线的论断。[③]1954年，毛泽东在审批《中国人民解放军政治工作条例》时，亲笔写上“中国共产党在中国人民解放军中的政治工作是我军的生命线”，[④]这是对人民解放军政治工作的地

① 《江泽民文选》第1卷，人民出版社2006年版，第493—494页。

② 《毛泽东选集》第2卷，人民出版社1991年版，第379页。

③ 《中共中央文件选集（1949年10月—1966年5月）》第8册，中共中央党校出版社1985年版，第269页。

④ 《叶剑英军事文选》，解放军出版社1997年版，第699页。

位、作用的经典概括。

改革开放初期，邓小平在领导军队现代化建设的进程中多次重申政治工作是人民解放军的生命线和真正的优势，“一定要把思想政治工作放在非常重要的地位，切实认真做好，不能放松”[①]；邓小平指出，军队政治工作的任务主要是保证军队的性质，保证党的路线、方针、政策的贯彻执行，保证党对军队的绝对领导。

基于新的历史条件、国际形势的变化和国家改革开放的不断深化，1994 年，江泽民在军委扩大会议上明确提出，要“把思想政治建设摆在全军各项建设的首位。注重并始终坚持从思想上、政治上建设部队，是我们党领导军队的一条根本原则和特有优势。加强思想政治建设，是我军保持人民军队性质和正确发展方向的可靠保证。坚持党对军队的绝对领导，必须首先从思想上、政治上掌握军队”[②]。

进入 21 世纪，胡锦涛对加强新形势下军队思想政治建设作出了一系列重要论述，明确提出了“思想政治建设是我军根本性建设”的论断，深刻揭示了新形势下思想政治建设的重要地位和作用。胡锦涛多次强调指出：从思想上、政治上、组织上确保我军始终成为党绝对领导下的人民军队，确保国防和军队建设科学发展，确保有效履行新世纪新阶段我军历史使命，是新世纪新阶段军队思想政治建设必须着力解决的时代课题。[③]“三个确保”的时代课题，深刻阐明了新的历史条件下军队思想政治建设的基本任务，集中体现了贯彻落实科学发展观对军队思想政治建设的内在要求，把我军对思想政治建设规律的认识提升到一个新的高度和境界，为新形势下加强军队思想政治建设提供了基本依据。

为贯彻胡锦涛的重要指示，加强和改进思想政治教育问题，2009 年 11 月，经中央军委批准，解放军总政治部发布了新修订的《中国人民解放军思想政治教育大纲》。该《大纲》充分反映了形势任务变化对军队思想政治教育的新要求，注重解决部队思想政治教育遇到的矛盾和问题，

---

① 《邓小平文选》第 2 卷，人民出版社 1994 年版，第 342 页。

② 《江泽民文选》第 2 卷，人民出版社 2006 年版，第 458—459 页。

③ 李继耐：《正确把握“三个确保”的时代课题 大力加强新形势下军队思想政治建设》，《解放军报》2009 年 4 月 7 日。

对思想政治教育的组织领导、主要任务、内容时间、组织实施等作了进一步调整、充实和规范。它是军队开展思想政治教育的基本依据，对科学规范思想政治教育工作，从思想上、政治上、组织上确保人民解放军始终成为中国共产党绝对领导下的人民军队，确保国防和军队建设科学发展，确保有效履行新世纪新阶段历史使命，具有十分重要的意义。

中国共产党对军队的绝对领导，是根本原则和制度绝对性与具体制度和实现形式相对性的有机统一。新中国成立以来，党和国家的历代领导人始终不渝地坚持“党指挥枪”这一根本原则，又与时俱进发展创新，使党对军队绝对领导的根本制度永远保持生机活力，得到有效贯彻。

［原载《当代中国史研究》2012 年第 1 期］

毛泽东与广西剿匪

1950年11月中旬，毛泽东连续电示中南局和广西军区，对广西剿匪工作提出严厉批评，要求限期完成剿匪任务。在随后的半年多时间里，毛泽东对广西剿匪工作作出一系列批示，《建国以来毛泽东文稿》中收录了大量有关文献。近些年，一些人对这段历史进行片面、错误的解读，甚至歪曲篡改史实，流毒甚广。为此，本文结合历史资料，完整解读《建国以来毛泽东文稿》有关文献，还原历史事实，回应某些误解。

一、毛泽东对广西在战略全局中的考虑和军事部署

朝鲜战争爆发后，国内外时局发生很大变化。据中共中央获得的可靠情报，台湾国民党军计划在美军支持下，准备用20万至25万兵力攻占厦门、汕头。毛泽东决定，我军在每个方向上，须集中两三个军至三四个军予以应对。[①] 为此，他对包括广西在内的华南地区的剿匪工作和军事部署作出了一系列指示。

1950年8月25日，毛泽东以中央军委名义指示中南局领导："请考虑从西面抽调一部兵力（例如一个强的师）及一部炮火加强东面，确保潮汕及海陆丰沿海防线，并派一个军级指挥部去担任指挥，遇敌袭击时

① 《建国以来毛泽东文稿》第2册，中央文献出版社1988年版，第24、68页。

能坚决歼灭之。”[①]9月中旬，根据形势变化，毛泽东计划组建机动预备兵团以应对可能的事变。16日，他电示中南军区领导，要求将江西四十八军和湖南两个军（四十六军和四十七军）在1951年春季集中于指定位置支持广东。[②]后来，军委决定四十七军在完成湘西剿匪任务后作为第二番志愿军入朝作战，湖南只有第四十六军主力担负剿匪、守备任务。四十八军在赣西南、粤北剿匪，一时也很难调出。中南军区只有二十一兵团暂时没有战斗任务，该兵团由陈明仁率领的国民党起义部队改编而成，下辖两个军（五十二军和五十三军）共四个师，战斗力有限，当时仍在整训。因此，毛泽东从湖南和江西抽调兵力支持广东的计划难以实现，不得不将目光转向广西。

此时，广西境内驻扎着大量部队。1950年初，在广西进行剿匪作战的主力部队有第十三兵团3个军（三十八军、三十九军、四十九军）13万人和第四十五军5万人及第四十一军1个师，共18万余人。[③]不久因抗美援朝，三兵团[④]主力虽陆续调出，但广西军区固定兵力仍有10个师和独立团、县大队等，共14万人左右。此后，在省内执行剿匪任务的主力部队，连同地方武装一度达到22万余人。[⑤]到10月底，广西全省有民兵16万余人、农民协会130余万人[⑥]、公安部队万人左右协助剿匪。而此时的残匪，虽具体数字不时变化，但广西方面估计的总数最多不过8万余人。从力量对比看，广西是有条件迅速结束剿匪任务，调出一部分部队支持其他地区的。但实际上，由于迟迟未能肃清土匪，广西剿匪工作至少拖住了两个主力军（四十五军和四十九军），湖南的部分兵力也受到牵制。这样中南军区调兵增援广东的计划存在落空的危险。

---

① 《建国以来毛泽东军事文稿》上卷，军事科学出版社、中央文献出版社2010年版，第193页。

② 《建国以来毛泽东文稿》第1册，中央文献出版社1987年版，第519—520页。

③ 莫文骅：《广西解放后初期剿匪问题》，载《广西剿匪》，广西人民出版社1991年版，第614页。

④ 1950年4月，第十三兵团免兼广西军区，领导机关及部队陆续调河南，担任全军战略预备队。此时，第四十军建制归第十三兵团，第四十九军留广西。

⑤ 广西壮族自治区地方志编纂委员会编：《广西通志——军事志》，广西人民出版社1994年版，第531页。

⑥ 李天佑：《军事工作报告》，载《广西剿匪》，广西人民出版社1991年版，第248页。

毛泽东在了解广西剿匪情况后深感不安。11 月 14 日，他电示中南局和广西领导，明确提出："为对付台湾匪帮可能向广东进犯，有增强广东兵力之必要。为此必须提前肃清广西匪患，以便从广西抽出 1 个军增强广东。"[①] 中南军区迅速作出计划并上报毛泽东、中央军委。11 月 17 日，毛泽东回电："为了对付敌人可能在广东登陆进犯，必须准备使用 5 个至 7 个军。除广东现有 3 个军外，拟在 5 个月后从广西抽出 1 个军，使用陈明仁部当作 1 个军，以上 5 个军确定用于广东。"[②] 同日，毛泽东指示华南分局第一书记叶剑英："你们必须统筹两广，将两广作为一个对付帝国主义和蒋介石登陆进犯的统一的单位，不要只顾一省。"[③] 为加快剿匪步伐，按照毛泽东的指示，中南军区抽调湖南二十一兵团和粤西的四十三军一二七师到广西参加剿匪。广西全省的剿匪主力部队很快达到 15 个师、2 个独立团，约 20 万人；[④] 民兵和地方武装 17 万余人。[⑤]

1950 年 12 月 31 日，被派往广西帮助剿匪工作的中南军区政治部主任陶铸向中央报告说：1951 年 3 月以前可以完成南北两重点区的剿匪任务，尔后移兵西向，解决西北部土匪。[⑥]1951 年 1 月 9 日，毛泽东复电陶铸："请考虑进剿西北部土匪是否可以只要二十一兵团去而不要四十五军去，以便将四十五军从剿匪中解放出来于三月间即开至梧州地区整训待命，准备应付广东方面的万一情况。"[⑦] 同日，毛泽东指示中南局和中南军区："四十五军应即于三月内集中梧州整训，湖南的四十六军应于二月内集中郴衡线上整训。"[⑧]1 月 22 日，根据广西剿匪工作的进展情况，毛泽

---

① 《建国以来毛泽东文稿》第 1 册，中央文献出版社 1987 年版，第 659 页。

② 《建国以来毛泽东文稿》第 1 册，中央文献出版社 1987 年版，第 667 页。

③ 《建国以来毛泽东文稿》第 1 册，中央文献出版社 1987 年版，第 666 页。

④ 《当代中国的军事工作》(下)，中国社会科学出版社 1989 年版，第 298 页。

⑤ 李祖尧：《解放初期广西剿匪之我见》，载《广西剿匪》，广西人民出版社 1991 年版，第 648 页。

⑥ 《陶铸同志剿匪工作报告（1950 年 12 月 31 日）》，载《广西剿匪》，广西人民出版社 1991 年版，第 355 页。

⑦ 《建国以来毛泽东军事文稿》上卷，军事科学出版社、中央文献出版社 2010 年版，第 436 页。

⑧ 《建国以来毛泽东军事文稿》上卷，军事科学出版社、中央文献出版社 2010 年版，第 438 页。

东对广西部队的军事部署作出最终调整：四十五军尽早开赴韶关广州线整训备战；二十一兵团（后整编为人民解放军第55军，移防广东湛江）在广西境内剿匪、驻防；四十九军在完成剿匪任务后，集中使用。[①]2月，四十五军调出广西驰援广东。广西部队的增援稳定了潮汕地区的军事斗争形势，确保了广东地区的安全，并在此后福建沿海岛屿反登陆作战中，该部队又及时增援福建。事实证明，毛泽东的战略决断和军事部署是正确的。

二、毛泽东对广西剿匪工作提出严厉批评

广西的剿匪步伐没有跟上全国的形势，与全国几大剿匪区相比，明显落后，不能不引起党中央和毛泽东的关注。1950年11月14日和16日，毛泽东连续致电中南局和广西方面，除指出广西部队增援广东之必要性外，对广西剿匪工作提出了严厉批评："广西剿匪工作为全国各省剿匪工作中成绩最差者，其原因必是领导方法上有严重缺点"[②]，"广西解放在西南之前而剿匪成绩则落在西南之后，为什么这样，请你们加以检讨并以结果告诉我们。我提议广西军区从十二月份起仿照西南办法每月发一次剿匪通报，总结战绩，纠正缺点，务使全省匪患在几个月内基本解决"[③]。他明确要求广西省委领导对有关工作加以检讨，总结成绩，纠正缺点。对此，广西主要领导感到突然和不解，认为部队夏休[④]整训后，广西剿匪工作已有新的转变。广西剿匪工作虽然有缺点，但成绩是主要的。1950年夏休整风学习后，剿匪工作取得重大胜利，剿匪形势已由此转为主动。

事实上，1950年7月部队开始夏休后，广西剿匪工作处于半停顿状态，[⑤]匪情恶化严重。虽然广西省委和广西军区开展整风，纠正了前期的

---

① 《建国以来毛泽东文稿》第2册，中央文献出版社1988年版，第16—17、18、53页。

② 《建国以来毛泽东文稿》第1册，中央文献出版社1987年版，第659页。

③ 《建国以来毛泽东文稿》第1册，中央文献出版社1987年版，第665页。

④ 1950年7月，广西天气酷热难耐，不再适宜进行大规模剿匪，广西军区部队进入夏休。

⑤ 中南军区广西剿匪工作考察组：《关于广西剿匪反霸问题的报告（1951年1月）》，载《广西剿匪》，广西人民出版社1991年版，第83页。

一些失误，但未能从根本上改变被动局面。据广西地方史料记载，7月后，匪特再次煽动大规模暴乱，个别地区匪乱一直延续到1951年3月；县以下政权机关遭匪袭击、围攻达220余次，一些县城被匪长时间侵占，全省有41个区、乡政府被匪摧毁，50个曾遭匪围攻；许多农会和民兵组织解体，有的地区股匪强迫群众举村暴乱，仅象县就有30多个村庄集体暴乱；被匪杀害的县以下干部、农会会员、民兵、进步群众达7000余人，数千名妇女被匪强奸；匪特强抢民枪1200余支，粮食1800余万公斤、牲畜5万余头（匹），焚毁民房1.2万余栋；全省大部分公路与桥梁被破坏，桂黔铁路线上前后有5个车站曾被匪占据，导致水陆交通瘫痪；解放军连以下分队一度难以独立活动。[①]1951年1月，中南军区广西剿匪工作考察组报告，过去10个月并未从根本上削弱而至消灭土匪，因此匪情基本上是严重的；土匪控制的地区很广，在宜山地区，匪控区就有721个村，占55.1%；我控制区才416个村，占31.9%，其他约13%是匪活动区。[②]因此，在某种意义上，“广西尚处于一种战争状态”。[③]

一方面，匪情是严重的；另一方面，广西省委、军区上报的剿匪成绩很大，这让上级领导迷惑不解。从数字上看，广西存在着“匪越剿越多”的不正常情况。1950年10月17日，广西省军区报告说：原6月份统计有匪52115人；7、8、9月歼匪27944人，目前尚有568股，计80406人，这个数字比6月份增加28291人。[④]12月底，中南军区广西剿匪工作考察组的报告说：广西初解放时，总共土匪不过9万，而经过12个月进剿，已歼灭14万多，至目前，还有7万土匪。[⑤]

---

① 广西壮族自治区地方志编纂委员会编：《广西通志——军事志》，广西人民出版社1994年版，第530页。

② 中南军区广西剿匪工作考察组：《关于广西剿匪反霸问题的报告（1951年1月）》，载《广西剿匪》，广西人民出版社1991年版，第83—84页。

③ 陶铸：《争取在半年内消灭广西全省的土匪（1950年11月29日）》，载《广西剿匪》，广西人民出版社1991年版，第288页。

④ 李天佑：《四个月剿匪计划（1950年10月17日）》，载《广西剿匪》，广西人民出版社1991年版，第231页。

⑤ 中南军区广西剿匪工作考察组：《从部队反映看剿匪中的几个问题（1950年12月27日）》，载《广西剿匪》，广西人民出版社1991年版，第66页。

从上述可以看出，虽然广西歼匪数字不小，但不能从根本上解决匪患问题，以致“匪越剿越多，人民受害极大”。毛泽东在充分了解情况并与中南局交换意见后敏锐意识到，广西省委在剿匪领导方法上存在严重问题。他对广西领导提出批评和督促，完全是及时和正确的。

三、毛泽东对广西剿匪的政策指导

对于毛泽东提出的严厉批评，广西主要领导虽然被迫作了检讨，但一些人坚持认为：广西省委认真贯彻了党中央、中南局的指示精神，“结合广西具体情况”所采取的政策是稳妥的，剿匪方针和决策是适时而有成效的，剿匪进度较慢主要是因为兵力不足。然而事实并非如此。

在毛泽东批评广西剿匪工作之前，广西领导层内对剿匪政策等就有分歧。一些领导自认为对广西的情况比较熟悉，强调广西情况特殊、复杂，政策要稳。他们指责军队在执行政策上偏差很大（指过于严厉），“军阀主义太严重”、民匪不分，实行一网打尽，打击面宽；在如何处理“民枪”这个重要问题上，他们明明知道“民枪虽大部分掌握在封建地主手里”，却反复强调问题复杂，要等到群众自发移交，甚至批评部队缴枪是脱离群众，逼民众上山为匪，等等。以广西军区副司令员李天佑等为代表的多数军队同志认为，广西剿匪政策的主要错误偏向是：把剿匪看成是最简单的军事行动，致使剿匪与发动群众脱节；最主要的还是过分强调了广西的特殊性，而实际上对广西的特殊性并没有真正地认识，因此没有大胆收缴所谓民枪来武装群众，以致大量枪支仍掌握在地主恶霸手中；在执行镇压与宽大相结合的政策上，宽大无边，镇压不力，有的匪首七擒七纵仍然为匪，威逼杀害群众。[①] 李天佑与军区政治部副主任栗在山等建议广西省委：广西的恶霸和地主、土匪是三位一体的，且拥有大量枪支，必须立即在全省放手大胆地迅速展开全面的反霸清匪斗争。[②]

---

① 李天佑：《广西剿匪斗争的胜利是伟大的毛泽东思想的胜利》，载《广西剿匪》，广西人民出版社 1991 年版，第 600 页。

② 李天佑、栗在山：《关于大力开展清匪反霸斗争的意见》，载《广西剿匪》，广西人民出版社 1991 年版，第 366—367 页。

对于李天佑等人提出的意见，广西省委一些领导虽然口头提出要纠正政策偏差，但在具体执行上，仍延续一贯做法。1950 年 9 月 1 日，广西省委、省军区联合发布《在重点地区对于乡村中地主和富农枪支处理的暂行办法（草案）》，仍然坚持"谨慎"态度，要求各地"劝说""守法"地主和富农献枪借枪，"中贫农"的枪支，一律不动；发动群众来搞，军队只准协助。[①]17 日，广西省委、省军区又联合发出《关于镇压与宽大政策的具体规定》，通篇强调如何遵照执行"我党宽大政策精神"，即使对于罪大恶极之匪首，也要经地委审查转报省委审查批准后才能公审镇压；"有利用者"，还可缓杀或不杀；投降匪首，不捆不押，教育反省，取保释放；匪特分子，不应过早捕捉，应继续侦查清楚再捕；通匪"群众"，不得抓捕，应警告教育，不准其再通匪。[②] 这一《规定》未提反霸问题。这种做法实际上与以往的宽大无边政策没有根本区别，只能使战斗在剿匪一线的指战员和基层革命群众缩手缩脚，严重影响了部队士气和战斗积极性。指战员们反映："如果这样剿，永远也消灭不了土匪。"[③]

对于广西在剿匪政策执行上的倾向和偏差，中央较早已有所觉察。1950 年 10 月 10 日，在毛泽东的亲自主持下，中共中央发出《关于镇压反革命活动的指示》，不点名地对广西等省在剿匪反霸等政策问题上发生的"宽大无边"等偏向提出了批评。10 月下旬，中南局向各省区发出《十种人应严厉镇压的规定》。然而，广西并没有采取实际行动坚决执行。11 月 22 日，毛泽东指示中南局、广西省委，必须加速进行土改，坚决镇压反革命活动，否则我党我军有陷入被动的危险。[④]1951 年 1 月 17 日，毛泽东电示中南局等大区领导，对于真正的匪首恶霸及坚决的特务分子，必须坚决地处以死刑，特别是那些土匪猖獗，恶霸甚多，特务集中的地

---

① 《在重点地区对于乡村中地主和富农枪支处理的暂行办法（草案）》，载《广西剿匪》，广西人民出版社 1991 年版，第 199—200 页。

② 《关于镇压与宽大政策的具体规定》，载《广西剿匪》，广西人民出版社 1991 年版，第 206—207 页。

③ 中南军区广西剿匪工作考察组：《从部队反映看剿匪中的几个问题（1950 年 12 月 27 日）》，载《广西剿匪》，广西人民出版社 1991 年版，第 67 页。

④ 《建国以来毛泽东文稿》第 1 册，中央文献出版社 1987 年版，第 680 页。

方要大杀几批，要坚决地杀掉一切应杀的反动分子。[①]22日，毛泽东指示华南分局并告中南局："凡与剿匪有关的匪首恶霸大特务，可由军区军分区的军事法庭判处死刑；凡与剿匪无关的反革命重要分子，则由地方法院及军管会的军法处判处死刑；乡村普通恶霸及不法地主，则由农民斗争、监视及由人民法庭判刑，如此分三方面进行，可期迅速，又较妥当。"[②]23日，毛泽东将中南军区政治部《关于广西执行镇压政策前后情况给总政治部的报告》转发中央各大区，并批示："根据广西方面的报告，广西军区在剿匪工作中，曾经犯了警（惊）人的右倾错误，宽大无边，不杀匪首恶霸及其他反革命分子，以致匪祸猖獗，达于极点，土匪越剿越多，人民受害极大。广西于去年九月起开始纠正此种错误，三个月中，正确地杀了匪首惯匪及其他首要反动分子三千余人，情况就完全改变过来，匪焰大降，民气大伸。现将中南军区政治部1月16日转来广西报告一份转发给你们阅看，这是一篇极有价值的报告，希望你们认真研究，并做出自己的结论报告我们。"[③]29日，毛泽东再次致电广西领导张云逸、莫文骅等，批评他们到处设防修工事被动挨打的错误做法。他强调：目前你们工作的重心，应是减租，退押，清匪，反霸，有步骤地有把握地实行土地改革，严厉镇压反革命，大杀几批匪首、惯匪、恶霸，及罪大恶极的会门头子与特务分子。[④]2月25日，毛泽东在给中南局的电报中具体提出剿匪斗争的指导思想："清匪必须与反霸、减租、退押或土改相结合进去，必须杀掉匪首、惯匪与恶霸，并必须由党委统一领导，全力以赴，才能发动群众，根绝匪祸。"[⑤]

1950年11月广西省委第三次高级干部会议后，由于正确地处理了宽大与镇压的关系，纠正了以往的政策偏差，广西剿匪情况发生了很大变化。战场上，土匪不敢再负隅顽抗，纷纷投降，悔过自新。据广西军区

---

① 《建国以来毛泽东文稿》第2册，中央文献出版社1988年版，第36—37页。

② 《建国以来毛泽东文稿》第2册，中央文献出版社1988年版，第51页。

③ 《建国以来毛泽东文稿》第2册，中央文献出版社1988年版，第62—63页。

④ 《建国以来毛泽东军事文稿》上卷，军事科学出版社、中央文献出版社2010年版，第457页。

⑤ 《建国以来毛泽东军事文稿》上卷，军事科学出版社、中央文献出版社2010年版，第464页。

统计，1950 年的前 10 个月，共歼匪约 10 万，其中毙伤 14900 余人，俘虏 50800 人，投降自新 35000 人，[①] 投降自新比俘虏的还少。而第三次高干会后的 12 月份，毙伤土匪 1222 人、俘虏 24829 人、投降自新 33759 人。[②] 前 10 个月被俘的土匪为毙伤的 3 倍多，而 12 月份被俘的土匪为毙伤的 20 多倍、投降自新的土匪与前 10 个月的总和几乎相等。1951 年前 4 个月，共歼匪 192906 人，其中毙伤敌 6104 人、俘敌 76681 人、投降 13423 人、自新者则高达 96698 人。[③]

对于所谓民匪不分大开杀戒杀人 ×× 万的说法，这里也有必要澄清。据广西省委 1951 年 2 月 24 日报中南局及彭真的电报称，入桂以来前后共镇压匪霸 15183 名，其中整风（1950 年 10 月 [④]）前处决 2454 名；整风后（1950 年 12 月至 1951 年 2 月中旬）共处决 12684 名。[⑤] 可见，即便当时处于特殊的战争状态，广大军民对匪首恶霸切齿痛恨，在政策执行上难免存在偏差，战场击毙的敌匪和镇压的匪霸数量总和也不超 2 万人。1951 年 3 月以后，广西省委已注意到部分地区在镇反中出现的问题，并采取措施予以纠正。省委要求：一般杀人权和没收权归属省府省委，禁止擅自抓人、杀人、没收等行为。反霸的面决不能宽，须特别慎重。[⑥] 陶铸后来向中央报告说：剿匪以来我们共杀了 5 万多人。[⑦] 这些数据清楚地说明广西地区击毙敌匪及镇压匪霸敌特的数字，无论如何不可能达到十几万甚至几十万人。

---

① 李天佑：《军事工作报告》，载《广西剿匪》，广西人民出版社 1991 年版，第 249 页。

② 广西军区司令部：《1950 年全省剿匪战绩》，载《广西剿匪》，广西人民出版社 1991 年版，第 757 页。

③ 广西军区司令部：《1951 年全省剿匪战绩》，载《广西剿匪》，广西人民出版社 1991 年版，第 759 页。

④ 原文如此，似应是 11 月前。

⑤ 《处决匪霸反革命分子数字》，载《广西剿匪》，广西人民出版社 1991 年版，第 398 页。

⑥ 《省委关于没收地主恶霸财产的指示》，载《广西剿匪》，广西人民出版社 1991 年版，第 426 页。

⑦ 贺亦然、关相生：《抓住关键驾驭全局稳操胜券——陶铸在广西》，载《高山青松》，广东人民出版社 2008 年版，第 120 页。文中讲：陶铸说这批人约有三分之一属于可杀可不杀的。毛主席回电批复：在广西应该杀。

四、毛泽东对广西省委、省军区的主要领导的调整

为纠正广西剿匪领导方法上的严重缺点，改善干部工作作风，1950年11月中旬，毛泽东连续发出指示，催派叶剑英和陶铸到广西指导工作。不久，由于广西军区司令员兼政治委员张云逸患病休养，毛泽东提议陶铸代理省委书记，主持剿匪反霸工作。

对此，原广西军区一些领导后来谈到，广西省委认真贯彻党中央、中南局的指示精神，结合广西具体情况所采取的剿匪方针和决策是适时而有成效的，政策是稳妥的，整个剿匪工作成绩是主要的。但是，中南军区政治部个别领导人来广西后，对广西剿匪斗争却一口否定，扣下几顶大帽子，如说不收民枪、不杀土匪头，七擒七纵，宽大无边，右倾等。他不经省委、军区，亦不找省委同志谈，也不经中南局、中南军区，把自己的片面看法直接电告毛泽东。他不是善意地帮助省委工作，而是动员别人“揭发”省委主要领导人，不久，省委主要领导即被“靠边”了。这种不正常的做法，引起了省委领导人的反感，挫伤了干部的积极性。而张云逸心情不是很好，主要是他对有的人状告广西剿匪的不实之词及其种种做法不满意，加之有些头晕，便向毛泽东告假休养，此后，他就再没有担任行政工作。

事实是早在毛泽东批评之前，中南局对广西工作已有所不满，意识到广西省委、军区领导内部在一些重大问题上存在思想分歧，党政军名义上是一元化领导，但互相配合不够，缺乏强有力的统一领导。①在1950年7月中南局高干会议上，李天佑等汇报了广西剿匪存在的问题。夏休整风后，李天佑等多数军队领导认为，如果领导态度不解决，即使制定了政策也难以贯彻。李天佑等要求中南局派要员来广西解决问题，引起了中南局的注意。另外，在剿匪重点等问题上，广西省委与中南局、中南军区也产生了分歧。10月中下旬，广西军区制订了冬季剿匪计划，以

---

① 李祖尧：《解放初期广西剿匪之我见》，载《广西剿匪》，广西人民出版社1991年版，第651页。

主要交通干线两侧及人多粮丰地区为重点剿匪区。对土匪集中的瑶山等地区只是监视，不采取进剿行动。[①]而中南局研究决定：广西必须集中兵力，主动放弃一些地区；从现在起，全省以瑶山和桂南为目前两个剿匪重点地区。[②]11 月 3 日和 8 日，中南局与中南军区再次发出指示，要求广西坚决贯彻中南局重点剿匪的部署计划。广西省委则回复说，目前不宜改变部署，仍贯彻自己制订的冬季剿匪计划。[③]

为解决上述问题，1950 年 11 月上旬，中南局决定派陶铸率领工作组前往广西帮助工作。陶铸与毛泽东通了电话，他在电话中问毛泽东，这次去，是打长工，还是打短工？毛泽东回答说，打短工。[④]11 月 10 日晚，中南局常委召开会议讨论广西剿匪工作。会议一结束，陶铸即前往广西。

11 月 14 日，毛泽东致电叶剑英并告邓子恢、谭政、张云逸等："广西剿匪工作为全国各省剿匪最差者，其原因必是领导方法上有严重缺点，剑英前去广西帮助张莫陈李诸同志工作一时期，希望迅即前往，并在那里留住几个月，抓住工作重点限期肃清土匪，发动土改，端正政策，改善干部工作作风，确有成绩然后回来，否则不要回来。"[⑤]11 月 17 日，毛泽东又致电中南局、中南军区党委并告华南分局："中南局关于广西工作的决议也是很好的，你们派陶铸去广西帮助工作很有必要，陶铸是否已动身去了，如未应速去。我已电叶剑英同志去广西帮助一时期，叶定 11 月 21 日动身去，叶不宜离开广州过久，大概在广西住一个月左右即须东返，因此陶铸应在广西久留一会儿，直至剿匪问题基本解决然后回来。"[⑥]

陶铸一路走，一路调研广西剿匪情况，与各地委、分区的领导多次

---

① 李天佑：《四个月剿匪计划（1950 年 10 月 17 日）》，载《广西剿匪》，广西人民出版社 1991 年版，第 232—233 页。

② 《广西剿匪史》，中共党史出版社 2008 年版，第 86—87 页。

③ 《广西省委对中南局、中南军区指示研究情况报告（1950 年 11 月 12 日）》，载《广西剿匪》，广西人民出版社 1991 年版，第 260—261 页。

④ 姚里军：《我随陶铸在广西》，《炎黄春秋》2003 年第 12 期。

⑤ 《建国以来毛泽东文稿》第 1 册，中央文献出版社 1987 年版，第 659 页。

⑥ 《建国以来毛泽东文稿》第 1 册，中央文献出版社 1987 年版，第 667 页。

交谈，听取工作汇报。11 月 20 日左右，陶铸来到南宁。[①] 他迅速投入工作，在与省委领导商议后，按照中南局的指示，调整了剿匪部署，准备重点清剿瑶山、六万大山、十万大山，于 11 月 24 日将计划联名电报给中南局并报中央。随后，陶铸深入基层，到剿匪第一线做调查研究，甚至亲自参与剿匪战斗。[②]

1950 年 11 月底，广西省委召开第三次高级干部会议。张云逸作了《为坚决执行毛泽东指示在半年内肃清全省股匪的任务而斗争》的报告，肯定了广西剿匪的成绩，就执行镇反政策、反霸斗争、收枪和地方武装建设等问题做了检讨和解释；同时强调指出，经过 7 月、8 月的整风运动，这些缺点已逐渐克服。他表示：责任应当由省委和军区党委来负，特别是他个人负主要责任。[③] 省委、省军区领导先后在会上发言，开展了批评与自我批评。叶剑英总结指出，广西党的领导上存在的缺点是剿匪任务，压而不倒；重点剿匪，实际不重；一般号召未与具体指导相结合；镇压反革命，有布告无细则，不大胆，不放手，认识不够，贯彻不够，检查不够等。[④] 陶铸在充分听取各地委、分区的汇报和大家对张云逸报告讨论意见的基础上，作了上万字的主题发言《争取在半年内消灭广西全省的土匪》，他在发言中充分肯定了广西一年来的剿匪成绩，并强调“这一条应确定下来，以便增强广西工作同志们的信心”。陶铸具体从重点剿匪、收缴匪枪、发动群众、反霸土改等方面提出了自己的看法和建议，并阐述了镇压与宽大相结合的政策方针。他指出，在目前国际形势新的变化情况下，特别是在军事剿匪时期，对于坚决镇压反革命分子是非常重要的，“镇压必须严厉，才能显示力量，使其知有所畏，知有所择。今天广西土匪由于我过去对之有宽已造成错觉，并给予土匪以利用（有被放五次而仍当匪的）。这个问题上，我们是严重地脱离了群众；群众说：

---

① 贺亦然、关相生：《抓住关键驾驭全局稳操胜券——陶铸在广西》，载《高山青松》，广东人民出版社 2008 年版，第 110—111 页。

② 朱林尧：《陶铸率领我们抓匪首》，《文史精华》1996 年第 9 期。

③ 张云逸：《为坚决执行毛主席的指示在半年内肃清全省股匪的任务而斗争——在省委第三次高干会议上的报告》，载《张云逸研究史料》，广西人民出版社 1994 年版，第 152—162 页。

④ 叶剑英：《叶剑英在省委第三次高干会议上的讲话（1950 年 11 月 30 日）》，载《广西剿匪》，广西人民出版社 1991 年版，第 304 页。

‘天不怕、地不怕，就怕毛主席的宽大’，这是很不满的表示。加之现在国际形势紧张，反革命跃跃欲试，不严之以法，他们是不知道厉害的。应该肯定，凡是股匪头（不论大小，只要是一股之首）与坚决的反革命分子，一经捕获一律处以死刑，而凡属当土匪的地主并没收其财产分给群众。该杀的有多少杀多少，不要为数目所限制，但也不许乱杀错杀”，“杀人的目的在于显示宽大的意义，来更多地争取土匪自新投降，从政治上有力的瓦解土匪，所以当杀人已使土匪恐怖，要求投降自新，就应该少杀些，多讲些宽大，而宽大就应该是真正的宽大，凡投降自首的就必须以投降自首待遇，照政策办是对的，贪小便宜损害政策是错的”。[①]

广西省委第三次高干会议后，广西剿匪形势有了根本性改观。1950年12月31日，陶铸在给中南局、华南分局并报毛泽东的剿匪工作报告中，对广西剿匪工作做了充分肯定。他说：“广西剿匪工作经过未（指阴历七月）整风到申（指阴历八月）以后，已有大的改进。自张（指张云逸）、莫（指莫文骅）由中南回来又接到毛主席指示召开了省的高干会议，与叶（指叶剑英）来桂对剿匪工作更深入一步，现在各种问题均已得到解决。镇压、收枪、反霸、地方武装建设等几项剿匪的主要政策更加明确，执行得更好。”[②]毛泽东批复：“报告已阅悉，甚好甚慰”，“我们认为广西最近时期的经验是很好的，值得研究”。[③]

正当广西剿匪形势大为好转之际，张云逸身体出现问题，难以工作。1951年1月16日，张云逸根据医生建议，在征求叶剑英和陶铸意见后，向中央报告，请求到广州休养三个月，工作交广西省委副书记陈漫远接替负责。[④]1月27日，经中共中央批准，张云逸赴广州休养。毛泽东认为，为完成剿匪任务，所有军队必须统一于省委地委领导之下，实行强有力的一元化领导。广西需要一位与前任风格和能力不同的领导，年富力强、

---

① 陶铸：《争取在半年内消灭广西全省的土匪——在省委第三次高干会议上讲话（1950年11月29日）》，载《广西剿匪》，广西人民出版社1991年版，第292—293页。

② 《陶铸同志剿匪工作报告（1950年12月31日）》，载《广西剿匪》，广西人民出版社1991年版，第355页。

③ 《建国以来毛泽东文稿》第2册，中央文献出版社1988年版，第16页。

④ 张云逸：《关于广西重点剿匪情况给中南局并转毛主席的信（1951年1月16日）》，载《张云逸研究史料》，广西人民出版社1994年版，第323页。

魄力十足、被称为“党内一头牛”的陶铸无疑是最佳人选。毛泽东改变了原先让陶铸来广西“打短工”的想法，于1月30日致电陶铸及中南局，提议陶铸代理广西省委书记。[①]2月5日，陶铸正式代理广西省委书记。3月14日，张云逸致信毛泽东报告病情，请求继续休养。[②]毛泽东回信：“可作半年休养计划，以便安心调治，不为工作所牵挂，待病好再恢复工作。”[③]

1951年4月，中央对广西军区负责人做了调整，李天佑任军区司令员、党委书记，主持军区全面工作。张云逸仍担任军区政委。

以上史实充分证明，毛泽东对广西领导层的调整的确是知人善任。在陶铸、李天佑等领导下，广西省委、军区认真贯彻了毛泽东的指示精神，纠正了错误，取得了很大成绩，按期胜利完成了剿匪任务。

［原载《军事历史研究》2014年第4期］

---

① 《建国以来毛泽东文稿》第2册，中央文献出版社1988年版，第91页。

② 张云逸：《给毛泽东主席的信（1951年3月14日）》，载《张云逸研究史料》，广西人民出版社1994年版，第323页。

③ 《毛泽东给张云逸的信》，载《张云逸研究史料》，广西人民出版社1994年版，第461页。原信未注明年份，此书编者判定为1952年4月3日。笔者根据文中内容判断，此信写于1951年4月3日。

毛泽东与新中国国防现代化建设的起步

1950—1954 年是新中国国防现代化建设的起步阶段，在这一历史阶段中，在毛泽东领导下，为适应形势的发展和军队建设的需要，人民解放军在自身建设上也取得了很大成就，逐步由低级阶段向高级阶段发展，为即将全面展开的现代化、正规化革命军队建设作了必要的准备，奠定了坚实的基础。

现代战争的实践使毛泽东充分认识到，没有现代化的武器装备则难以打赢现代化的战争，因此，他特别重视空军、海军等现代化军种的建设以及现代化武器装备的发展。1949 年 9 月 21 日，毛泽东在中国人民政治协商会议上郑重宣告：我们的国防将获得巩固，不允许任何帝国主义者再来侵略我们的国土；在英勇的经过了考验的人民解放军的基础上，我们的人民武装力量必须保存和发展起来；我们将不但有一个强大的陆军，而且有一个强大的空军和一个强大的海军。新中国成立后，他更多次强调："为了保卫祖国免受帝国主义者的侵略，依靠我们过去和较为落后的同国内敌人作战的装备和战术是不够的了，我们必须掌握最新的装备和随之而来的最新的战术。我们必须向苏联的军事科学学习，以便迅速把我军提高到足以在现代化的战争中取胜的水平"①，"为了建设现代化的国防，我们的陆军、空军和海军都必须有充分的机械化的装备和设

---

① 《毛泽东军事文集》第 6 卷，军事科学出版社、中央文献出版社 1993 年版，第 337、351—352、343、326 页。

备”[①]。新中国成立初期，正是在毛泽东这一战略思想的指引下，为实现人民军队现代化建设的跨越式发展，党中央决定大规模进口苏式武器装备，引进苏联的军工技术，在苏联顾问帮助下，发展空军、海军，并建立和发展我国的现代化军事工业。

一、系统地、大规模地更换现代化陆军武器装备，并积极引进技术发展自己的兵工工业

1949年12月至1950年2月，毛泽东出访苏联。根据访问期间中苏两国签订的《中苏友好互助同盟条约》和《关于贷款给中华人民共和国的协定》，经两国政府具体协商，进一步达成了从苏联购买军事装备以加强人民解放军建设和苏联转让某些技术帮助我国发展兵工生产的协议。

1951年4月28日，毛泽东致电斯大林说：鉴于朝鲜战争的经验及中国兵工厂目前生产陆军步兵武器的能力，我们计划将来发展兵工厂。通过对该问题的研究，我们得出的结论是：中国兵工厂在武器生产方面必须制造与苏联兵工厂相同的产品。只有如此，我们才能满足国际形势发展要求。因此，我们急需从苏联政府获得制造各种武器和弹药，首先是为陆军制造规定样式和口径的步兵武器和弹药的许可证，这样我们才能生产同样的武器。周恩来同志已于去年10月向您提出了这一问题。在今年4月，我们也同扎哈罗夫同志讨论过此问题，并请他向苏联政府报告这一问题的实质。为了同由您授以全权的有关部门代表讨论该问题，我们拟派一个以中国人民革命军事委员会总参谋长徐向前同志为首的由六人组成的代表团前往莫斯科。斯大林5月2日答复毛泽东说，“同意供给中国制造苏军装备中现有各种武器、弹药所必需的蓝图”。[②]

1951年5月，中央派遣以总参谋长徐向前为团长的中华人民共和国中央人民政府兵工代表团去苏联洽谈转让的具体项目和我方急需购置的武器装备。临行前，毛泽东接见徐向前，亲自向他交代了去苏联谈判的

---

① 《毛泽东军事文集》第6卷，军事科学出版社、中央文献出版社1993年版，第337、351—352、343、326页。

② 王亚志：《中国提供军事技术与中国仿制苏式武器》，《俄罗斯研究》2004年第4期。

任务：一是购买武器装备，用于整编 60 个现代化步兵师；二是多搞点技术项目争取苏联援助我国工厂的建设，统一步兵武器制式和转让有关技术使我国自行生产 152 口径以下各种火炮，发展自己的军事工业。他说：帝国主义如此欺负我们，我们没有自己的兵工工业，不解决部队的武器装备问题，是不行的。要学习苏联，把先进技术拿到手，自力更生，建设一支强大的国防力量。[①] 当谈判遇到困难，徐向前向毛泽东反映情况时，毛泽东复电说："不管怎样，耐心等待，要把技术学到手。"[②]

按徐向前在莫斯科签订的协议，苏联派出了乌达洛夫等五人专家组于 1952 年来华，进行了三个月的考察。根据苏联专家组考察后的建议，1952 年 5 月 21 日军委拟定了《关于兵工问题的决定》，并于 7 月报请中共中央和毛泽东批准。按照这一《决定》，中国将利用苏联提供的图纸生产 15 种陆军武器。从 1953 年起，中国开始正式仿制苏军武器，逐步实现了武器装备国产化。

另外，按照与苏联达成的协议，到 1955 年底，我国共进口和接收苏式各种枪 80 余万支（挺），火炮 1.1 万多门，坦克装甲车辆 3000 多辆，无线电和有线电通信机 1.2 万多部，舟桥 15 套，主要工程机械 500 多部，防化专用车 100 多辆，以及各种弹药和配套装备。[③] 陆军（步兵）的战斗力有了很大变化：地面炮兵和高射炮兵有了明显的发展和加强，地面炮兵装备了当时先进的苏式 122 毫米口径榴弹炮和"卡秋莎"火箭炮；高射炮兵在抗美援朝战争开始时只有 16 个城防团，到抗美援朝战争结束时发展到 5 个野战高炮师、近 70 个野战高炮营和数十个城防高炮团。抗美援朝战争结束时，中国人民解放军和中国人民志愿军几乎所有的军都在编制内有了军属炮兵团，有的还有军属坦克团和师属炮兵团，个别的师还编有自行火炮团。步兵轻武器统一换装苏式武器，装甲兵和工兵也有明显发展。人民解放军陆军现代化建设的明显改善和加强，为 20 世纪 50 年代中后期人民解放军现代化建设奠定了雄厚的基础。

---

① 徐向前：《历史的回顾》，解放军出版社 1987 年版，第 798—799、802 页。

② 徐向前：《历史的回顾》，解放军出版社 1987 年版，第 798—799、802 页。

③ 李峻：《建国后毛泽东国防发展战略思想简论》，《南京政治学院学报》2004 年第 2 期。

二、重点发展空军和航空工业

1949年六七月间，中共中央、中央军委分析认为，必须渡海解放台湾，而渡海作战的关键必须有空军、海军和内应。但现有的空军力量太弱，难以担当渡海作战的重任。因此，中共中央、中央军委决定加快建立空军的步伐。1949年7月10日，毛泽东写信给周恩来，提出建立空军的问题。毛泽东在信中说：我空军要压倒敌人空军短期内（例如一年）是不可能的，但似可考虑选派三四百人去远方（指苏联）学习六个月至八个月，同时购买飞机100架左右，连同现有的空军，组成一个攻击部队，掩护渡海，准备明年夏季夺取台湾。周恩来随即着手进行组建空军的各项实际工作。朝鲜战争爆发以后，1950年6月28日，毛泽东在《制止美帝国主义对亚洲的新侵略》一文中又指出："我们打了几十年的仗，建立了强大的陆军。……今天，我们有了建立海空军的条件，应当着手建立一支强大的海军和一支强大的空军。尤其是空军，对于国防极其重要，应当赶快建立。我们这样做，说明了我们对于美帝国主义发动侵略战争，是有准备的。"① 毛泽东在《人民空军》杂志创刊号上为空军建军题词："创造强大的人民空军，歼灭残敌，巩固国防。"② 这一题词，对人民空军的任务作了完整的表述。

至此，中共中央和毛泽东关于建立空军的决策已经十分明确，并且有计划地一步一步地付诸实施。空军党委根据中共中央、中央军委的指示，立即着手制订空军建设的方针和第一个四年（1950年至1953年）发展计划。由于建设方针和发展计划得到了积极的贯彻执行，终于在较短时间内使人民空军迅速地发展起来。

中共中央、毛泽东分析了当时国际国内的形势和条件，确定以东北老航校的干部、学员为骨干，争取苏联政府的援助，尽快建立第一批航校。1949年7月26日，中共中央电告正在苏联访问的刘少奇，在同斯

① 《当代中国空军》，中国社会科学出版社1989年版，第34—35、70—80、88页。
② 《建国以来毛泽东文稿》第1册，中央文献出版社1987年版，第322页。

大林会晤时提出：需向苏联购买飞机和装备，请苏联派出专家来华协助创办航校。苏方表示同意后，8 月 1 日，中共中央即派刘亚楼等人去莫斯科商谈具体事宜。最后达成如下协议：由苏联帮助中国创办 6 所航校（2 所轰炸机航校、4 所歼击机航校），卖给中国各型飞机 434 架，派出专家 878 名来华协助工作。1949 年 10 月 6 日，毛泽东批准了创办 6 所航校的方案。毛泽东等中央领导人，在 1949 年至 1950 年期间，仅批阅空军有关办航校的请示、报告就有 49 件。1950 年 2 月毛泽东访苏归来路过沈阳时，特地召见第 4 航校校长吕黎平，听取了他的汇报，指示要加速培养空、地勤人员。

在 1950 年一二月间，当时空军面临着既要组建部队参加解放沿海岛屿的作战，又要担负要地防空任务，原定的培训空、地勤人员的计划已感不足。为此，毛泽东曾经当面指示刘亚楼，必须迅速增强空军力量。按照毛泽东的指示，空军采取了扩大航校培训规模的措施。空军向中央军委和毛泽东建议：将 2 所轰炸机航校由原计划训练 2 个轰炸机团的人员，扩大为训练 4 个轰炸机团的人员；4 所歼击机航校由原计划训练 5 个歼击机团的人员，扩大为训练 7 个歼击机团的人员。这项扩大计划经毛泽东批准后，中央军委随即电令各野战军、各大军区继续为空军选调学员 2548 名，其中空勤学员 884 名，地勤学员 1664 名。同时，还电令华东并山东军区、各野战军前委，选调军事、政治、后勤的营、连干部 351 名到各航校工作，充实干部队伍。1950 年 5 月，为了解决航空兵部队所需团以上指挥干部的问题，空军向中央军委建议采取紧急措施，再次扩大航校培训员额，迅速从陆军选调一批符合条件的营、团干部入航校学习飞行。列席中共七届三中全会的刘亚楼把这一问题又当面报告了毛泽东。毛泽东对此十分重视，在会议期间即口头指示各大军区负责人迅速如数选调。各大军区连同空军本身很快选调出符合飞行条件的营、团干部 93 名。空军确定 17 名学习轰炸机，分配到第 1 航校；76 名学习歼击机，分配到第 3 航校。[①]

组建航空兵部队所需的飞机装备，同组建航校时一样，只能向苏联

---

① 《当代中国空军》，中国社会科学出版社 1989 年版，第 34—35、70—80、88 页。

购买。当时苏联是新中国的唯一能够提供作战飞机的盟友。1950 年 1 月，空军司令员刘亚楼参加中国党政代表团在莫斯科同苏联政府谈判时，根据毛泽东的指示，拟制了组建航空兵部队的初步计划，向苏联政府订购各型飞机 586 架，其中拉 -9 歼击机 280 架，图 -2 轰炸机 198 架，教练机和通信机 108 架。为了解决空军的武器装备问题，毛泽东、周恩来于 20 世纪 40 年代末、50 年代初曾向斯大林、布尔加宁等苏联领导人发电报、信件 32 次。1952 年 2 月 14 日，毛泽东亲自与萧劲光等海军领导人商量，把准备购买舰艇的外汇转买飞机。可见，毛泽东等领导人对人民空军的建设多么重视。从 1950 年 10 月至 1954 年初，空军边打边建，共组建了 28 个航空兵师 70 个航空兵团，拥有各型飞机共计 3000 余架，建成了一支由各种航空兵组成的有战斗力的空中力量。①

在建设空军的同时，在毛泽东的支持下，我国从苏联引进技术和设备，开始建立和发展自己的航空工业。1949 年 11 月 14 日，空军司令员刘亚楼、副政委王弼与苏联顾问科托夫、普鲁特柯夫联名向毛泽东呈送了关于组建航空工业队伍和建立工厂、学校、研究院以及开展修理、制造等计划、步骤的全面建议报告。年末，毛泽东访苏时也提出了苏联援助中国建设问题。斯大林承诺援助中国兴建大型项目包括设计、提供成套设备、派遣专家。这当中也包括国防工业和航空工业建设。但当时发展航空工业，确实困难很大，当时确有不少同志主张不急于抓航空工业。他们认为，中国的工业基础薄弱，经济状况又不好，要人没人，要钱没钱，穷得叮当响，还去搞尖端航空工业，这不是想入非非吗？一度暂缓建设航空工业。抗美援朝战争爆发后，在一次财委会上，重工业部代部长何长工提出：要积极争取苏联的援助，尽快创建中国人民自己的航空工业。中央财委主任陈云和副主任李富春、薄一波说，还要请示毛泽东和周恩来，因建立航空工业要花很多外汇，要做许多说服工作。后来何长工把自己的想法向周恩来做了汇报。周恩来表示支持，又向毛泽东报告。毛泽东说："何长工这一炮放得好啊，应该早点抓。"② 发展航空工业

---

① 《当代中国空军》，中国社会科学出版社 1989 年版，第 34—35、70—80、88 页。

② 《何长工传》，中央文献出版社 2000 年版，第 667 页。

的问题就马上定下来了。1950 年 12 月下旬，政务院总理周恩来遵照毛泽东的指示，先后召集两次会议，讨论我国航空工业建设和发展问题。周恩来指出，中国航空工业的建设道路要从中国实际出发。我国是拥有 960 万平方公里国土，五六亿人口的国家，靠买人家的飞机，搞搞修理是不行的。因此，中国航空工业的建设道路，是先搞修理，由修理发展到制造。

1951 年 1 月，中央派出以何长工为团长的代表团赴苏，谈判援助我国创建航空工业问题。2 月 19 日，中苏达成苏联援助中国建设航空工业的协议，并经周恩来和斯大林批准。这项协定包括援建 6 个修理厂及其所需技术资料、设备工具、材料和配套件等，以及派遣专家、顾问，总金额为 3000 万旧卢布。4 月 17 日，中央人民政府革命军事委员会和政务院颁发《关于航空工业建设的决定》，宣布成立航空工业管理委员会。4 月 18 日，经毛泽东批准，中共中央电告全国各中央局、分局、军区并财委。电报称：为适应空军建设，根据中央决定，重工业部设立航空工业管理局，统一负责飞机的一切修理工作，由段子俊同志任局长。搞航空工业是目前新的工作，具有高度技术性、政治性，今后修配任务重大，现有飞机修理工厂均需很好地加以重新扩充整理，困难很多。为了能够顺利完成这一艰巨任务，望各大行政区党、政、军及工业部门，应大力予以援助，并及时进行监督指导。8 月 17 日，聂荣臻、李富春写报告给中共中央主席毛泽东并中央书记处，提出航空工业的建设方针、生产规模及厂址选定原则。建议对沈阳、哈尔滨、株洲、南昌等地的 5 个工厂（后改为 6 个厂）进行适当扩建，作为建设航空工业的基础。周恩来阅批：拟予同意。8 月 21 日，毛泽东批示：照办。12 月 10 日，周恩来在他的办公室召开关于建立飞机制造厂及飞机制造厂要在 3 年至 5 年仿制成功苏联雅克–18 活塞式教练机和米格–15 喷气式战斗机方案落实情况的汇报会。不久，毛泽东批准了这个方案。到 1951 年底，在中央的正确领导和全国各方面的大力支持下，航空工业已拥有工厂 13 个，事业单位 7 个，职工 1.2 万人，厂房面积 26.1 万平方米。中国航空工业以此为基础，开始了新的发展历程。

三、适时地、有步骤地发展人民海军

1949 年 3 月 24 日，毛泽东和朱德在给国民党海军“重庆”号巡洋舰起义官兵的复电中指出：中国人民必须建设自己强大的国防，除了陆军，还必须建立自己的空军和海军。他们把海军建设看作强大的国防力量的一个组成部分。

1949 年 10 月 10 日，毛泽东和朱德在给国民党海军“长治”号军舰起义官兵的复电中，把建设海军与将解放战争进行到底联系起来，勉励起义人员积极参加建设中国人民海军和完成解放中国全境的伟大事业。接着，毛泽东在给初建的华东军区海军所作的题词中指出：我们一定要建设一支海军，这支海军要能保卫我们的海防，有效地防御帝国主义的可能的侵略。1953 年 2 月，毛泽东首次视察海军舰艇部队，在为“长江”“洛阳”“南昌”“黄河”“广州”5 舰题词时，接连 5 次都题写：“为了反对帝国主义的侵略，我们一定要建立强大的海军。”[①] 当时，他乘坐“长江”舰自武汉沿长江而下，航行四天三夜，与舰上许多干部、战士交谈，反复用中国百余年的历史经验教导大家。他说：过去帝国主义侵略中国大都是从海上来的，现在太平洋还不太平，我们应该有一支强大的海军。在谈到国际斗争形势时，他又说：帝国主义如此欺负我们，我们要争气，要认真对付；我们的海岸线这么长，一定要建设强大的海军；过去我们没有空军，也没有海军，现在我们已经有了飞机，有了军舰，只要我们一起努力干，我们的前途是非常光明的。[②]

1953 年 12 月 4 日，在中共中央政治局扩大会议上，毛泽东对海军建设的总任务、总方针又作出了完整的表述：“为了肃清海匪的骚扰，保障海道运输的安全；为了准备力量于适当时机收复台湾，最后统一全部国土；为了准备力量，反对帝国主义从海上来的侵略，我们必须在一个较长时期内，根据工业发展的情况和财政的情况，有计划逐步地建设一支

---

① 《毛泽东军事文集》第 6 卷，军事科学出版社、中央文献出版社 1993 年版，第 337、351—352、343、326 页。

② 《当代中国海军》，当代中国出版社 1992 年版，第 38—39、228 页。

强大的海军。”[①] 这一指示规定了海军的近期任务和长期任务，指明了建设强大海军的大体步骤和基本条件。

毛泽东极其重视海军干部的培养。在人民海军建军之初，毛泽东和中央军委就把创办海军学校提上了议事日程。1949 年 8 月，中央军委派张学思赴苏联考察，并授权他与苏方商谈聘请顾问帮助中国创办海军学校。张学思在莫斯科、列宁格勒等地参观了几所海军学校，与苏方达成有关协议后，于 9 月初回国。10 月 25 日，苏联海军顾问 84 人抵达沈阳。张学思与苏联顾问商讨后，11 月 14 日向中央军委呈送了《关于学校教育的初步意见》。聂荣臻根据张学思的《意见》，给中央军委主席毛泽东写了《关于创办海军学校的报告》，《报告》中除提出建立大连海校的办校方针、教育计划、招生条件和名额分配等问题外，还提到原则上以安东海校为大连正式海校的基础，对参加安东海校学习的原国民党海军人员，除从其中选调可以调到大连海校当教员的原“重庆”“灵甫”两舰的海军军官外，可能时还可酌量留下若干给“重庆”号捞起修复后做骨干，再有余则送华东海军司令部分配工作。毛泽东阅后，于当日批转其他军委副主席审阅。11 月 22 日，根据中央军委电示，决定在大连创办海军学校，正式命名为“中国人民解放军海军学校”（以下简称“大连海校”）。这是人民海军第一所培训水面舰艇初级干部的正规学校。

早在 1950 年 8 月，海军会议就提出要首先培养潜艇干部，并把购买潜艇列入海军建设的三年计划中。10 月 8 日，毛泽东致电斯大林：由于中国所处的军事政治形势，为应付可能发生的紧张情况和巩固国防，我们已制定中国海军三年建设规划，须向您请求武器装备方面的援助。望提供作战训练用之小型潜艇 2 艘，并希望来华之潜艇配备 1 艘的全套艇员，以便有效地帮助训练，待完成任务后返回苏联。12 月 18 日，中国政府正式向苏联政府提出在 1951 年内提供潜艇并由苏方为我军培训 4 艘潜艇人员的要求。1951 年 2 月 7 日，苏联同意于 1951 年 5 月至 1953 年 6 月（后延长一年），在旅顺基地为中国培训 4 艘潜艇的艇员，并拨出两

① 《毛泽东军事文集》第 6 卷，军事科学出版社、中央文献出版社 1993 年版，第 337、351—352、343、326 页。

艘潜水艇供培训使用，训练完毕再移交给中国。中国的潜艇部队和潜艇院校开始组建。

新中国成立初期，国家工业基础十分薄弱，在毛泽东的亲自过问下，人民海军舰艇装备建设从苏联取得了一定的援助。1952 年 4 月，毛泽东批准了海军建设五年计划，并派海军司令萧劲光前往莫斯科与苏联商谈购买某些战斗舰艇的成套材料、设备，以便在国内的造船厂进行装配制造。萧劲光回国后，当面向毛泽东做了一次口头汇报。随后，毛泽东于 7 月 10 日致信斯大林，同意苏联政府对中国海军五年计划的意见，同时希望 1952 年的海军订货能于 8 月初拨给。信发出后，毛泽东又亲自给斯大林打电话，希望尽快落实两国之间关于海军装备购置事宜。经过多次协商，苏联政府同意将部分舰艇的制造权有偿地转让给中国，由中国政府向苏联政府逐年提出在转让范围以内的军事订货，购买有关材料、设备的半成品和技术资料，由中国造船厂自行装配制造。从 1953 年开始，中国向苏联购买护卫舰、潜艇、扫雷舰、大型猎潜艇、鱼雷艇等 5 种型号舰艇的全部技术图纸和一批材料、设备。对于这一部分用国外材料、设备装配制造的海军舰艇，人民海军和国家造船工业部门习惯地称之为“转让制造”舰艇。这种转让制造的舰艇是人民海军初期战斗舰艇的重要来源。通过这种转让制造的方法，也促使各有关造船工厂进行了全面技术改造。1954 年 4 月，苏联政府派专家给予帮助。从 1954 年下半年起，5 种舰艇的材料、设备分批分期发运到各工厂，有的工厂在进行扩建和技术改造的同时就开始了装配制造工作。这批转让制造的 5 型舰艇共计 116 艘，4.3 万余吨。[①] 这些舰艇的战斗性能相当于国际上 20 世纪 40 年代末 50 年代初的水平。舰艇部队使用这些装备，完成了战斗、日常勤务和训练等各项任务，开始了现代化海军建设的进程。

［原载《毛泽东思想研究》2008 年第 3 期］

① 《当代中国海军》，当代中国出版社 1992 年版，第 38—39、228 页。

略论建国初期毛泽东领导人民军队进行现代化建设的历史经验

1950—1954 年初是新中国国防现代化建设的起步与准备阶段，这一阶段为适应革命形势的发展和军队建设的需要，人民解放军在毛泽东领导下，胜利完成发展和巩固解放战争伟大胜利的历史任务，同时，在自身建设上也取得了很大成就，逐步由低级阶段向高级阶段发展，为即将全面展开的现代化、正规化革命军队建设作了必要的准备，奠定了坚实的基础。

一、审时度势，果断决定进行大规模精简整编，统一军队编制，初步完成由单一陆军向诸兵种联合军队的过渡

革命战争年代，人民解放军在武器装备方面长期落后于敌人，主要以增加兵员为途径实现整体战斗力的提高，到 1950 年 4 月，人民解放军总人数达到 550 万，军费开支占当年国家财政支出的 41.1%。[①] 毛泽东和中央军委认识到，随着大规模战争的基本结束，巨大的军队数量和庞大的军费开支既不利于国民经济的恢复和建设，也与军队正规化、现代

① 于化民：《中国共产党与建国初期人民解放军的正规化现代化建设》，《东岳论丛》2001 年第 3 期。

化的要求很不适应，为此，毛泽东和中央军委决定进行大规模精简整编。1950 年 4 月，中共中央政治局开会讨论人民解放军的整编问题，决定将全军总员额减至 400 万。为了贯彻落实好政治局会议精神，同年 5 月 16 日至 31 日，在北京召开全军参谋长会议，专门研究部署这项工作。会议经过充分讨论并经毛泽东和中央军委批准，确定分期分批复员和转业百余万人，支援国家经济建设。会议确定的整编原则是：担负剿匪和其他军事任务以及从事生产的部队，力求少变动，不要变动太宽；全国陆军统编为国防军和公安部队。国防军分为战时和平时两种编制，平时一般为“三三制”，野战军领导机构兼大军区领导机构，兵团领导机构除调出建立军兵种领导机关的外，其余兼省军区领导机构；整编后的军、师，统归大军区直接指挥；加强陆军师的领导机构，使其具有指挥诸兵种联合作战的能力。中央军委成立公安指挥部，统一指挥全国军事系统中的公安部队和属于政府系统的人民警察。[①]1950 年 6 月 30 日，中央人民政府革命军事委员会主席毛泽东、政务院总理周恩来发布人民解放军复员 150 万人的决定，这是新中国成立后人民解放军第一次大规模的精简整编。到 1950 年底，全军精简 17.1%，陆军部队数量作了较大的压缩，加强了空军、海军及其他兵种建设，军兵种机关及部队有了较大发展，其兵力增加到 61 万人。但骤然爆发的朝鲜战争使复员计划暂时搁置，精简工作未能继续进行，部队又进行了扩编。这次复员工作摸索了许多宝贵的经验，为以后的复员工作提供了借鉴。

1951 年底，抗美援朝战争已形成持久作战、积极防御的态势，国内剿匪也取得决定性胜利。为了加强国防力量和适应国家经济建设的需要，党中央、毛泽东审时度势，再次决定“人民解放军采取精兵政策，实行整编”。[②] 转移国家的财力与人力，从根本上解决我军的装备问题，加强空军、海军与各特种兵的建设，建设强大的国防力量。中央军委随即于 1951 年 12 月制订了《军事整编计划》。计划确定：本着留强去弱的原则，在两年内将军队总人数从 627 万人，分期分批精简为 285 万人。拟

---

① 《中华人民共和国军事史要》，军事科学院出版社 2005 年版，第 129、131 页。

② 邓礼峰：《新中国军事活动纪实（1949—1959）》，中共党史资料出版社 1989 年版，第 232 页。

把部队分成两类：一种是国防部队，包括陆、海、空军及各级机关、学校、医院等；另一种是公安部队。整编中对于正规军事院校，各级后勤机构和县区民兵训练机构，都给予加强。毛泽东批准了《军事整编计划》，全军第二次大规模精简整编工作全面展开。根据毛泽东的指示[①]，1951年12月1日，《中共中央关于实行精兵简政、增产节约、反对贪污、反对消费和反对官僚主义的决定》指出："为加强国防力量和适应国家建设的需要，人民解放军应采取精兵政策，实行整编。……整编工作分为两个方面：一个方面是按规定的编制和数目整编现有的部队、机关和学校；另一个方面是处理转业的人员，这是一项需要全国党政军民大家负责的工作。""国防部队根据现有的和可能的现代化装备和国家的生产能力整编，并计算到今后三年至五年的发展，准备必要的干部，实施适合情况的训练，以便培养出一支比现在更为强大的国防军。"[②]1951年12月30日，代总参谋长聂荣臻向毛泽东报送《关于编余部队和机构的调拨计划报告》。该《报告》说：第一期整编中，拟编为铁路、水利、建筑等工程部队的共34个师。特种兵（指炮兵、装甲、工兵等技术兵种）所需的部队和机构，待朝鲜能否停战有眉目后再定。毛泽东批示："我希望调拨为工程部队和屯垦部队的数目能有三十万至四十万，此事待周（恩来）病愈和中财委同志商量一下，再行酌定。如能办到，其利极大。其余均同意。"[③]1952年1月1日，在周恩来主持下，财政部、军委总后勤部举行联席会议，建议将40万军人转为工程部队和屯垦部队。按照这次会议的精神，1月2日聂荣臻给毛泽东写了组成工程与屯垦部队方案的报告。2月2日，毛泽东正式批准解放军31个师转为建设师，其中15个师参加农业生产建设。[④]4月15日，毛泽东、周恩来又联名签署了《中央军委、政务院关于集体转业部队的决定》，该《决定》说明：将从中国人民解放

---

① 《建国以来重要文献选编》第2册，中央文献出版社1992年版，第476—477页。

② 《中共中央文件选集（1949年10月—1966年5月）》第7册，人民出版社2013年版，第299—300页。

③ 《建国以来毛泽东军事文稿》上卷，军事科学出版社、中央文献出版社2010年版，第575、174—175、564页。

④ 《聂荣臻年谱》上卷，人民出版社1999年版，第545、526页。

军中调拨41个整师11个整团共46.5万人，转为各工程部队和屯垦部队（新疆屯垦部队15万人未计算在内），以适应国家经济建设和国防建设的需要。由于毛泽东、中央军委的高度重视，全军这次精简整编取得很大成绩，到1952年底，共缩减19个军部、73个师，219.9万余人；人民解放军在1951年底的基础上又精简28.3%，公安部队精简31.6%，全军总人数降为400余万人。[①]

1953年8月28日，根据抗美援朝战争已胜利结束、国内剿匪作战也接近尾声和国民经济第一个五年计划已全面展开等大好形势，中共中央、毛泽东决定：军事系统（包括公安部队）应在整顿组织、精简机构和冗员、加强技术训练、提高部队质量的基础上，大力缩减军费开支。[②]毛泽东还提出今后的军政费用在国家财政支出中不得超过30%。对于军队的整编和建设方向，毛泽东在较早前已指出："我们现在已经进到了建军的高级阶段，……与现代化装备相适应的，就是要求部队建设的正规化，就是要求实行统一的指挥、统一的制度、统一的编制、统一的纪律、统一的训练，就是要求实现诸兵种密切的协同动作。"[③]按照中共中央、毛泽东的指示精神，主持军委工作的军委副主席彭德怀连续召集扩大的军委例会，研讨进一步精简整编的具体方案。9月8日，彭德怀向中共中央和毛泽东报告：对于中央的指示，军委在例会上进行了传达和讨论，并拟出下列方案和措施：一、在平时情况下全军人员的总额为350万人（包括公安部队）。二、对现有超额人员提出了处理和安置办法，确定对各特种兵在五年内的扩大加以限制，对1952年所定的五年建设计划提出了修改方案。三、解放军总部和各大军区机构过于庞大，根据其任务，分别规定了它们的组织编制和机构。四、根据公安部队的任务，确定了它们的编制人数。[④]毛泽东对此报告批示同意。为了对人民解放军的建设进行总体规划和部署，根据中共中央和毛泽东的指示，中央军委于1953

① 《中华人民共和国军事史要》，军事科学院出版社2005年版，第129、131页。

② 《彭德怀军事文选》，中央文献出版社1988年版，第476页。

③ 《建国以来毛泽东军事文稿》中卷，军事科学出版社、中央文献出版社2010年版，第38—39、171页。

④ 《彭德怀年谱》，人民出版社1998年版，第560页。

年12月7日，在北京召开了全国军事系统党的高级干部会议。毛泽东对这次会议十分关心，对会议的一些文件亲自审阅、修改。这次会议确定了全国武装力量总定额和调整全军的体制编制问题，明确了以“五统四性”为主要内容的正规化建设是人民军队发展的一个重要目标。会后，全军按照中央军委和总政治部的统一部署，深入传达贯彻会议精神，为精简整编做了充分准备。从1954年2月开始，全军进行了大规模的精简整编。这次整编于1955年底顺利完成。与1952年相比，全军总员额精简23.3%，其中陆军部队精简比例最大，为54.8%，整编期间，进一步加强了特种兵，推动了军队的合成化建设。

通过这三次精简整编，全军基本上做到了统一编制、定额、定型、定员，初步完成了由单一陆军向诸兵种联合军队的过渡，军队的质量建设迅速提高，为人民军队更高阶段的正规化、现代化建设打好了基础。

二、制定以文化教育为主的训练方针，重视军事院校在教育训练中的地位，采取多种措施提高广大官兵的科学文化水平和军事素质，培养适应现代战争要求的合格人才

新中国成立初期，我军指战员的文化水平普遍偏低。据统计，在战士中初小以下文化程度的占80%，在干部中高小以下文化程度的占68%，其中仅文盲和半文盲就占了30%，不少连队找个文书、司务长都很困难。部队装备了一些新式武器，干部战士学习技术也很吃力。[①]1950年6月，国民党空军轰炸上海，驻沪防空部队虽然已经装备了比较先进的高射炮，可是干部战士文化水平低，对它的性能和数据计算还不能熟练掌握，有时在战斗中就错过了战机，不能充分发挥武器的作用。这种文化水平低的状况和现代化建军的要求显然是一个突出矛盾，迫切要求提高广大官兵特别是各级干部的科学文化素质。毛泽东指出：“为了建设现代化的国防……今天我们迫切需要的，就是要有大批能够掌握和驾驭技术的人，

① 《罗荣桓传》，当代中国出版社1991年版，第513、516页。

并使我们的技术能够得到不断的改善和进步。”[①] 为尽快改变这种局面，毛泽东和中央军委制定了以文化教育为主的训练方针，采取多种措施提高广大官兵的科学文化水平和军事素质。按照毛泽东的指示，总政治部主任罗荣桓主持总政制定了《军委关于在军队中实施文化教育的指示》，该《指示》稿上报后，毛泽东仔细审阅并进行了详细修改，于 1950 年 8 月 1 日签署颁发全军。《指示》提出：决定从 1951 年 1 月起，在全军开展三年的文化教育，全军除执行规定的作战任务和生产任务外，必须在一个相当的时期内，着重学习文化，“以提高文化为首要任务，使军队形成一个巨大的学校”，采取各种方式组织干部、战士学习文化，并规定连队以 60% 的时间进行文化教育，团以下机关举办各种类型的文化学校，等等。[②] 指示规定军队干部文化教育的方针是“速成的、联系实际的、但又是正规的”，其中“但又是正规的”，为毛泽东所加，表达了毛泽东对提高军队干部文化水平的殷切期望和要求。在毛泽东的号召下，全军发起了向文化进军的大战役。在很短时间内，全军调配了文化教员 5 万多人，陆续开办了速成小学 200 多所，速成中学 60 多所，抽调大批骨干包括有丰富战斗经验的老干部和英雄模范离职学习。在职人员也按文化水平组织不同班次参加学习。

抗美援朝战争开始后，全军遂转向以备战为中心任务，文化教育任务被迫推迟。但毛泽东对文化教育的重视态度没有改变，在他的支持下，1951 年 1 月总政治部提出了 1951 年部队文化教育实施方案，在要求文化教育应该围绕战争和战备需要的同时，继续强调，全军必须认识到提高文化对提高军事政治水平、完成作战和战备任务都有重要的意义。[③]

1951 年 12 月 9 日总政治部给军委写了《关于在部队实施政治和文化教育及发展文艺工作的报告》，这个《报告》的要点是：（1）1952 年部队训练以文化教育为主。（2）全军人员的文化教育以干部为首要，一

---

① 《建国以来毛泽东军事文稿》中卷，军事科学出版社、中央文献出版社 2010 年版，第 38—39、171 页。

② 《建国以来毛泽东军事文稿》上卷，军事科学出版社、中央文献出版社 2010 年版，第 575、174—175、564 页。

③ 《罗荣桓年谱》，人民出版社 2002 年版，第 729 页。

切初中以下文化程度的干部，其学习皆以文化为重点。（3）1952年文化教育计划的执行，应由党委领导、首长负责。并在团以上各级党委的领导下，设立文化教育委员会，加强指导。毛泽东批准了这个报告，强调“这个报告是正确的”，军委各部门、各大军区须遵照执行。[①] 遵照毛泽东的命令，军委于1951年11月29日发出《关于1952年军队军事训练的指示》，明确从1952年6月至1953年6月，全军除海、空军及雷达等部队有文化者外，均执行以文化教育为主的方针，时间比例为军事30%、政治20%、文化50%，要求在一年内扫除指战员中的文盲，并将初小和高小毕业者分别提高到高小毕业和初中一年级的程度。为此1952年，中央军委又发出了“部队文化教育大纲”，部队迅速掀起了向文化进军的热潮。到了1953年，经过全军上下两年多的努力，部队文化水平状况发生了显著的变化，全军由原来80%人员是初小以下文化水平普遍达到初小毕业以上，干部绝大多数达到高小毕业至初中的水平。1953年下半年以后，文化教育逐步转入经常化，在巩固的基础上坚持下去，继续提高。[②] 部队整体文化水平的提升，为我军的正规化、现代化建设奠定了基础。

毛泽东特别重视军事院校在教育训练中的地位。他指出，新中国成立初期形势的发展要求我们迅速地建设成一支强大的现代化的国防军。要完成这一光荣而艰巨的任务，就需要有大批现代化的军事人才，在这方面，军校负有伟大的责任。毛泽东把军事学院的建立同我军建设由低级阶段向高级阶段的历史性转变联系起来，认为军事学院诞生本身就是这种转变的伟大标志。军队院校，是达到统一全军思想的基地，是全军军事建设的模型。干部是军队的骨干，院校是培养干部的摇篮，从这个意义上说，院校塑造出什么样的干部，也就决定军队将达到什么样的水平。毛泽东认为，军事院校能够成为，也应当成为全军的模范和领导者。在院校工作的指导思想上，毛泽东要求院校以马列主义为指导，认真总结我军的作战经验，按照“又红又专”的标准，培养现代化正规化军队所需要的合格人才。根据毛泽东的指示，中央军委于20世纪50年代初

---

① 《建国以来毛泽东军事文稿》上卷，军事科学出版社、中央文献出版社2010年版，第575，174—175，564页。

② 《罗荣桓传》，当代中国出版社1991年版，第513、516页。

提出了按高、中、初三级构架军事院校体系的构想，并立即付诸实施。

1950年3月10日，聂荣臻向毛泽东报送《关于军委机关及军事院校建设问题的报告》，提出:（1）继续加强空、海军司令部建设，筹建炮兵坦克装甲兵工兵司令部;（2）加强航空、海军、防空、测绘、机要学校，筹建正规的炮兵、工兵学校;（3）筹建陆军大学，使之成为建设正规化国防军的训练中心，储备与深造高级军事干部，请刘伯承主持。毛泽东批准了这个报告并陆续组织实施。[①] 按照毛泽东的指示,1950年7月，周恩来主持中央军委会议研究了军事院校建设问题。会后由周恩来制订并经毛泽东批准的方案确定，在原有学校的基础上，改建、新建一批更适应现代战争需要的各类正规院校。据此方案，全军除首先改建了一批学校外，1951年1月，人民解放军军事学院在南京成立，刘伯承任院长兼政治委员。1952年7月，人民解放军后勤学院在北京成立，李聚奎任院长。

1952年6月23日，经毛泽东批准，中央人民政府人民革命军事委员会颁布调整全军军事院校的命令。命令规定，全军编总高级步兵学校1所，高级步兵学校2所，步兵学校9所；高级炮兵学校1所，高射炮兵学校1所，地面炮兵学校6所，军械学校3所（炮兵军械学校2所，步兵军械学校1所），炮兵摩托学校1所；战车学校2所；高级工兵学校、工兵学校各1所；高级通信学校、通信工程学校、通信学校、雷达专修学校各1所；化学兵学校1所；防空学校、城防高射炮学校各1所；测绘学校、俄文学校和后勤系统的财务、军需、运输、油料、兽医学校各1所，协和医学院1所，医科大学6所（同年11月，改设军医大学7所），卫生干部学校（11月改为军医中学）15所。此外，空军在原有10所航校的基础上，增建航空学校、干部学校各2所；海军在原有学校的基础上，增建海军预科学校、政治干部学校和后勤学校各1所。各大军区各增建1所政治干部学校。至1952年底，全军共有文化学校99所。1953年1月10日，人民解放军总高级步兵学校在南京成立，宋时轮任校长兼政治委员。同年9月1日，人民解放军军事工程学院在哈尔滨成

① 《聂荣臻年谱》上卷，人民出版社1999年版，第545、526页。

立，陈赓任院长。[①]

在此期间，为了进一步提高军队院校的教育训练质量，培养更多的适应人民军队正规化、现代化建设人才，从1952年7月到1953年8月，毛泽东还分别给军事学院、后勤学院、总高级步兵学校和军事工程学院等多所院校题写了训词。在训词中，毛泽东对解放军院校工作在军队建设中的地位和作用，给予了高度评价。毛泽东的训词，给解放军院校教育指明了方向，提出了培养正规化、现代化建设人才的标准，成为以后我军军事院校教育的指导方针，对军队院校的人才培养工作产生了深远影响。

三、要求全军发扬“向苏联学习”这一我们建军史上的优良传统，虚心学习苏军的军事科学，以便迅速提高人民解放军指战员（特别是中高级指挥员）的现代化军事科学水平

这个时期，毛泽东非常重视并积极号召全军学习苏联先进的军事科学，他认为这是迅速提高人民解放军指战员（特别是中高级指挥员）的现代化军事科学水平的重要途径。毛泽东多次强调，我们必须向苏联的军事科学学习，以便迅速把我军提高到足以在现代化的战争中取胜的水平。“我们必须学习苏联军队完整的后勤工作建设，研究朝鲜战争中后勤工作的状况和经验，以达到我军后勤工作现代化和正规化的目的。”“向苏联学习，这是我们建军史上的优良传统，无论任何时候，任何工作部门，都应当如此。……我们必须学习苏联的先进科学和技术知识，学习苏联军事工程建设的丰富经验，学习苏联顾问同志的学习态度和工作态度，学习苏联顾问同志高度的爱国主义和国际主义精神。在学习上应该是虚心诚恳，不要学到一点就自满和骄傲。”[②]

按照毛泽东等中央军委领导的指示，人民解放军把向苏军学习作为

---

① 《中国人民解放军》，当代中国出版社1994年版，第142页。

② 《建国以来重要文献选编》第4册，中央文献出版社1994年版，第12—13页。

军队建设的一个指导思想，明确提出：人民解放军向现代化前进，必须虚心学习苏联先进的军事科学。苏联军队的今天就是中国人民解放军的明天，苏联的军事科学是世界上最进步的军事科学，是以强大无比的社会主义经济为基础的。我们中国现在的情况还未能这样。所以我们应该根据中国的条件，有步骤地向苏联军队看齐。[①]但在“学习苏联”的过程中，在人民解放军的高、中级干部中仍出现了一些阻力：主要有两种情绪。一是认为过去没有苏联军队那一套也打了胜仗，解放了全国大陆；二是认为苏联军事理论不适合中国情况，不如学毛泽东的军事理论。因此，在与苏联顾问的关系上也不时出现一些矛盾和不融洽的现象。

1952 年 7 月，总干部部苏联顾问卡苏林对中方的工作提出了批评意见。毛泽东在 10 月 20 日指示：在 11 月开展“中苏友好月”活动中，各有顾问、专家的单位，要检查与顾问专家的关系。总干部部遵照毛泽东的指示，于 12 月 8 日召开干部座谈会，全面征求苏联顾问的意见。会后，副部长赖传珠、徐立清向彭德怀并毛泽东报告说，苏联顾问在会上提出的许多意见很好，可以作为今后改进工作的方向。12 月 14 日，毛泽东就萧克关于军训部与苏联顾问合作的报告批示：“凡有顾问者一律作出和顾问关系的检讨，改善我们和顾问的关系，认真地学习苏联的军事科学。”12 月 28 日毛泽东又对总干部部的报告批示说：“这个报告可发军委各部门、各大军区和军事学校（有顾问）首长们参考。希望各部门都照这样正确地对待自己的顾问同志。”随后，各军事单位对与苏联顾问的关系进行了一次普遍检讨。毛泽东亲自过问后，顾问普遍反映关系改善，比较满意。

在毛泽东等中央领导的要求下，苏联方面先后向中国派出了大量军事专家和顾问，仅至 1950 年 8 月，在中国服务的苏联军事顾问即有约 1000 人。[②]到 1960 年，约有 10000 人次的苏联军事专家和顾问来华工

---

① 萧华：《向着现代化迈进的中国人民解放军》，《人民日报》1952 年 8 月 1 日。

② 齐德学：《20 世纪 50 年代人民解放军建设取得辉煌成就的原因浅探》，《军事历史》2004 年第 4 期。

作。[①] 在他们的帮助下，中国迅速培养了一批掌握现代军事技术的科技人才和适应现代战争要求的指挥员，为人民解放军全面展开军队的正规化、现代化建设提供了必要条件。

［原载《毛泽东思想研究》2013 年第 2 期］

① 王亚志回忆，沈志华、李丹慧整理:《彭德怀军事参谋的回忆：1950 年代中苏军事关系见证》，复旦大学出版社 2009 年版，第 114 页。

当代国防

改革开放以来中国军事战略方针的调整与完善

军事战略是筹划和指导军事力量建设和运用的总方略，服从服务于国家战略目标。习近平指出："军事战略方针是统揽军事力量建设和运用的总纲。"改革开放以来，中央军委重新明确了积极防御军事战略方针，并根据国家安全形势发展变化对积极防御军事战略方针的内容进行了多次调整。

一、军队建设指导思想战略性转变与新时期军事战略思想的确立

在中共十一届三中全会以前的一个较长时期里，人民解放军的建设基本立足于准备"早打、大打、打核战争"，强调军队建设要适应临战状态。中共十一届三中全会以后，中央对国际形势的判断逐渐有了变化，对战争与和平问题的认识也有了改变。邓小平在认真分析国际战略形势的新特点后指出，世界大战在较长时间内打不起来，我们不要自己吓唬自己，造成人为的紧张。1984 年 11 月，邓小平在军委座谈会上再次明确了这一判断。

根据邓小平对世界战略格局、战争形势的科学判断，对四化建设的正确认识，中央军委扩大会议做出军队建设指导思想实行战略性转变的重大决策，即由过去的立足于"早打、大打、打核战争"的临战准备，

转变到和平时期建设的轨道上来。会议还做出了减少军队员额100万的决定，并通过了《军队体制改革、精简整编方案》。

为适应国际国内形势的发展变化和军队建设实行战略性转变的要求，人民解放军在新时期迫切需要有一个明确的、完整的军事战略，并予以科学的界定。1987年12月，总参谋部根据中央军委的意图，正式着手探讨我军新时期的军事战略问题。1988年初，军队改革办公室在调查研究的基础上，提出了《关于军队建设重大问题系统论证方案》，其中包括军队建设指导思想、军事战略、体制编制、法规制度、干部工作、教育训练、科技装备等10项内容，在这一基础上，军委常务会议讨论通过了《中央军委关于加快和深化军队改革的工作纲要》，其中包括确立新时期军事战略等11项内容，确定了军队战略目标是打赢现代条件下的局部战争，保卫国家的安全。1988年12月，总参谋部向中央军委呈报《关于到本世纪末我军战略指导若干问题的建议》，该《建议》对国际形势和我国周边安全环境进行了客观分析，对积极防御军事战略的内容做了具体阐述。总参谋部提出了军事战略方针调整方案，杨尚昆主持军委常务会议进行了研究讨论，达成了共识。不过出于保密角度考虑，新的战略方针内容只传达到大军区主要领导，一直未在全军公开。

1991年海湾战争爆发，它揭示了现代局部战争所具有的高技术特点，全新的现代战争样式登上了历史的舞台。军事科学院组织召开了在京军队高级干部海湾战争座谈会，江泽民先后两次参加了座谈会，提出要注意从这场战争中研究现代战争的特点，并得出了现代战争正在成为高技术战争、世界军事领域正在发生深刻变革的结论。1992年10月，党的十四大召开。新一届中央军委领导班子组成后，抓紧了军事战略问题的研究和战略方针的制定，把确立新时期军事战略方针提上了议事日程。经中央军委研究决定，由江泽民主持制定新时期军事战略方针工作，军委副主席张震直接领导，指派总参谋部、军事科学院、国防大学和中央军委办公厅各自着手文件的起草工作。总参谋长张万年具体负责研究提出制定新时期军事战略方针的意见和建议。

1992年12月5日，中央军委在北京召开一次小范围的军事战略问题座谈会，分析国际战略形势，审视周边安全环境，研究军事战略方针，在京的军委、三总部领导和驻京各大单位的主要负责人参加。座谈会开了两天，到会同志就总参谋部提交的研究报告进行了认真的讨论。张震在发言中着重回顾了新中国成立以来军事战略方针几次调整的情况，提出了研究新时期军事战略方针应当把握的原则，强调研究战略问题首先要认清国际形势。战略方针要服从国家的政治，依照我们国家的综合国力来确定。关于军事斗争准备工作的基点放在何处的问题，张震提出“要立足于能够打赢一场高科技条件下的局部战争”，一定要审时度势，提高军事斗争准备工作的起点。总参谋部领导在会上分析了当前的战略形势：一是两极格局已经终结，当今世界正处在大变动的历史时期。二是和平与发展仍是时代的主题，不可逆转。三是随着多极化的发展，各国在政治、经济、科技上相互渗透、相互依赖、相互制衡，对战争的制约作用增大。这就决定了世界大战在今后一个时期内仍然打不起来。张万年提出，今后一个时期，局部战争和武装冲突很难避免。应付高技术条件下的局部战争和武装冲突，是我们面临的最大挑战，也是一个难点。经过两天的激烈讨论，大家在军事战略方针的基本依据和基本内容方面达成了一致意见。

当时军委副主席在军委常务会议上提出，高技术战争怎么提，要提就提打高技术条件下的局部战争。海湾战争是高技术战争，但以后的战争不一定都是高技术。海湾战争基本上是空中作战。高技术战争是个方向，一是要花很多的钱，二是技术上确实很高。现阶段还是要打现代化战争，包括高技术条件下的局部战争。总参谋部根据军委的意图，在分析研究历次战略方针调整、变化的基础上，向军委提出了关于军事战略方针的建议。军委常务会议经过多次讨论，采纳了总参的意见，对不同的意见，采取摆事实的方式，统一了认识，正式向中央呈送了关于新时期军事战略方针的建议。

1993 年 1 月，中央军委扩大会议确定了今后一个时期内我军积极防御的军事战略方针的基本内容：立足打赢一场可能发生的现代技术特别是高技术条件下的局部战争，加速我军质量建设，努力提高我军应急作战能力，扬长避短，灵活应变，遏制战争，赢得战争，保卫国家领土主权和海洋权益，维护祖国统一和社会稳定，为改革开放和现代化建设提供强有力的安全保证。新时期军事战略方针，在战略指导上实行了重大调整，其内涵主要包括三个方面：一是把打赢现代技术特别是高技术局部战争作为军事斗争准备的基点。二是把军事斗争准备作为我军最重要、最紧迫的战略任务。一旦出现非用兵不可的情况，能够断然出手，决战决胜。三是把军事斗争准备作为军队现代化建设的龙头。要以新时期积极防御军事战略方针统揽全局，在具体步骤上，第一步：调整“八五”建设目标，加强基础建设，展开作战急需项目的规划设计和起步工作，积极稳妥地进行调整改革，为落实新时期积极防御军事战略方针奠定基础。第二步：在“八五”建设的基础上，加快发展速度，争取用五到十年时间，基本满足新时期军事战略方针的要求。

新时期军事战略方针明确了新形势下我军军事斗争准备的目标和任务，抓住了我军建设的主要矛盾，正确解决了我军建设和改革的发展方向问题。用这个方针统揽全军各项工作，有力地推动了国防建设和军队建设。新时期军事战略方针是积极防御战略思想的重大发展，也是军队建设指导思想战略性转变的深化，具有深远的历史意义。这一方针在以后的实践中不断深化，实践证明，军委做出这一重大战略决策是非常及时和完全正确的。

二、“两个根本性转变”的提出与新时期军事战略方针的充实完善

新时期积极防御的军事战略方针确定后，全军迅速掀起了一场对未来高技术局部战争的大讨论。中央军委号召全军各级干部首先是高级领导干部，要带头学习科学技术，掌握更多的现代科学知识。全军官兵迅速开展了学习高科技知识的热潮。

1993 年 7 月，中央军委扩大会议提出：贯彻落实新时期积极防御军事战略方针，要坚持注重质量、突出重点的思想。打赢现代技术特别是高技术条件下的局部战争，没有一定的质量优势是不行的，单纯依靠数量上的优势弥补质量上的差距已日益困难。海湾战争后，美、俄等国军队，都把“质量建军”作为新的军事战略的重要内容，谋取质量建设的综合优势。我军军情的突出特点是军费投入与需求矛盾较为突出，因此，

加强我军的现代化建设，必须走有中国特色的精兵之路，在抓质量、抓效益上做文章。

高新技术的广泛应用，正在深刻改变着军事斗争的面貌，引发了军事领域一系列革命性变化。世界各主要国家纷纷加快军队现代化建设的步伐，形成了以高技术质量建设为主要标志的竞争新态势。世界军事发展的强劲势头，对我军质量建设和军事斗争准备提出了严峻挑战。加强质量建设，走有中国特色的精兵之路，是实现我军现代化的正确选择。随着高新技术在军事领域的广泛运用，争取质量优势已成为世界上许多国家军队建设的一个共同趋势。减少数量，提高质量，是我军现代化建设的主要策略。

1995年12月中旬，中央军委扩大会议审议通过了《“九五”期间军队建设计划纲要》。明确了21世纪初（2010年前）军队建设远景目标，提出要实现“两个根本性转变”，即在军事斗争准备上，由准备打赢一般条件下局部战争向准备打赢现代技术特别是高技术条件下局部战争转变；在军队建设上，逐步由数量规模型向质量效能型、人力密集型向科技密集型转变。该《纲要》进一步指出，实现“两个根本性转变”的关键是实施科技强军战略，依靠科技进步提高战斗力。中央军委及时确立“科技强军”战略，推进军事斗争准备和军队建设“两个根本性转变”，抓住了我军建设面临的主要矛盾，指出解决我军建设主要矛盾的根本途径。按照这一转变要求，军队改革进一步向质量建设的方向前进。

世纪之交，在日新月异的科技进步推动下，世界军事革命迅猛发展。世界各主要国家纷纷调整军事战略，加快军队现代化建设，形成了以高技术质量建设为主要标志的军事竞争新态势。我军的现代化建设和军事斗争准备，面临艰巨任务和严峻挑战。中央军委明确提出，高技术战争的本质就是信息化，人类战争形态正在进入信息化战争阶段。新军事变革，实质上是一场军事信息化革命。信息化正在成为军队战斗力的倍增器。发达国家都把信息化作为新世纪军队现代化建设的主要目标。可以预见，信息化战争将成为21世纪的主要战争形态。2000年12月，中央军委扩大会议研究了新世纪新阶段国防和军队建设的重大问题，明确提出军队现代化建设要完成机械化和信息化的双重任务。强调要以机械化为基础，以信息化为主导，以信息化带动机械化，以机械化促进信息化，推动军队信息化加速发展。争取用 20 年的时间，基本实现军队机械化，使信息化建设取得重大进展，再经过 30 年的发展，完成建设信息化军队的战略任务。

党的十六大后，根据国际国内形势的新变化，中央军委对新时期军事战略方针进行了充实完善。充实完善后军事战略方针的主要内容主要体现在：第一，必须服从和服务于国家的发展战略；第二，必须明确把军事斗争准备的基点放到打赢信息化条件下的局部战争上；第三，必须坚持和发展积极防御的战略指导思想和原则，把“遏制危机、控制战局、打赢战争”作为战略指导的基本思想，这是在新形势下对积极防御战略方针的进一步发展；第四，必须确立反映信息化作战特点的基本作战思想。2004 年 6 月召开的军委扩大会议进一步明确了我军在新世纪新阶段的战略目标和任务、军事斗争准备的基点、战略指导思想和原则等。着重指出了加速推进中国特色军事变革必须紧紧抓住并认真解决好的几个全局性和关键性问题，阐明了我军从机械化半机械化转到信息化的重要方针政策，为我军建设和军事斗争准备进一步明确了方向和目标。

三、习近平新时代强军思想的创立与新形势下军事战略方针的制定

党的十八大后，中国特色社会主义进入了新时代。中国发展仍将处于可以大有作为的重要战略机遇期，外部环境总体有利，但仍然面临多元复杂的安全威胁，遇到的外部阻力和挑战逐步增多，生存安全问题和发展安全问题、传统安全威胁和非传统安全威胁相互交织，维护国家统一、维护领土完整、维护发展利益的任务艰巨繁重。在新的历史条件下，习近平准确把握军队建设发展新现状、国家发展和安全利益新要求，创立了新时代强军思想，全面实施改革强军战略。

强国强军，战略先行。围绕强军兴军，习近平领导制定了新形势下军事战略方针。新形势下积极防御军事战略方针要求：根据战争形态演变和国家安全形势，将军事斗争准备基点放在打赢信息化局部战争上，突出海上军事斗争和军事斗争准备，有效控制重大危机，妥善应对连锁

反应，坚决捍卫国家领土主权、统一和安全。根据各个方向安全威胁和军队能力建设实际，创新基本作战思想，坚持灵活机动、自主作战的原则，你打你的、我打我的，运用诸军兵种一体化作战力量，实施信息主导、精打要害、联合制胜的体系作战。根据我国地缘战略环境，面临安全威胁和军队战略任务，优化军事战略布局，构建全局统筹、分区负责，相互策应、互为一体的战略部署和军事布势；应对太空、网络空间等新型安全领域威胁，维护共同安全；加强海外利益攸关区国际安全合作，维护海外利益安全。

军事斗争准备基点由此前的“打赢信息化条件下的局部战争”调整为“打赢信息化局部战争”，虽然只少了四个字，内涵却有质的飞跃。当前，世界新军事革命深入发展，武器装备远程精确化、智能化、隐身化、无人化趋势明显，太空和网络空间成为各方战略竞争新的制高点，战争形态加速向信息化战争演变。战争的制胜机理已经改变，我们的军事斗争准备立足点当然也要随之调整。

新形势下军事战略方针第一次明确了军队的八项战略任务：应对各种突发事件和军事威胁，有效维护国家领土、领空、领海主权和安全；坚决捍卫祖国统一；维护新型领域安全和利益；维护海外利益安全；保持战略威慑，组织核反击行动；参加地区和国际安全合作，维护地区和世界和平；加强反渗透、反分裂、反恐怖斗争，维护国家政治安全和社会稳定；担负抢险救灾、维护权益、安保警戒和支援国家经济社会建设等任务。关于军队的任务，过去我们一般用“总任务”“总目标”等表述，新形势下军事战略方针则第一次明确了军队的八项战略任务，涵盖了传统安全和非传统安全领域，还涉及太空、网络等新型安全领域。这些任务是新的历史时期军队使命的具体体现，将对全军的建设发展起到具体的指引作用。

习近平关于新形势下军事战略方针的重要论述，有着丰富的时代内涵，形成了涵盖战略指导、战略任务、战略布局等方面的完整思想体系，全面创新发展了党的积极防御战略思想，确立起新形势下统揽军事力量建设和运用的总纲。

［原载《学理论》2019 年第 1 期］

20世纪90年代世界新军事变革背景下的中国军队建设

自20世纪80年代末开始，新军事变革在世界军事领域兴起。同时，中国安全环境和军事斗争任务也发生了重大变化。在此背景下，中央军委深刻洞察和把握国内外形势的重大变化和世界新军事变革的发展趋势，确定了新时期军事战略方针，提出积极推进中国特色军事变革，努力实现建设信息化军队、打赢信息化战争的战略目标，积极推进体制编制改革，深入开展科技大练兵，从而把我军现代化建设带入了一个新的发展阶段。

一、确立新时期军事战略方针

20世纪90年代，国际战略格局发生变化，中国安全环境和军事斗争任务也发生重大变化，我军需要适时调整战略方针。1991年爆发的海湾战争揭示了现代局部战争所具有的高技术特点，全新的现代战争样式登上了历史的舞台。

1992年10月，党的十四大召开。确立新时期军事战略方针，成为新一届军委需研究、解决的一个首要问题。党的十四大闭幕不到一个月，新一届中央军委立即把确立新时期军事战略方针提上了议事日程。经中央军委研究决定，由江泽民亲自主持制定新时期军事战略方针工作，由军委副主席张震直接领导，指派总参谋部、军事科学院、国防大学和中央军委办公厅各自着手文件的起草工作。[①]张万年总参谋长具体负责研究提出制定新时期军事战略方针的意见和建议。

1992 年 12 月 5 日，中央军委在北京召开一次小范围的军事战略问题座谈会，分析国际战略形势，审视周边安全环境，为研究军事战略方针“务务虚”。在京的军委、三总部领导和驻京各大单位的主要负责人参加[②]。座谈会开了两天，到会同志就总参谋部提交的研究报告进行了认真的讨论。总参谋长张万年在会上发言，分析了当时的战略形势：一是两极格局已经终结，当今世界正处在大变动的历史时期。二是和平与发展仍是时代的主题，不可逆转。三是随着多极化的发展，各国在政治、经济、科技上相互渗透、相互依赖、相互制衡，对战争的制约作用增大。这就决定了世界大战在今后一个时期内仍然打不起来。张万年提出，今后一个时期，局部战争和武装冲突很难避免。应付高技术条件下的局部战争和武装冲突，是我们面临的最大挑战，也是一个难点[③]。张震在发言中着重回顾了新中国成立以来军事战略方针几次调整的情况，提出了研究新时期军事战略方针应当把握的原则，强调研究战略问题首先要认清国际形势。[④]战略方针要服从国家的政治，依照我们国家的综合国力来确定。关于军事斗争准备工作的基点放在何处的问题，张震提出“要立足于能够打赢一场高科技条件下的局部战争”，一定要审时度势，提高军事斗争准备工作的起点。[⑤]经过两天的激烈讨论，大家取得共识，在军事战略方针的基本依据和基本内容方面达成了一致意见。

军委副主席刘华清在军委常务会议上提出，高技术战争怎么提，要提就提打高技术条件下的局部战争。海湾战争是高技术战争，但以后的战争不一定都是高技术。海湾战争基本上是空中作战。高技术战争是个方向，一是要花很多的钱，二是技术上确实很高。现阶段还是要打现代

① 《张万年传》写作组：《张万年传》（下），解放军出版社 2011 年版，第 60 页。

② 《张震回忆录》下册，解放军出版社 2004 年版，第 361 页。

③ 《张万年军事文选》，解放军出版社 2008 年版，第 365 页。

④ 《张震回忆录》下册，解放军出版社 2004 年版，第 362 页。

⑤ 《张震回忆录》下册，解放军出版社 2004 年版，第 362 页。

化战争，包括高技术条件下的局部战争。[①] 经过军委常务会议多次讨论，对不同的意见，采取摆事实的方式，统一了认识，总参谋部正式向中央军呈送了关于新时期军事战略方针的建议。

1993 年 1 月，中央军委扩大会议研究了在新的国际形势下我军需要确定的军事战略方针，积极防御军事战略方针；军队建设和军事斗争必须遵循的根本指导思想，军事战略方针与国家发展战略的关系，我军的战略目标、战略任务和未来军事斗争准备的基点，战略指导上必须把握的基本思想和原则等，做了具体阐述和明确。[②]

新时期积极防御的军事战略方针，在战略指导上实行了重大调整，内涵主要包括三个方面：一是把打赢现代技术特别是高技术局部战争作为军事斗争准备的基点。二是把军事斗争准备作为我军最重要、最紧迫的战略任务。一旦出现非用兵不可的情况，能够断然出手，决战决胜。三是以现代化建设为中心，抓好军事斗争准备，提高我军的威慑与实战能力。在落实步骤上，要分两步走。第一步：调整“八五”建设目标，加强基础建设，展开作战急需项目的规划设计和起步工作，积极稳妥地进行调整改革，为落实新时期积极防御军事战略方针奠定基础。第二步：在“八五”建设的基础上，加快发展速度，争取用五到十年时间，基本实现新时期积极防御军事战略方针的要求。[③]1993 年 6 月，中央军委召开作战会议，调整了各战略方向的作战任务，进一步明确了军事斗争准备和未来作战的基本原则，研究具体落实问题。这次会议后，各战区和各军兵种，也都根据新时期军事战略方针，修订了作战预案，加强了主要方向和重点地区的战场建设。[④]

新时期军事战略方针明确了新形势下我军军事斗争准备的目标和任务，抓住了我军建设的主要矛盾，正确解决了我军建设和改革的发展方向问题。用这个方针统揽全军各项工作，有力地推动了国防建设和军队建设。这是积极防御战略思想的重大发展，也是军队建设指导思想战略

---

① 《刘华清年谱（1916—2011）》中卷，解放军出版社 2016 年版，第 1011 页。

② 《江泽民文选》第 1 卷，人民出版社 2006 年版，第 278 页。

③ 《张万年军事文选》，解放军出版社 2008 年版，第 380 页。

④ 《刘华清回忆录》，解放军出版社 2004 年版，第 636 页。

性转变的深化，具有深远的历史意义。这一方针在以后的实践中不断得到深化，实践证明，军委做出这一重大战略决策是非常及时和完全正确的。

新时期积极防御的军事战略方针确定后，全军迅速掀起了一场对未来高技术局部战争的大讨论。中央军委号召全军各级干部首先是高级领导干部，要带头学习科学技术，掌握更多的现代科学知识。全军官兵迅速开展了学习高科技知识的热潮。

1994 年底，在国家制定“九五”计划和 2010 年远景目标纲要的同时，中央军委成立“九五”计划领导小组，研究论证“九五”期间乃至更长一段时期内人民解放军的发展问题，制定跨世纪的军队发展战略和建设规划，总参谋长张万年兼任“九五”期间军队建设计划领导小组组长。从 1995 年 9 月至 12 月，在张万年主持下，领导小组就“九五”计划讨论稿，向全军广泛征求意见，并进行了多次修改。中央军委先后七次召开常务会议，讨论审议计划纲要的主要内容。《“九五”期间军队建设计划纲要》（以下简称《纲要》）明确了 21 世纪初（2010 年前）军队建设远景目标，主要内容是：通过 15 年左右时间的努力，全面实现新时期军事战略方针提出的各项要求，使国防实力与军队建设整体水平同我国的国际地位和打赢现代技术特别是高技术条件下局部战争的要求相适应。[①]《纲要》明确提出要实现“两个根本性转变”，即在军事斗争准备上，由准备打赢一般条件下局部战争向准备打赢现代技术特别是高技术条件下局部战争转变。二是在军队建设上，逐步由数量规模型向质量效能型，由人力密集型向科技密集型转变。[②]在今后相当长的时间内，我军建设的各个方面，军事斗争准备的各项工作，都要紧紧围绕这两个根本性转变来进行。1996 年 11 月，中央军委首次公布了军队建设的“两个根本性转变”。《纲要》进一步指出，实现“两个根本性转变”的关键是实施科技强军战略。[③]落实军队建设指导思想的“两个根本性转变”，为世纪之交的国防和军队建设及军事斗争准备指明了方向。按照这一转变要求，军

---

① 《张万年军事文选》，解放军出版社 2008 年版，第 517 页。

② 《张万年军事文选》，解放军出版社 2008 年版，第 518 页。

③ 《张万年军事文选》，解放军出版社 2008 年版，第 520 页。

队改革进一步向注重质量建设的方向前进。

1997 年 12 月 7 日召开的军委扩大会议，提出了到 21 世纪中叶国防和军队现代化建设分三步走的发展战略，明确了国防和军队现代化建设的总体思路。[①] 在对正在出现的信息化战争形态深入认识的基础上，中央军委提出军队现代化建设要完成机械化和信息化的双重历史任务。世纪之交，在日新月异的科技进步推动下，世界军事革命迅猛发展。我军的现代化建设和军事斗争准备，面临艰巨任务和严峻挑战。在这个重要历史关口，中央军委把跨越式作为我军现代化的发展道路，并提出实现我军机械化、信息化双重历史任务，为我军在世界军事领域的激烈竞争中赢得战略主动指明了正确方向。

二、深入开展科技大练兵活动

深化全军教育训练改革，是贯彻新时期军事战略方针的必然要求。刘华清在 1993 年 1 月召开的中央军委扩大会议上强调，要真正把教育训练摆到战略地位，要突出“四个必须坚持”：必须坚持我军永远是一个战斗队的思想；必须坚持军事训练的中心位置；必须坚持从难从严从实战需要出发训练部队；必须坚持以教学为中心，大力抓好院校建设。[②]1993 年 4 月，军委副主席张震到部队调研后明确提出，军事训练改革要着眼高技术战争特点。[③]

从 1993 年起，全军紧紧围绕打赢高技术局部战争这个重大而紧迫的历史性课题，在军事训练领域进行了从内容、战法到训法、手段等一系列全面的、力度很大的改革。总参谋部有计划、分步骤连续四年组织了全军性大规模的专题军事训练活动。1995 年是全军战法改革取得重大突破的一年。1995 年 10 月，总参谋部抓住军事斗争准备中亟待解决的紧迫问题，对全军战法研究成果进行了一次全面的总结论证，在兰州军区

---

① 《江泽民文选》第 2 卷，人民出版社 2006 年版，第 88 页。

② 《刘华清军事文选》下卷，解放军出版社 2008 年版，第 325 页。

③ 张震：《新时期军队建设改革的回顾》，《解放军报》2009 年 1 月 13 日。

举行了全军战法研究成果论证活动，[①]着重研究创新了合同作战的有效战法。1995 年 12 月，中央军委颁发了《中国人民解放军军事训练大纲》，加大了高技术知识和技能训练含量，使训练更加贴近实战。1996 年 6 月，总参谋部在沈阳军区召开全军训法改革成果现场观摩交流活动，重点研究了对抗训练方法，并大力开展了模拟训练。10 月，又举办了全军训练器材成果展览活动，对完善训练方法手段进行了成功的探索。[②]经过四年训练改革，我军基本建立了以新一代训练大纲为标志的训练内容体系，取得了丰硕的成果。

这期间，我军还进行了一系列实战背景下的军事演习。1995 年 7 月至次年 3 月，针对"台独"分裂活动引发的台海危机，按照党中央、中央军委的统一部署，解放军在东南沿海方向举行了一系列震慑"台独"的军事演习，在国内外产生了重大深远的积极影响，为维护祖国和平统一发挥了重要作用。

进入 1997 年，总参谋部又作出部署，将军事训练改革创新，继续向广度和深度发展，适时催生了科技练兵这一崭新事物。沈阳军区第 39 集团军的军事训练改革创出数百项科技训练成果，受到总参领导的重视，认为这是科技练兵的雏形，经验具体，成效显著，应向全军普及推广。[③]中央军委、解放军总部及时肯定了这种群众性科技练兵的基本方向。1998 年 5 月，《解放军报》发出系列报道，首次把"科技大练兵"的口号推向全军。1998 年 9 月 25 日至 29 日，总参谋部在沈阳军区 39 集团军举办"全军运用高科技知识，普及深化训练改革成果集训"，简称"辽阳集训"。"辽阳集训"第一次在全军范围内明确提出"科技练兵"的概念，是全军科技练兵的总动员，受到中央军委领导的高度关注和重视。随后，总参谋部向军委正式提交了《全军运用高科技知识普及深化训练改革成果集训情况》的报告。张万年主持中央军委常务会议，专门讨论这个报告，并决定报请中央批准向全军转发。[④]10 月，军委主席江泽民调阅"辽

① 《张万年传》写作组：《张万年传》（下），解放军出版社 2011 年版，第 96 页。
② 《张万年传》写作组：《张万年传》（下），解放军出版社 2011 年版，第 99 页。
③ 《张万年传》写作组：《张万年传》（下），解放军出版社 2011 年版，第 103 页。
④ 《张万年传》写作组：《张万年传》（下），解放军出版社 2011 年版，第 103 页。

阳会议”文件，充分肯定该集团军的“科技大练兵”；11月，军委发出通知，要求全军掀起“科技大练兵”热潮。此后，“科技练兵”成为相当长时期我军建设的一条重要指导方针。[①]“科技练兵”是贯彻科技强军战略思想的重大举措，是提高部队战斗力的有效途径，是我军训练领域的一场深刻变革，具有十分深远的意义和影响。为有效地引导和规范科技练兵的健康发展，中央军委及时提出了一整套指导新时期军事训练的新思想，颁发了一系列指导军事训练的法规文件，促进了全军科技练兵的深入开展。

1999年5月，在中国驻南联盟大使馆被炸事件发生后，总参谋部领导强调，军队必须把“练为战”的思想和“一切为打赢”的口号化为积极的行动，扎扎实实抓好科技练兵。总参谋部派出工作组，对全军开展科技练兵的情况进行了全面调研。为解决部队训练中存在的倾向性问题，5月26日，总参谋部举办了一次以“科技练兵”为主题的电视电话会议，全军师（旅）以上部队领导和武警部队领导参加了会议。会议强调，要加强新的“三打”（打隐形飞机、巡航导弹和武装直升机）、“三防”（防精确打击、电子干扰和侦察监视）的训练。[②]10月9日至16日，经中央军委批准，总参谋部组织了全军开展科技练兵观摩活动。这次观摩活动，首次演练了实弹打敌巡航导弹、利用计算机技术进行信息网络节点攻击等新型战法；首次由训练基地运用新的技术手段、新的战争法则独立导调合同战术演习，突出了检验性、实战感，对抗性强；首次运用军事训练管理控制系统，对一个师级单位的训练实行量化分析、动态管理，注重信息资源的利用，强化了过程与质量的控制。来自全军各部队的代表巡回观摩沈阳、南京、北京军区训练基地先进的导调监控、战场仿真、辅助评估、综合保障和基地管理五大系统。

2000年1月，中央军委转发了总参谋部《关于广泛深入开展科技练兵全面提高部队打赢高技术战争能力的意见》。随后，按照中央军委部署，以总参谋部为主组成联合调查组，对全军科技练兵的情况进行了调

---

① 《解放军报》2015年12月8日。

② 王学东：《傅全有传》（下），解放军出版社2015年版，第300页。

研，认为科技练兵活动基本走上了健康发展的轨道。[①] 为集中展示全军科技练兵的成果，有效推动科技练兵在新世纪的深入发展，总参谋部决定搭建一个展示全军科技练兵成果的大舞台，搞一次全军科技成果交流活动。2000 年 10 月 13 日，经中央军委批准，总参谋部以京郊某训练场为主场，在北京、内蒙古、辽宁、吉林四地同时同步联合开展了代号为“砺剑 -2000”的全军科技练兵交流活动，包括现地演兵、理论交流、网上练兵三项内容。这次交流活动全面展示了全军科技练兵的精品成果，突出了谋求“打赢”这个主题，重点研究了军事斗争准备的重大理论和实践问题，明确了深化科技练兵的方向和思路，把“打得赢”作为科技练兵的出发点和落脚点。

三、积极推动军队体制编制改革

20 世纪 90 年代初，从我军体制编制的现状看，存在规模偏大，机构臃肿、体制不顺、结构不优的问题，严重制约了军队现代化建设。在制订军队建设“九五”计划时，军委经过认真分析认为，我军 300 万的员额仍然偏多，决定再次精简军队员额，[②] 在“九五”期间全军要“减少 40 万人”。

1996 年 12 月，中央军委扩大会议提出，我军编制体制不合理的问题比较突出，要继续积极稳妥地推进编制体制调整改革，重点放在结构调整和指挥体制改革上。[③] 为加强领导，完成这一重任，总参谋部成立了全军体制编制调整改革研究领导小组，由总参谋长傅全有任组长。领导小组下设论证办公室，由分管军务工作的副总参谋长钱树根负责。经过一年的调查研究，拟制出了初步方案。1997 年 2 月，傅全有主持召开领导小组会议，审议了方案。[④]

1997 年 9 月，党的十五大报告指出，今后三年内，军队员额裁减 50

① 《张万年传》写作组：《张万年传》（下），解放军出版社 2011 年版，第 108 页。

② 《江泽民文选》第 2 卷，人民出版社 2006 年版，第 462 页。

③ 《十四大以来重要文献选编》下册，人民出版社 1999 年版，第 2138 页。

④ 王学东：《傅全有传》（下），解放军出版社 2015 年版，第 319 页。

万。总参谋部作为主管全军体制编制的职能部门，深刻领会党中央、中央军委的战略意图，充分认识这一重大决策的深远意义。为完成裁军50万的战略任务，总参领导要求总参谋部务必于1998年上半年搞好总体设计，制订实施方案。[①]领导小组迅速展开工作，以总参业务部门为主派出多个工作小组，到全军各大单位进行调研。钱树根受傅全有委托，组织总参、总政、总后、海军、空军、第二炮兵、国防大学、军事科学院等大单位主管军务工作的领导、研究人员，针对一些有分歧的重大事项，包括是否成立总装备部的问题，进行了一个多月的封闭式论证。会议结束后，就论证情况向傅全有做了汇报。经过修改补充，总参向中央军委呈报了调整改革的总体方案。1998年3月29日，军委常务会议对这次体制编制调整改革中具有全局意义的重大问题做出重要决定：成立总装备部；不调整大军区职能；不建立陆军部。[②]军委领导强调，这次体制编制改革，要周密计划、雷厉风行。

4月8日，中央军委再次召开常务会议，研究了调整改革的总体方案，提出了修改补充意见，并决定于4月22日召开军委扩大会议，讨论该方案。4月22日，军委扩大会议专题研究军队体制编制调整改革任务。傅全有对调整改革的总体方案作了说明，主要任务：调整改革装备管理体制。成立总装备部，主要解决领导管理分散多头、工作程序交叉烦琐、协调难度大的问题。调整改革后勤保障体制。一定要"在三军联勤体制上取得实质性进展"，主要解决三军自成体系、分散保障、效率低下的问题。调整改革部队编成体制。主要解决规模偏大，基层不够充实，部队合成程度不高，结构不够合理的问题。要做到压缩编成规模，加强合成，提高特种兵比例，简化部队分类。调整机关体制。主要解决机关分工过细、机构庞大、职能交叉、人浮于事等问题。要在精简员额的基础上，下决心调整职能、撤并部门，减少副职，尤其要下决心减少内设机构。中央军委扩大会议认为，总体方案以提高部队高技术条件下的联合指挥能力、整体作战能力和综合保障能力为出发点，做到了全面、科

① 王学东：《傅全有传》（下），解放军出版社2015年版，第320页。

② 王学东：《傅全有传》（下），解放军出版社2015年版，第322页。

学、合理、有效，符合现代军事发展的规律，充分体现了江泽民的指示精神和中央军委的战略意图。会议审议通过了总体方案，并对如何实施作出部署。5月4日，中央军委颁发《“九五”期间军队体制编制第二步调整改革总体方案》。

由于我军组织编制管理工作长期处于无法可依的状况，靠制发文件指导组织编制管理工作，难以从根本上起到统一规范全军组织编制管理的作用，致使在军队组织编制的制定、执行、管理等方面存在不少问题。1998年4月，军委扩大会议指出，军队的编制管理要逐步走上法制化轨道。依法管理编制，是依法治军的重要方面，是军队正规化建设的重要标志。为巩固体制编制调整改革成果，使今后的体制编制稳定运行，必须加快组织编制管理的立法工作，把法治规范、行政手段和经济措施结合起来，做到依法制定编制，依法执行编制，依法管理编制，使军队的正规化建设提高到一个新的水平。[①]遵照军委指示，总参谋部军务部对《中国人民解放军组织编制管理条例》（送审稿）征求意见修改后上报。1999年4月，军委常务会议讨论通过，5月13日，该条例颁布全军执行。《中国人民解放军组织编制管理条例》是我军历史上第一部专门规范组织编制管理工作的法规，标志着军队组织编制管理工作进入了法制化、规范化管理的新阶段，对加强全军组织编制管理和正规化建设，提高部队战斗力具有十分重要的意义。

经过全军上下共同努力，1999年底，裁军50万的任务圆满完成。这次体制编制调整改革，遵循了既要精简员额，又要理顺关系、优化结构的指导思想，对我军的领导、指挥体制和后勤保障体制进行了重大改革，对高级领率机关进行了较大幅度的精简，对部队编组进行了重大调整。解散了大部分守备部队，取消了集团军建制的乙种师，部分乙种师划归武警部队，部分集团军实行军、旅、营体制；调整改革院校体制，将驻地相邻、专业相近、隶属关系相统的院校合并重组，成立三所综合大学，初步实现了规模化办学；调整完善干部培训体制，走出一条军队自己培

① 《江泽民思想年编（1989—2008）》，中央文献出版社2010年版，第325页。

养与依托高校培养并举的路子。[①] 军队结构有所优化，海军、空军、第二炮兵的比例上升，陆军和机关直属单位比例下降，军队向“精兵、合成、高效”的方向迈进了一大步。经过这次调整改革，我军的体制编制有了明显进步，但一些深层次矛盾和问题还没有从根本上解决，进一步的调整改革势在必行。2000年底，中央军委作出关于深化军队改革的部署，目标是通过深化改革，进一步优化部队结构、改革指挥方式和保障模式、整合军队建设资源，提高基于信息系统的体系作战能力。

面对国内外形势的重大变化和世界新军事变革的发展趋势，在中央军委领导下，按照科技强军的战略，我军出台了一系列依靠科技进步提高军队建设质量的重大举措：探索具有我军特色的武器装备现代化的发展道路，理顺我军武器装备建设的领导和管理体制。进一步完善国防动员体制，突出抓好预备役部队和民兵应急分队建设，国防后备力量得到新的加强。国防后备力量建设立法工作快速高效，民兵预备役工作走上了法制化、规范化轨道。全军上下始终把思想政治建设摆在军队各项建设的首位，不断加强组织和制度建设。军事训练向更高层次发展，使部队应付高技术战争的能力有了显著提高。在各种严峻复杂的政治考验面前，三军将士紧密地团结在党中央周围，坚决听从党中央、中央军委的指挥，把我军的革命化、现代化、正规化建设不断推向前进，国防和军队建设取得了巨大成就。

［原载《西部学刊》2019年第7期］

① 冯长松：《中国人民解放军管理史》，国防大学出版社2013年版，第288页。

对中国国防费的多视角分析

正确处理国防建设与经济建设关系，是国家发展战略的重要理论问题，也是指导实践的重大方针问题。党的三代领导集体在领导中国发展建设中，重视研究和正确处理经济建设与国防建设的关系问题，提出了一系列重要理论原则。这些原则强调："把经济建设搞上去和建立强大的国防，是我国现代化建设的两大战略任务"[①]；这两大战略任务是相辅相成的辩证统一体，必须"坚持经济建设与国防建设两头兼顾、协调发展的方针"[②]。在集中力量进行经济建设的同时，加强国防建设，"形成国防建设和经济建设相互促进、协调发展的机制"[③]，使国防更加巩固，使国家成为富强、民主、文明的社会主义国家，成为永远不可战胜的社会主义国家。

---

① 《关于二十年来军队建设的历史经验》(1998年12月25日)，载《十五大以来重要文献选编》上册，中央文献出版社2000年版，第701、702页。

② 《在九届全国人大一次会议解放军代表团讨论会上的讲话》，载《江泽民论有中国特色社会主义》，中央文献出版社2002年版，第480页。

③ 《关于二十年来军队建设的历史经验》(1998年12月25日)，载《十五大以来重要文献选编》上册，中央文献出版社2000年版，第701、702页。

一、党的十六大以后，党中央进一步深化了对国防建设与经济建设关系的认识，把国防建设与经济建设的协调发展纳入更高层次的全面、协调、可持续发展的科学发展观之中

2004 年 7 月 24 日，胡锦涛主持了以“坚持国防建设与经济建设的协调发展”为主题的中央政治局第十五次集体学习。他在阐述国防建设与经济建设协调发展的关系时强调：“经济建设是国防建设的基本依托，经济建设搞不上去，国防建设就无从谈起。国防实力是综合国力的重要组成部分，国防建设搞不上去，经济建设的安全环境就难以保障。”[①] 胡锦涛多次强调，当前我国的两大战略任务是要把经济搞上去和建立巩固的国防：经济建设是国防建设的前提和基础，必须坚持以经济建设为中心；国防建设是经济建设的安全保障，必须在集中力量进行经济建设的同时，加强国防建设；正确认识和处理国防建设和经济建设的关系，是一个带有全局性的重大问题，在集中力量进行经济建设的同时，必须切实加强国防建设，实现二者的相互促进、协调发展。[②] 胡锦涛指出，统筹好国防建设和经济建设的关系，是贯彻科学发展观的必然要求。坚持国防建设与经济建设协调发展的方针，既是强国之策，也是强军之道。[③] 我们必须从全面建设小康社会的全局高度，把推进国防和军队现代化建设作为推进社会主义现代化建设的一项重大战略任务抓紧抓实。[④] 胡锦涛在深刻分析当前国际国内形势后指出，我们一定要坚定信心，抓住机遇，乘势而上，加快社会主义现代化建设的步伐；同时必须看到我们面临的严峻挑

① 胡锦涛：《必须坚定不移地走和平发展的道路，促进国防建设与经济建设协调发展》，《解放军报》2004 年 7 月 25 日。

② 胡锦涛：《坚持把科学发展观作为重要指导方针，推动国防和军队建设又快又好地发展》，《解放军报》2006 年 3 月 12 日。

③ 胡锦涛：《履行历史使命、努力开创国防和军队现代化建设新局面》，《解放军报》2005 年 3 月 14 日。

④ 胡锦涛：《坚持把科学发展观作为重要指导方针，推动国防和军队建设又快又好地发展》，《解放军报》2006 年 3 月 12 日。

战，增强忧患意识，做到居安思危、常备不懈。要不断增强政治责任感，把捍卫国家主权、安全和领土完整，保障国家发展利益放在高于一切的位置，紧紧围绕履行新世纪新阶段我军历史使命，贯彻新时期军事战略方针，加速推进中国特色军事变革，努力提高我军信息化建设水平，抓紧做好军事斗争准备，增强应对危机、维护和平、遏制战争、打赢战争的能力。[①]

《国民经济和社会发展第十一个五年规划纲要（草案）》提出，坚持把科学发展观作为加强国防和军队建设的重要指导方针，根据维护国家安全统一和发展利益的要求，加强国防和军队现代化建设，形成国防建设与经济建设协调发展的良好局面。[②]在国防和军队建设中贯彻科学发展观，首要的问题是坚持国防建设和经济建设协调发展的方针，正确认识和把握国防建设与经济建设的关系，用更加宽广的战略眼光来审视国防建设和经济建设的问题，使国防建设与经济建设在更高的发展水平上实现更加科学有序的结合。要真正将国防和军队现代化建设融入国家经济社会发展体系之中，使国防和军队现代化建设进程与国家现代化建设进程相一致。[③]落实科学发展观，推进国防建设和经济建设协调发展，目的就是要确保全面建设小康社会和中国特色新军事变革的奋斗目标顺利实现，在全面建设小康社会的历史进程中实现富国与强军的统一。[④]

实现富国与强军的统一，是全面建设小康社会的战略任务。实现富国与强军的统一，是社会主义现代化建设客观规律的重要体现，是建设中国特色社会主义必须实现的重大战略目标。[⑤]国防建设与经济建设的协调发展，是实现富国与强军统一的关键环节，是构建社会主义和谐社会

---

① 胡锦涛：《履行历史使命、努力开创国防和军队现代化建设新局面》，《解放军报》2005年3月14日。

② 《中华人民共和国国民经济和社会发展第十一个五年规划纲要》，《人民日报》2006年3月16日。

③ 《坚持在国防和军队建设中贯彻落实科学发展观》，《解放军报》2005年7月5日。

④ 国防大学邓小平理论和“三个代表”重要思想研究中心：《在全面建设小康社会进程中实现富国强军的统一》，《解放军报》2006年3月16日。

⑤ 刘星星等：《坚持国防建设与经济建设协调发展》，《解放军报》2005年4月26日。

的应有之义。[①]

二、在新的更高层次上实现国防建设与国家经济的协调统一，在国家经济发展的基础上相应加速军队建设

我国现有的安全保障能力远不能满足国家经济发展的需求，安全能力与安全需求不相适应的矛盾日益突出，且很可能成为制约国家发展的一个重要因素。因此，我们必须在新的更高层次上实现国防建设与国家经济的协调统一，在国家经济发展的基础上相应加速军队建设。[②]

国家资源投入历来是国防和军队发展的前提，尽管国家资源配置要覆盖社会经济发展的很多领域，但国防和军队现代化必须是重点关注的领域。[③]1980—1999年间，中国的经济增长速度在世界遥遥领先，但中国在国防建设上表现得极为克制，可以说是国防建设大大滞后于经济建设。

1980—1990年是中国国防建设投入的相对下降期。其重要特色是强调“军队要忍耐，在忍耐中求发展”和军费实际购买力的下跌。[④]因此，我国国防费占国家财政支出的比重较以前大为降低了，1985年只有10.4%，1986年降为8.6%，1988年进一步下降到8.1%。[⑤]由于物价上涨等因素影响，“七五”期间国防费实际购买力与“六五”期间相比，下降了5.35%，致使生活费比重大大上升，装备费比重逐年下降，影响到了军队建设。[⑥]

20世纪90年代中期以后，我国国防战略思想转变为打赢高技术条件下特别是信息化条件下的局部战争，我国国防费增长也因此由忍耐期转入补偿期，国防费规模得到较快增长。

---

① 陶春：《坚持国防建设与经济建设协调发展是构建社会主义和谐社会的应有之义》，《学习时报》2006年3月27日。

② 葛东升：《国防和军队建设必须与国家经济建设协调发展》，《光明日报》2005年12月25日。

③ 姜鲁鸣：《当前制约协调发展的主要问题》，《学习时报》2004年10月18日。

④ 邹世猛：《我国军费规模及增长问题理论研究述评》，《军事经济研究》2005年第7期。

⑤ 库桂生、全林远主编：《军费论》，国防大学出版社1999年版，第262、258页。

⑥ 库桂生、全林远主编：《军费论》，国防大学出版社1999年版，第262、258页。

从近几年情况看，2001 年和 2002 年各比前一年增加 19.4%和 17.9%，2003 年增加 9.7%，2004 增长 10.9%。2009 年中国国防预算为 4806.86 亿元人民币，比上年预算数增加 624.82 亿元，增长率为 14.9%。但也只能称为“温和增长”，是补偿性的增长。[①]

中国国防费相对规模多年来一直在低水平徘徊：1953—1980 年国防费支出占 GDP 的比重平均为 5.27%，占财政支出的比重平均为 18.47%，但到“九五”期间（1996—2000 年）上述两个指标已分别下降到 1.21% 和 8.33%；2004 年和 2005 年中国国防费支出占 GDP 的比重虽有提高，也仅分别为 1.47%和 1.36%，而国防费支出占财政支出的比重却仍在下降，2004 年为 7.5%，2005 年为 7.34%。[②]2009 年占全国财政支出预算的 6.3%。[③] 有专家计算，1986 年至 1999 年，总计国防费投入缺口约有 4232 亿元人民币。[④] 中国国防费投入水平的偏低，制约了军队的建设和发展。

近年来，虽然我国的国防建设取得了较大的发展，国防费有了较大幅度的增长，但我军仍处于机械化半机械化发展阶段，亟待实现跨越式发展，提高信息化条件下防卫作战能力；我国的国防费投入水平长期偏低，这与我国显著提升的国际地位不相符合，同维护新形势下的国家安全和发展利益不相适应。过去我们常讲的“没有一个人民的军队，便没有人民的一切”[⑤] 是一个颠扑不破的真理，现在可以说“没有一个巩固的国防，便没有全面建设小康社会的成功”同样是一个颠扑不破的真理。

前几年曾有人议论：在和平与发展为主题的时代，不打仗，国防建设应该让路，先放一放不碍事；现在我们国家还处于社会主义初级阶段，资金有限，花钱搞国防建设，划不来，是一种浪费。这种议论显然是片面的、错误的。这是一种把国防建设与经济建设对立起来的观点，是国

---

① 《人民日报》（海外版）2009 年 3 月 9 日。

② 资料来源：各年《中国统计年鉴》。

③ 《人民日报》（海外版）2009 年 3 月 9 日。

④ 夏济人：《论中国国防费增长的环境》，《军事经济研究》2000 年第 12 期。

⑤ 《毛泽东选集》第 3 卷，人民出版社 1991 年版，第 1074 页。

防观念淡漠的表现，不符合国防建设同经济建设的辩证关系。[①] 这些看法之所以产生，有理论和实践上的误区。从理论上说，就是他们没有搞清楚把经济建设搞上去和建立强大的国防是我国现代化建设的两大相辅相成的战略任务的辩证法，也没有搞清楚和平与战争在一定的条件下是可以相互转化的辩证法，也不知道要用发展的、联系的和辩证的观点分析事物和观察事物。从实践上说，就是他们不了解我国尚面临的安全形势的复杂性和祖国统一大业的严峻性。[②]

对于我们这样一个尚未完成统一大业的国家而言，维护国家主权和领土完整是核心利益，也是维护国家发展战略机遇期稳定的前提。随着经济全球化的日益加深和国际战略格局的加速演变，国家安全的内涵不断拓展，我国的安全不仅面临传统威胁，也面临十分严峻的非传统威胁。综合起来看，一是“台独”分裂势力是我国安全与发展全局中最严重、最现实的威胁；二是国际反华势力特别是顽固地坚持冷战思维的美国霸权主义和日本军国主义势力，不愿意看到中国的富强统一，把中国看成是正在崛起的新敌人加以遏制；三是大国霸权在亚太地区的影响，导致我周边地区出现了许多热点问题；四是我国海洋权益特别是南海问题日趋复杂，已经演变成为主权、资源和通道争端合一的复杂安全隐患；五是民族分裂主义、宗教极端主义和国际恐怖主义势力相互勾结，直接威胁到我国的经济发展和社会稳定；六是随着我国参与国际政治、经济、科技发展事务程度的不断加深，正面临信息安全、金融风险、贸易安全、能源安全等多方面的隐忧。这些都对国家战略机遇期的稳定，对构建社会主义和谐社会、实现全面建设小康社会的国家发展战略目标，带来了严峻的挑战。[③]

三、经济建设和国防建设协调发展的道路是切实可行的

“20 年前中央决定集中精力进行经济建设，是出于对当时形势的准确

① 张先国：《正确理解国防建设与经济建设协调发展的方针》，《解放军报》2005 年 5 月 5 日。

② 《坚持国防建设和经济建设统筹兼顾的协调发展观》，《解放军报》2005 年 6 月 5 日。

③ 陶春：《坚持国防建设与经济建设协调发展是构建社会主义和谐社会的应有之义》，《学习时报》2005 年 8 月 4 日。

判断，但同时投入的减少也的确制约了国防特别是国防科研的发展。这种大起大落的投入变动曲线，效益并不高。”[①] 理论界普遍认为，只要把国防投入控制在一个合理的范围之内，并且充分发挥国防建设对经济建设的积极作用，国防建设就会对经济发展起到重要的牵引和推动作用。由于国防直接关系到一个国家的安危存亡，因此，最先进的科技成果往往率先产生和应用于军事领域，而后向民用领域转移，刺激高科技产业群的出现，推动民用高新技术的升级换代。只要把国防投入控制在一个合理的范围之内，并且充分发挥国防建设对经济建设的积极作用，国防建设就会对经济发展起到重要的牵引和推动作用。[②] 国防费增减与经济发展的关系并不是明朗的线性关系，国防费的下降也并非一定导致经济的加速增长。如 1990 年全国性的市场疲软并没有展示出国防费规模下降所必然呼之而出的经济高速增长。经济发展的根本出路在于改善经济运行机制，而不是单纯压缩国防费。[③] 阎学通认为，新一代国家领导人对国家综合国力的认识更加接近客观实际，修正了过去“综合国力就是经济实力”的观念。以前总认为有了钱就有了枪，现在则是有了钱还不行，还需要枪来保护和增值手上的钱。这符合人类历史发展的规律，即经济军事相辅相成、相得益彰。富国、强兵的确存在矛盾对立的一面，在资源量一定的条件下，国防投入会挤占经济建设的投入；但二者在资源上并不仅仅是单一的此消彼长的关系，也有互为依托的一面，在一定条件下，国防建设能促进经济建设。[④]

四、当前制约协调发展的主要问题是国防建设落后于经济发展水平，中国目前的国防水平不能满足建设小康社会的安全需求

与世界主要国家相比，中国的国防支出一直保持在较低水平上，这

---

① 《国防大学国防经济专家全林远教授接受瞭望东方周刊采访》，《瞭望东方周刊》2004 年 8 月 9 日。

② 刘洋、许远利：《军费增长的不同视角》，《军事经济研究》2003 年第 6 期。

③ 黄瑞新：《国防财政论》，解放军出版社 1995 年版，第 170 页。

④ 《清华大学国际问题专家阎学通接受瞭望东方周刊采访》，《瞭望东方周刊》2004 年 8 月 9 日。

不仅反映在国防费的绝对值上，也反映在国防费相对规模上。

首先，中国国防费的绝对规模在世界上是相对较低的，2004 年中国的国防费仅相当于美国的 6.41%、英国的 41.03%、法国的 75.65%、日本的 56.54%；2005 年中国国防费为 302 亿美元，同年，美国、英国、日本、法国的国防费支出分别为 4220 亿美元、488 亿美元、454 亿美元和 414 亿美元。美国 2006 财年国防预算增加到 4393 亿美元，另外还有额外的 700 亿美元用来支援在伊拉克和阿富汗的战事开支。[①]2007 年，中国年度国防费相当于美国的 7.51%、英国的 62.43%。[②]

其次，从国防费的相对规模来看，中国国防费水平更低。以中国国防费占同期国家财政支出的比重为例，从 1979 年至 2004 年总体呈下降趋势：1979 年为 17.37%，2004 年为 7.4%，2004 年与 1979 年相比下降近 10 个百分点。2005 年中国国防费占财政支出中的比重是 7.34%，而美国占 21.6%，法国占 11.4%，德国占 9.25%。20 世纪 90 年代以来的绝大多数年份，中国国防费的增长率均低于国家财政支出的增长率。从国防费占国内生产总值的比重来看，1986 年到 2006 年，平均大约是 1.43%。2007 年，中国国防费仅占国内生产总值的 1.38%，而美国占 4.5%，英国占 2.7%，法国占 1.92%。[③]冷战结束后十多年来，世界国防费占全球生产总值的平均比重在 2.5%—2.7%，其中 2004 年全球国防费开支占全球生产总值的比重为 2.6%，[④]也就是说中国仅仅是世界平均水平的一半左右。

再次，从其他指标来看，中国国防费水平也很低。我们每平方公里的国防费投入和美国每平方公里的国防费投入是极不相等的，美国是中国的几十倍。日本的面积相当于中国面积的 1/26，但是它的国防费比我们多，它的每平方公里国防费投入是我国的七八十倍。如果用军人人均国防费支出标准衡量，我国与国外的差距更大。2007 年，中国军人人

① 魏俊峰：《前瞻 2006 财年美国国防预算》，《现代军事》2005 年第 4 期。

② 中国国务院新闻办公室：《二〇〇八年中国的国防》（白皮书）。

③ 国务院新闻办公室：《二〇〇八年中国的国防》（白皮书）。

④ 参见斯德哥尔摩国际和平研究所：《SIPRI 年鉴 2005》（附录 10），世界知识出版社 2006 年版。

均国防费支出数额是美国的 4.49%，日本的 11.3%，英国的 5.31%，法国的 15.76%，德国的 14.33%。[①] 如此大的差距说明在军事变革这一决定国防和军事实力的特殊竞争中，我国在资源保障条件方面处于绝对劣势地位。

最后，我国国防费的历史欠账太多。1953—1980 年中国国防费支出占 GDP 的比重平均为 5.27%，占财政支出的比重平均为 18.47%，但到“九五”期间（1996—2000 年）上述两个指标已分别下降到 1.21%和 8.33%。

虽然 20 世纪 90 年代中期以来，我国国防费总量增长较快，国防费投入不足的状况有所改观，但这些增加的经费主要用于：（1）提高军队人员工资福利待遇；（2）完善军人社会福利保险制度；（3）保障军队体制编制调整改革，如对裁减的军队员额进行妥善安置；（4）加大军队人才建设投入。[②] 真正用于国防装备现代化的经费并不多。由于中国在国防建设投入上历史欠账太多，因此，20 世纪 90 年代以来增加的国防费主要是补偿性的。

中国是一个陆海兼备、幅员辽阔的大国，有 960 万平方公里的陆地国土、300 万平方公里的海洋国土、1.8 万公里的海岸线和 2 万公里的陆地边境线，国防任务十分繁重。目前中国国防现代化水平与现代战争的客观需要之间的矛盾是中国国防和军队建设的主要矛盾。[③] 中国国防费的投入水平远远无法满足国防现代化建设的需要，这种情况再延续下去是十分危险的。中国必须进一步加大对国防建设的投入，并长期保持这一趋势。

五、继续加大国防费投入，加快国防费结构调整，优化国防费结构

在经济发展的基础上全力推进国防和军队现代化，可以分两个阶段

---

① 国务院新闻办公室：《二〇〇八年中国的国防》（白皮书）。

② 引自外交部军控司司长张炎在国务院新闻办公室举行的新闻发布会上的讲话，中国网，2005 年 9 月 1 日。

③ 张万年：《当代世界军事与中国国防》，军事科学出版社 1999 年版，第 173—174、151 页。

使我国的国防水平与全面建设小康社会的安全需求相适应：

第一阶段，从现在到2015年。我们需参照世界主要国家的经验值，将中国国防费占GDP的比重提高到2%—3%之间，中值以2.5%左右为佳，基本达到世界平均水平。目前“世界新军事变革出现了加速发展的趋势。必须抓住难得的历史机遇，以时不我待的紧迫感，不断把中国特色军事变革推向深入”[①]。信息化建设是中国特色军事变革的立足点，而世界公认军队建设由机械化开始向信息化转变时，军人人均军费需要达到2万美元以上。2015年中国的军人人均国防费应达到3.5万美元（以2005年不变值计算），从而达到“军事快速发展型”军队的标准。[②]

第二阶段，从2015年到2020年。当全面建设小康社会的目标实现的时候，中国要拥有一支“军事强大型的”军队，军人人均国防费达到7万美元（以2005年不变值计算）。从而使中国的国防水平达到世界一流军事大国的标准。提高中国的国防水平，除了加大国防费投入之外，还要采取以下一些措施：

（一）要大力提高国防费的使用效率

要科学决策和科学管理，挖掘潜力，勤俭建军，一切以提高战斗力和保障力为目的。要努力盘活存量军产，提高国防费整体效能。探索社会化保障途径，借助社会力量，利用市场资源，提高国防费使用效益。在物资采购和物资储备上，推行政府采购制度和“零库存”管理；把降低采购成本与盘活存量结合起来。在装备建设上，要进一步实行国防科技工业的“军民结合、寓军于民”的体制机制创新，动员整个国民经济和国家科技的力量来追赶世界新军事变革的浪潮。

---

① 江泽民：《全面贯彻“三个代表”重要思想和十六大精神，积极推进中国特色军事变革》，《解放军报》2003年3月11日。

② 世界各国军人人均军费开支大致可以分为四种类型，一类是军事超强型，军人人均军费一般达到20万美元以上，符合这一条件的目前只有美国；二类是军事强大型，军人人均军费6万美元以上，英国、法国、德国、意大利等国属于这一范畴；三类是军事快速发展型，军人人均军费一般在2万美元以上，以色列、韩国等国家均在这一资源线以上；四类是军事维持和略有发展型，军人人均军费一般为2万美元以下。参见姜鲁鸣：《当前制约协调发展的主要问题》，《学习时报》2004年10月18日。

（二）加快国防费结构调整，优化国防费结构。在国防费总量既定的前提下，科学合理的结构配置对于充分发挥国防费的效益，更为关键

第一，优化国防费项目结构。根据我国近年公布的国防白皮书，2000—2004年我军人员生活费、活动维持费和装备费大约各占1/3。为了加快国防现代化建设，必须加快国防费结构调整，要将人员生活费占国防费的比重压缩到25%以下，装备费比重提高到40%左右。要结合我国国情、军情，围绕战略重点，加大对军事人力开发、培训和吸引的投入，增强军事人力开发和吸引能力；加大对信息等高新技术研究的投入，增强先进武器装备的研制能力；加大对战略武器的投入，增强战略威慑能力；加大对精确制导武器的研制和引进，增强远程精确打击能力；加大对战略后勤的投入，增强战略投送和支援能力。

第二，优化国防费的军兵种结构。目前各发达国家不断压缩陆军经费比重，扩大海空军等高技术军兵种的投入比重，陆军占国防费的比例一般不超过1/3。中国陆军所获得经费份额一般占国防费的2/3，海、空军则不到国防费的1/3。近年来经过不断调整，我国国防费的军兵种结构有所改善，但陆军经费占国防费的比重仍然偏高，使得中国海、空军发展仍然滞后，难以适应国际形势和周边环境的变化，特别是难以适应打赢信息化局部战争的需要。因此，必须从军队的体制结构和国防费的军兵种结构两方面加大调整力度，优先发展海、空军，为打赢信息化条件下的局部战争奠定雄厚的基础。这样，就可以通过“好钢用在刀刃上”的方式，提高我国国防费的使用效率，事半而功倍。

[原载《理论界》2010年第2期]

党的十八大以来军民融合发展战略的深化与拓展

军民融合是党领导国防建设和经济建设一贯的指导方针。党的十八大报告在强调加快推进国防和军队现代化时提出，要“坚持走中国特色军民融合式发展路子”。[①]习近平总书记着眼实现中国梦、强军梦时明确提出，要深入实施军民融合发展战略，并作为一项国家战略加以推进，为新形势下实现富国和强军相统一指明了前进方向。习近平强调，必须同心协力做好军民融合深度发展这篇大文章，努力形成全要素、多领域、高效益的军民融合深度发展格局。[②]要开展军民协同创新，推动军民科技基础要素融合，加快建立军民融合创新体系，下更大气力推动科技兴军。[③]为做好军民融合式发展这篇大文章，以习近平同志为核心的党中央作出了一系列重大决策部署。军队和地方相关部门按照党中央部署要求，在军民融合发展上积极探索实践，军民融合不断取得阶段性成果，呈现出加快发展的良好态势，促进了经济实力和国防实力的同步增长。

---

① 胡锦涛：《坚定不移沿着中国特色社会主义道路前进 为全面建成小康社会而奋斗——在中国共产党第十八次全国代表大会上的报告》，《人民日报》2012 年 11 月 18 日。

② 《以改革创新精神开拓国防和军队建设新局面 为实现党在新形势下的强军目标而努力奋斗》，《人民日报》2014 年 3 月 12 日。

③ 《加快建立军民融合创新体系 为我军建设提供强大科技支撑》，《人民日报》2017 年 3 月 13 日。

一、把军民融合发展上升为国家战略

党的十八大以来，习近平多次强调，要进一步做好军民融合式发展这篇大文章，并从国内国际发展变化的两个大局出发、从战略高度深刻阐述“军民深度融合”这个时代命题。2013 年 3 月 11 日，习近平在出席十二届全国人大一次会议解放军代表团全体会议时强调，要进一步做好军民融合式发展这篇大文章，坚持需求牵引、国家主导，努力形成基础设施和重要领域军民深度融合的发展格局。[①]2015 年 3 月 12 日，习近平出席十二届全国人大三次会议解放军代表团全体会议时，第一次明确提出：“把军民融合发展上升为国家战略。”这是我们长期探索经济建设和国防建设协调发展规律的重大成果，是从国家安全和发展战略全局出发作出的重大决策。习近平强调，要强化大局意识，军地双方要树立一盘棋思想，站在党和国家事业发展全局的高度思考问题、推动工作，做到责任到位、措施到位、落实到位。[②]2016 年 10 月，习近平在参观第二届军民融合发展高技术成果展时再次强调，“军民融合是国家战略”。习近平指出，军民融合关乎国家安全和发展全局，既是兴国之举，又是强军之策。要继续推动体制机制改革创新，从需求侧、供给侧同步发力，从组织管理、工作运行、政策制度方面系统推进，继续把军民融合发展这篇大文章做实，加快形成军民深度融合发展格局，为实现中国梦强军梦作出新的更大的贡献。[③]把军民融合发展上升为国家战略，开辟了军民融合式发展新境界，形成了全领域、全方位深度融合新格局。习近平指出，把军民融合发展上升为国家战略，是党中央从国家安全和发展战略全局出发作出的重大决策，是在全面建成小康社会进程中实现富国和强军相统一的必由之路。

军民融合深度发展是军民双方在更广范围、更高层次、更多形式、

---

① 《牢牢把握党在新形势下的强军目标 努力建设一支听党指挥能打胜仗作风优良的人民军队》,《人民日报》2013 年 3 月 12 日。

② 《深入实施军民融合发展战略 努力开创强军兴军新局面》,《人民日报》2015 年 3 月 13 日。

③ 《加快形成军民深度融合发展格局 为实现中国梦强军梦作出新的更大的贡献》,《人民日报》2016 年 10 月 20 日。

更深程度上实现全要素整合、多领域统筹、全局性规划、高效益发展，最大限度地实现国家发展与安全的高度统一。习近平指出，要丰富融合形式，拓展融合范围，提升融合层次。习近平要求，实施军民融合发展战略，关键要抓好“两统”：要统筹经济建设和国防建设，努力实现富国和强军的统一。目前，我国加速转变经济发展方式，经济建设正在由工业化半工业化向信息化转型；我军加速转变战斗力生成模式，国防建设正在由机械化半机械化向信息化转型，两者都处在快速发展的关键时期。习近平强调：“军队要遵循国防经济规律和信息化条件下战斗力建设规律，自觉将国防和军队建设融入经济社会发展体系。地方要注重在经济建设中贯彻国防需求，自觉把经济布局调整同国防布局完善有机结合起来。”[①] 实施军民融合发展战略，是一项十分复杂的系统工程，既要发挥国家的主导作用，又要发挥市场的调节作用。

我国军民融合发展刚进入由初步融合向深度融合的过渡阶段，还存在思想观念跟不上、顶层统筹统管体制缺乏、政策法规和运行机制滞后、工作执行力度不够等问题。对此，习近平有深刻的认识，他表示，要坚定不移走军民融合创新之路，必须要坚持问题牵引，拿出思路举措，以强烈的责任担当推动问题的解决。习近平在主持中共中央政治局第十七次集体学习时强调：要在更广范围、更高层次、更深程度上把军事创新体系纳入国家创新体系之中，实现两个体系相互兼容同步发展，使军事创新得到强力支持和持续推动。[②] 习近平强调，为了全面推进军民融合深度发展，必须深入推进组织管理体系、工作运行体系、政策制度体系的“三大体系”改革创新，着力解决制约军民融合发展的体制性障碍、结构性矛盾、政策性问题，是深度实施军民融合发展战略的重要抓手和着力点。要强化改革创新，坚持用改革的办法、创新的思路，着力解决制约军民融合发展的障碍、矛盾和问题，努力形成统一领导、军地协调、顺畅高效的组织管理体系，国家主导、需求牵引、市场运作相统一的工作

① 《以改革创新精神开拓国防和军队建设新局面 为实现党在新形势下的强军目标而努力奋斗》，《解放军报》2014 年 3 月 12 日。

② 《准确把握世界军事发展新趋势 与时俱进大力推进军事创新》，《人民日报》2014 年 8 月 31 日。

运行体系，系统完备、衔接配套、有效激励的政策制度体系。

军民融合发展是一项利国利军利民的大战略，军地双方都要切实把思想和行动统一到党中央决策部署上来，以“创新、协调、绿色、开放、共享”新发展理念引领推动军民融合深度发展。新发展理念，是党中央、习近平总书记治国理政的新理念，也是指引军民融合深度发展的新理念。面对经济建设和国防建设的新趋势、新机遇、新矛盾、新挑战，更要坚持用新发展理念引领军民行动、破解融合难题。习近平指出，推进军民深度融合发展，必须要坚持创新、协调、绿色、开放、共享的发展理念，坚持发展和安全兼顾、富国和强军统一，深化改革，统筹谋划，协同推进，健全体制机制，完善政策法规，创新发展模式，提升融合水平，加强基础、产业、科技、教育、社会服务等重点领域统筹，促进经济建设和国防建设协调发展、平衡发展、兼容发展。①

习近平关于军民融合深度发展的一系列重要论述，深刻揭示了新形势下经济建设和国防建设的特点规律，以及实现中国梦强军梦的战略路径和关键招数；是加快建立军民融合创新体系、大力推动科技兴军的时代号令；是对强国兴军的科学布局、对民族复兴的深远谋划；赋予了军民融合新的时代内涵，是我们党探索经济建设和国防建设协调发展规律的最新理论成果。

二、改革完善军民融合顶层统筹统管体制和管理体制

（一）改革完善管理体制，增强军民融合发展的组织力

世界主要国家大多成立了统管军民融合的机构，例如，美国有国家科学技术委员会和总统科技顾问委员会，俄罗斯有军事工业委员会，英国有国防技术转化局。我国军民融合已成为党的意志、国家行为，必须坚持国家主导，明确中央统一领导下的军队和地方职能，解决好军民融合顶层统筹统管体制缺乏的问题，实现军民融合深度发展的集中领导和

① 《中共中央政治局召开会议审议〈关于经济建设和国防建设融合发展的意见〉和〈长江经济带发展规划纲要〉》，《人民日报》2016 年 3 月 26 日。

强势推进。

习近平强调，要以机制改革为抓手，着力解决制约军民融合发展的体制机制问题，努力构建统一领导、军地协调、顺畅高效的组织管理体系。《中共中央关于制定国民经济和社会发展第十三个五年规划的建议》中提出，要建立国家和各省（自治区、直辖市）军民融合领导机构。国务院有关部门和军队总部加强沟通协调，建立了多种形式的工作协商机制。[①]全国大多数省、市（区）先后成立了推动军民融合发展工作的领导小组。

为根本解决军民融合顶层统筹统管体制缺乏问题，2017 年 1 月 22 日，中共中央政治局召开会议，决定设立中央军民融合发展委员会，由习近平任主任。中央军民融合发展委员会是中央层面军民融合发展重大问题的决策和议事协调机构，统一领导军民融合深度发展，对中央政治局、中央政治局常务委员会负责。习近平指出，党中央决定成立中央军民融合发展委员会，在中央层面加强对军民融合发展集中统一领导，就是要以机制和政策制度改革为抓手，坚决拆壁垒、破坚冰、去门槛，破除制度樊篱和利益羁绊，构建系统完备的科技军民融合政策制度体系。[②]

（二）国务院各相关部委改革体制，创新工作方法推动军民融合

工业和信息化部成立后，在人员编制偏紧的情况下，专门成立了军民结合推进司。其主要任务是：组织开展军民融合重大问题研究，提出发展思路和政策、法规建议，配合有关方面推进相关体制改革。负责提出军民两用技术双向转移、军民通用标准体系建设等军民融合发展规划；开展军民两用技术成果推广、相互转化和产业化工作，促进军民用标准统筹和衔接；协调推进“军转民”“民参军”有关工作。开展军民融合基本情况调查研究和军工经济运行监测分析；推动军民结合公共服务体系建设，促进军民资源共享。组织开展国防科学技术奖励，协调国防知识产权有关工作。承担军民结合、寓军于民武器装备科研生产体系建设部

---

① 《中共中央关于制定国民经济和社会发展第十三个五年规划的建议》,《人民日报》2015 年 11 月 4 日。

② 《加快建立军民融合创新体系 为我军建设提供强大科技支撑》,《人民日报》2017 年 3 月 13 日。

际协调小组办公室日常工作，协调落实重点任务，组织督促检查。承担国家航天局、国家原子能机构有关协调工作；负责亚太空间合作组织中方对口部门有关工作。为适应新形势、新任务、新要求，2014 年 6 月，国家发展改革委员会国民经济动员办公室更名为经济与国防协调发展司，负责研究国民经济与国防建设的关系，组织拟订促进经济建设和国防建设协调发展的战略和规划，协调相关重大问题。与此同时，还增设了统筹建设处。省、市级发展改革委员会先后设立了专门处、室。经济与国防协调发展司把工作的着眼点和着力点转到制定规划政策、创新体制机制、健全法规制度、强化监督管理上，加快推进机关定位转型，从主要靠行政命令的管理方式转向综合运用经济、法律和行政手段，从微观向宏观、从审批向监管、从项目安排向制度供给、从单打独斗向纵横协管转变。

健全军民融合发展统一领导体制机制，为形成全要素、多领域、高效益的军民融合深度发展格局提供制度保证，是国防和军队改革的一项重要内容。2016 年初，“中央军事委员会战略规划办公室军民融合局”成立。军民融合局隶属于中央军事委员会战略规划办公室，该办公室是军队改革后设立的 15 个职能部门之一，军民融合局属于该办公室下设的职能机关。该局主要职责是与国家发展改革委员会等有关部委联合办公，按照中共中央、国务院、中央军委印发的《关于经济建设和国防建设融合发展的意见》，认真履职尽责，主动作为，促进军民深度融合发展，使经济建设为国防建设提供更加雄厚的物质基础，国防建设为经济建设提供更加坚强的安全保障。军民融合局的成立，将在军民融合政策制定、机制探索、项目实施等方面发挥重要作用。中央军委战略规划办公室还设立了军民融合专家咨询委员会，加大军民融合理论研究力度，充分发挥好专家智库作用。

国防科技工业是关系国家安全的战略性产业，在军民融合发展战略中承担重要角色。习近平指出，国防科技和武器装备领域是军民融合发展的重点，也是衡量军民融合发展水平的重要标志。[①] 为深化国防科技工

① 《加快建立军民融合创新体系 为我军建设提供强大科技支撑》，《人民日报》2017 年 3 月 13 日。

业领导管理体制改革，推动实施航空发动机及燃气轮机国家科技重大专项，以习近平同志为核心的党中央英明决策，决定成立中国航空发动机集团公司。这是党中央从富国强军战略高度出发，对深化国有企业改革、推进航空工业体制改革采取的重大举措，开启了我国航空发动机自主研制的新篇章。2016 年 8 月，习近平对中国航空发动机集团公司作出重要指示，强调要坚持军民深度融合发展，坚持实施创新驱动战略，加快实现航空发动机及燃气轮机自主研发和制造生产。[①]军民融合是国家战略，是推动航空发动机发展的必由之路，也是中央对中国航空发动机发展的要求。中国航空发动机集团公司以提高科研生产资源配置效率和推动相关军民融合产业做实为目标，积极建立“小核心、大协作、专业化、开放式”的供应链体系，扎实推进各项军民融合措施落地，确保各项任务有序推进[②]。党的十八大以来，经过实践创新和调整改组，国防科技工业领导管理体制改革取得显著成效，初步走出了一条中国特色军民融合发展道路。

三、制定促进军民融合发展的政策法规

推进军民融合发展是一项利国利军利民的大战略，为了加快军地双方站在党和国家事业发展全局的高度来认识思考问题，切实把思想和行动统一到党中央决策部署上来，需要制定统筹推进经济建设和国防建设的纲领性文件。2016 年 3 月 25 日，习近平主持召开的中共中央政治局会议审议通过了《关于经济建设和国防建设融合发展的意见》（以下简称《意见》）。中共中央、国务院、中央军委随即印发该《意见》。《意见》着眼国家安全和发展战略全局，明确了新形势下军民融合发展的总体思路、重点任务、政策措施等。《意见》提出，经济建设和国防建设融合发展的主要目标是：形成全要素、多领域、高效益的军民深度融合发展格局，使经济建设为国防建设提供更加雄厚的物质基础，国防建设为经济

① 《加快实现航空发动机及燃气轮机自主研发和制造生产 为把我国建设成为航空强国而不懈奋斗》，《人民日报》2016 年 8 月 29 日。

② 熊辉：《中国航发推动军民融合产业做实》，《中国航空报》2017 年 2 月 23 日。

建设提供更加坚强的安全保障。到 2020 年，经济建设和国防建设融合发展的体制机制更加成熟定型，政策法规体系进一步完善，重点领域融合取得重大进展，先进技术、产业产品、基础设施等军民共享协调性进一步增强，基本形成军民深度融合发展的基础领域资源共享体系、中国特色先进国防科技工业体系、军民科技协同创新体系、军事人才培养体系、军队保障社会化体系、国防动员体系。《意见》最后强调，军地双方要把军民融合的理念和要求贯穿经济建设和国防建设全过程，按照职责分工抓好经济建设和国防建设融合发展工作，一件一件督导推进，确保责任到位、措施到位、落实到位。国家有关部门和地方政府要注重在经济建设中贯彻国防需求，自觉把经济布局调整同国防布局完善有机结合起来。军队要遵循国防经济规律和信息化条件下战斗力建设规律，自觉把国防和军队建设融入经济社会发展体系。[①]《意见》为有效化解军民二元分离体制结构提出了系统的改革思路，对于推动经济建设和国防建设在更广范围、更高层次、更深程度上融合发展，具有重大而深远的意义。

为了不断推进军民融合发展，在党中央的指导下，相关部门相继出台了《工业和信息化部关于促进军民融合式发展的指导意见（2014 年）》等一系列政策。一是制定并完善非公有制经济参与国防科技工业建设政策。国防科工局与解放军原总装备部联合发布了《关于鼓励和引导民间资本进入国防科技工业领域的实施意见》，为进一步推动“民参军”提出了具体要求。2014 年 11 月，解放军总参谋部向社会发布 108 项军事需求，公开招揽地方优势资源参与部队训练领域先进技术和产品研发。此举意味着军队打破训练保障行业垄断，为社会资本介入提供了重要契机。二是完善“民参军”准入制度。按照问题导向的原则，针对相关的制度制约，出台了改进“民参军”准入管理的措施意见。2014 年 5 月，解放军总装备部、国防科工局、国家保密局联合印发《关于加快吸纳优势民营企业进入武器装备科研生产和维修领域的措施意见》，对改进“民参军”现行准入管理制度、消除准入壁垒、建立准入协调机制、简化工作

① 《中共中央国务院中央军委印发〈关于经济建设和国防建设融合发展的意见〉》，《人民日报》2016 年 7 月 22 日。

程序、降低准入门槛等方面提出了具体举措。三是不断加大“军转民”力度。国务院在《关于加快应急产业发展的意见》中提出，将通过国家科技计划（专项、基金等）对应急产业相关科技工作进行支持，并鼓励充分利用军工技术优势发展应急产业，推进军民融合。2015 年 4 月，国防科工局印发《2015 年国防科工局军民融合专项行动计划》，在军工开放、资源共享、军工高技术转化和产业化发展等方面，明确了推动军民融合发展的 27 项重点任务。7 月，国防科工局发布了首批国防科技工业知识产权转化目录，涉及 118 个项目 600 多个专利。国防科工局依托军工技术推广专项，积极推动先进军工科技成果向现实生产力转化，将技术优势转化为产业优势，形成新的军工经济增长点，开展动态保军能力建设，支持军民融合产业工程化和产业化项目，壮大武器装备发展的产业基础。近年来，我国地方政府积极出台鼓励军民融合发展相关的政策，截至 2014 年底，全国近 30 个省、市出台了军民产业结合发展或者军民融合实施意见。[①]

为落实军民融合发展战略，军队有关部门积极制定具体的政策措施，在航天领域、网络信息体系、军援军贸等方面强力推进军民统筹，探索军队采购市场服务、装备技术协同创新、装备订购开放竞争的新路，推动形成社会优质资源向装备建设汇聚的良好局面。为解决近几年推进军民融合工作中的突出问题，2017 年 2 月，中央军委装备发展部研究拟制了《推进装备领域军民融合深度发展的思路举措》，围绕创新制度机制、降低准入门槛、完善信息交互、培育竞争环境、强化监督管理等 5 个方面，提出 12 条举措和 45 项任务，作为 2017 年底前推进装备领域军民融合深度发展的重要抓手。（1）初步构建顺畅高效、规范有序、安全保密的装备市场准入制度，建立装备采购信息双向互动长效机制。初步建成开放公平的竞争环境，建立健全市场定价机制、竞争保护制度、国防知识产权制度和合同履行监管制度，实现军民标准体系的有机衔接，切实保障装备领域军民融合工作中的各方权益。（2）开展军民融合创新政策先行先试方案论证，设立联合基金，在航天领域探索开展采购商业服务试点。（3）降低准入门槛，

---

① 宋怡青：《军民融合双重含义》，《财经国家周刊》2015 年第 18 期。

实现“武器装备质量管理体系认证”与“装备承制单位资格审查”两证融合管理，实现“两证合一”。（4）扩大民企参与范围，调整武器装备科研生产许可目录，继续缩减许可范围，减少许可项目数量。（5）制定《装备采购信息发布管理办法》，优化采购信息网，完成第二批涉密查询点建设并运行。（6）制定《装备采购竞争失利补偿管理办法》，开展竞争采购失利补偿试点，发布并适时调整更新《竞争性采购负面清单》。（7）开展承制单位合同履约信誉等级评定试点，淘汰在质量、保密、信誉以及经营状况等方面存在重大问题的企业，进一步规范完善预警和退出机制。（8）继续举办民营企业高技术成果展暨军民融合高层论坛。①

为在“十三五”期间加快推动军民深度融合发展，国家发改委国防司着力于强化战略规划引领、加快推进法治建设、细化目标任务等一系列涉及全局、基础、长远的开拓性工作。根据军民融合体制机制改革总体部署，以明晰各级各类主体责权利为重点，构建政策制度体系。在做好统筹经济建设和国防建设“十二五”规划评估总结基础上，发改委国防司会同军队战略规划部门，组织军地有关单位开展编制“十三五”统筹经济建设和国防建设专项规划。这部专项规划定位为我国未来五年深入实施军民融合发展战略的纲领性文件，是经济建设和国防建设融合发展的顶层设计，是军地各级做好军民融合相关工作的基本遵循。运用法治思维和法治方式，加强军民深度融合发展法治保障，是“十三五”时期一项重要工作。国家发改委国防司将按照加强顶层、健全体系、立改结合、统筹推进的原则，加快推进军民融合发展立法，逐步形成法律、规章、政策、制度协调统一、相互支撑的法制保障新格局。

四、搭建军民融合深度发展的途径和平台

搭建军民融合创新示范区，打造国家军民融合示范基地，形成可推广、可复制、可持续的新路径、新模式，是贯彻落实军民融合发展战略，

---

① 《军委装备发展部制定 12 条举措持续推进军民融合深度发展》，《解放军报》2017 年 2 月 25 日。

探索军民深度融合发展模式的重要途径。选择具备相关条件、特色鲜明、勇于改革创新实践、聚合各类要素和资源的区域，建立若干国家军民融合创新示范区，发挥引领带动作用，把区域经济布局调整同国防布局完善有机结合起来，探索可推广、可复制、可持续的经验；打造若干军民融合的公共平台，创新服务理念、服务模式，营造良好军民融合服务环境。国家发改委作为经济主管部门，积极促进搭建军民融合创新示范区这一功能平台。2015 年下半年，国家发改委牵头拟订了《国家军民融合创新示范区建设总体方案》，经国务院、中央军委同意，计划在全国首批创建十家“国家军民融合创新示范区”。拟通过示范区建设，为推动全国军民融合深度发展工作起到示范和引导作用。以创建示范区为具体抓手，坚持军民同心、合力探索、扎实推进、深化融合，努力打造军民深度融合发展的特色模式。选择具备相关条件、特色鲜明、勇于改革创新实践、聚合各类要素和资源的区域，建立若干国家军民融合创新示范区，发挥引领带动作用，把区域经济布局调整同国防布局完善有机结合起来，探索可推广、可复制、可持续的经验；打造若干军民融合的公共平台，创新服务理念、服务模式，营造良好军民融合服务环境。

不少地方政府认识到，创建示范区是一项涉及军地的系统工程，利国利军利民。应进一步明确思路、强化措施，努力实现“一种资源双方共享、一种投入多种效益”。一些地方政府已开始积极组织力量对城市发展布局进行深入研究，并主动联系对接军地上级有关部门，尽快明确示范区的功能定位和区域划分；扎实推进示范区战略通道建设，建设完善高速铁路网和高速公路网，加快域内路段升级改造和快速通道建设，加载军事功能。要制订实施促进军民融合产业发展的行动计划，加快整体转型升级，做大做强有地方特色的支柱产业；推进军民融合产业园建设，培育国家新型工业化产业示范基地，打造国家级军民结合产业、战略物资储备、部队农副产品保障等基地；梳理优势产业，寻找与军工集团合作的契合点，积极引进军工先进技术，促进产业转型、产品升级。

探索创新军民融合的投（融）资机制和模式，推动实施国家专项基金军民融合项目。国家发改委国防司积极推动落实军民融合专项资金渠道，研究设立军民融合发展投资基金，探索创新军民融合的投融资机制和模式。国家发改委、工业和信息化部联合设立专项建设基金军民融合项目，国家开发银行以股权投资形式提供专项建设基金。仅洛阳市2015年底就有6个军民融合项目获批专项建设基金5.9亿元。[①] 有些地方还计划成立类似银行类金融机构，以推动军民融合投（融）资机制和模式的创新。随着国家专项基金军民融合项目的迅速推进，各级政府更加深入实施军民融合产业发展专项行动计划，以"民参军""军转民"重点产业项目为支撑，建立完善军民融合产业重点项目库（储备库），进一步加强项目策划和对接工作，积极争取国家专项建设基金支持，着力抓好"四个一批"（省内谋划一批、向部委争取一批、与军工集团对接一批、推进落地开工一批），促进地区军民融合产业又快又好地发展。

为落实《国务院中央军委关于建立和完善军民结合寓军于民武器装备科研生产体系的若干意见》，工业和信息化部大力推动军民结合公共服务体系建设项目（即国家军民结合公共服务平台）建设。2014年12月，国家军民结合公共服务平台通过项目竣工验收，正式上线投入运行，2016年3月完成了升级改版。该平台包括军民用技术产品信息服务、军民结合产业发展引导、军民结合运行监测3个子平台和公共服务门户网站，共涉及6个专业数据库和18个专业数据模块，可为军工单位、军队、民营企业、高等院校和政府部门等各类用户提供信息发布与查询、信息分析与处理、信息定向推送和网络互动等功能服务。国家军民结合公共服务平台的建设，将进一步促进军民结合信息交流共享和军民用技术高效转移，有效提高军民用资源利用水平和公共管理效率，为政府决策提供必要依据。

作为装备领域军民融合发展的试验田、全军装备建设改革的风向标、各级装备机关转变作风的试金石，全军武器装备采购信息网于2015年1月正式上线运行。这是全军武器装备采购需求信息的权威发布平台，是军工企（事）业单位、优势民营企业产品和技术信息的重要汇集渠道。该网站面向民营企业发布武器装备需求信息，向军方推送企业产品和技

① 孙小蕊、毕晓燕：《我市6个军民融合项目获国家专项建设基金支持》，《洛阳日报》2015年12月9日。

术信息，是“民参军”信息领域的重要突破。网站开设有装备采购需求、政策法规、“民参军”指导、采购公告、集中采购、企业名录、产品技术、装备知识、服务指南等栏目，面向社会公众、民营企业、军队装备采购部门、军工集团等用户全面开放，可实现军队装备采购需求信息发布、企业产品和技术信息推送、军地需求对接、信息动态监测等功能。[①]军队物资采购信息网是全军各大战区、各军兵种机关和军队各级物资采购部门在互联网上发布物资采购信息、组织物资采购、实施采购业务管理、提供在线服务的综合信息平台，也是军队物资采购系统面向社会开通的唯一门户网站。2016 年 5 月，全军武器装备采购信息网异地查询点开通运行，进一步扩大了服务范围和影响力。全军武器装备采购信息网开通运行，为推动军民融合深度发展构建了全新的信息平台，标志着装备采购工作改革迈出了坚实一步，对破除军地信息交互壁垒，促进包括优势民营企业在内的各类企（事）业单位竞争承担国防科技发展和装备建设任务，推进装备领域军民融合深度发展，提高装备建设质量效益，具有突出带动效应和重大现实意义。[②]据统计，2016 年通过采购网参与竞争性采购中标的企业中，民企占 26%，科研项目中标的企业中，民企达到了 32%。两年来，在采购网注册认证的企业用户达 1.19 万多家，网站发布军队装备采购信息 7500 多条，企业自我推荐的优势产品和技术 5000 多项，搭建起装备采购领域军地信息互通的主渠道。[③]

五、结语

党的十八大以来，习近平总书记鲜明地提出军民融合深度发展的时代命题，视野开阔、内涵丰富、指向明确，开辟了军民融合式发展新境界。以习近平同志为核心的党中央，高瞻远瞩，统揽全局，聚焦军民融合发展的战略性、方向性、根本性问题，作出了一系列重大决策部署。政府和军队相关部门出台了一系列政策措施，取得了明显的效果，为继

① 《全军武器装备采购信息网开通运行》，《军民两用技术与产品》2015 年第 3 期。

② 《全军武器装备采购信息网设立首批异地查询点》，《解放军报》2016 年 5 月 30 日。

③ 王天益、邹维荣：《军民融合如何“互联网 +”》，《解放军报》2017 年 3 月 9 日。

续深入推进军民融合发展工作奠定了坚实基础。

军民融合深度发展，既是发挥社会主义制度优势，聚集各方资源，建设先进国防科技工业体系的必由之路，也是释放军民融合巨大潜力，发挥其在稳增长、调结构中的重要作用，更好支撑工业强国建设、服务经济社会发展的迫切要求。全面加强党对军民融合发展工作的领导，确保党的路线方针政策和决策部署贯彻落实到军民融合发展的各领域全过程；强化国家主导，牢固确立国家在经济建设和国防建设融合发展中的主导地位，加强军地各领域各部门各层级的统筹协调，综合运用规划引导、体制创新、政策扶持、法治保障等手段，最大限度凝聚经济建设和国防建设融合发展合力；继续推动体制机制改革创新，从需求侧、供给侧同步发力，从组织管理、工作运行、政策制度方面系统推进，继续把军民融合发展这篇大文章做实，加快形成军民深度融合发展格局，切实打造军民融合的龙头工程、精品工程。军民融合发展道路，一定会越走越坚实、越走越宽阔。

[原载《国防》2017 年第 8 期]